发展方式转型论：

中国发展方式转型规律、途径、过程和前景的深层研究

詹宏伟　著

中国社会科学出版社

图书在版编目（CIP）数据

发展方式转型论：中国发展方式转型规律、途径、过程和前景的深层研究/
詹宏伟著.—北京：中国社会科学出版社，2017.11
ISBN 978 - 7 - 5203 - 1101 - 4

Ⅰ.①发… Ⅱ.①詹… Ⅲ.①社会转型—研究—中国
Ⅳ.①D616

中国版本图书馆 CIP 数据核字（2017）第 238549 号

出 版 人　赵剑英
责任编辑　田　文
特约编辑　陈　琳
责任校对　张爱华
责任印制　王　超

出　　　版　中国社会科学出版社
社　　　址　北京鼓楼西大街甲 158 号
邮　　　编　100720
网　　　址　http://www.csspw.cn
发 行 部　010 - 84083685
门 市 部　010 - 84029450
经　　　销　新华书店及其他书店

印　　　刷　北京君升印刷有限公司
装　　　订　廊坊市广阳区广增装订厂
版　　　次　2017 年 11 月第 1 版
印　　　次　2017 年 11 月第 1 次印刷

开　　　本　710×1000　1/16
印　　　张　17.25
插　　　页　2
字　　　数　266 千字
定　　　价　75.00 元

内容摘要

当代中国的发展方式转型，指从传统发展方式转向科学发展方式。具体而言，发展方式转型就是发展方式类型的转变或转换，是发展方式的质的变化，是从一种发展方式向另一种发展方式的飞跃。例如从粗放型发展转向集约型发展、从外延式发展转向内涵式发展、从要素投入型发展转向创新驱动型发展、从政府主导型发展转向市场主导型发展、从投资拉动型发展转向消费拉动型发展、从外需拉动型发展转向内需拉动型发展、从"黑色发展"转向绿色发展、从高碳发展转向低碳发展、从单向度的发展转向综合性的发展、从效率优先型的发展转向效率公平双赢型发展。综合起来看，当代中国发展方式转型就是从传统发展方式向科学发展方式的转变和飞跃。

本书采取哲学与具体学科结合的方法，深入地、具体地探讨了发展方式转型规律与途径，以帮助增强我国发展方式转型的科学性、规律性和实效性。具体而言，本书从利益、矛盾、主体性三种视野揭示发展方式转型的规律，探讨转型途径，这是由发展方式转型的系统性和复杂性决定的，避免了单一视野的局限性。同时，本书深入分析了我国发展方式转型的过程与前景。而且，通过对发展方式转型问题的研究，本书丰富、深化、具体化唯物辩证法有关理论和唯物史观社会发展理论。

一 利益视野下的转型规律与途径研究

1. 运用唯物史观深入揭示了发展方式转型与利益格局调整之间的内在关联。发展方式转型与利益格局调整之间具有内在的、本质的联系，因此，转变发展方式必须调整和优化利益格局，具体来说，发展方式转型就是要打破和改变既有的与传统发展方式相适应的利益格局，构建与科学发展方式相适应的新利益格局。这种利益格局的调整是十分艰难的，要认识和遵循调整利益格局的规律，探索有效的调整利益格局的途径。

2. 分析了博弈论的实质和哲学蕴含及其对深入揭示人类社会发展规律的重要启示，运用博弈论具体而深入地分析了如何有效地实现利益格局的调整，要努力创造和利用共赢博弈促进利益格局转换；为了解决转型措施实际效果欠佳的问题，要积极推动有利于发展方式转型的纳什均衡的形成。

3. 深入揭示了市场、资本与发展方式转型的联系，提出了利用资本和市场促进发展方式转型的措施。市场和资本的逻辑本质上是利益逻辑，市场机制的本质是利益机制，就是说，市场机制、市场逻辑和资本逻辑都是利用经济活动主体追求利益最大化的行为逻辑和行为取向，因势利导，促进社会经济发展，从而为社会经济发展提供无尽的源泉和动力。同理，发展方式转型也需要因势利导，充分利用市场逻辑和资本逻辑，为转型提供强大的动力，促进转型的实现。本书具体研究了如何利用市场逻辑促进发展方式转型的问题，提出利用供求机制、价格机制、竞争机制、明晰产权、创设环境产权等方式促进发展方式转型。

经济增长离不开资本的推动力，但如果采用传统的发展方式就可以谋利，甚至更多地谋利，那么资本一定会采取传统发展方式实现扩张，并放大其负效应；反之，如果制度安排和文化环境使得传统发展方式难以谋利，使得科学发展方式易于谋利，则资本就会按照科学发展方式的要求去创造社会财富和发展经济，并放大科学发展方式的正效应。因此，关键是要构建和完善让资本通过节约资源、保护环境、创新驱动等科学方式获利的制度环境和文化环境。本书具体研究了如何利用资本逻辑促进发展方式转型的问题，研究提出了促进资源资本化、保持金融资本健康发展、促进人力资本发展、促进知识商品化和资本化等促进发展方式转型的措施。

4. 揭示了个体理性和集体理性对于利益格局调整和发展方式转型的作用。辩证吸取西方经济学理性观——即利益最大化理性观的合理因素，扬弃其不合理因素，从个体理性与集体理性相互关系的独特视角，深入揭示两种理性与发展方式转型的内在关联。本质地看，国际、国内理论和实践的主流倾向，是利用个体理性逻辑促进利益格局调整和发展方式转型，而集体理性的逻辑往往被排斥。我们纠正了这种偏误，一方面，肯定了个体理性的作用，要因势利导，运用个体理性逻辑促进利益格局优化和发展方式转型；另一方面，揭示个体理性的缺陷，提出了运用集体理性弥补和超越个体理性的缺陷，以促进发展方式转型的见解。我们认为：市场经济的微观基础就是要充分肯定和发挥个体理性的作用；而社会主义又具有集体理性的优势，要从发挥集体理性的作用以克服个体理性缺陷的高度，认识公有制经济、保持和发扬中国共产党宗旨和优良传统的重大意义。

二　矛盾视野下的转型规律与途径研究

1. 从"破"与"立"相互关系的视角看，发展方式转型就是传统发展方式的"破"与科学发展方式的"立"；但要走出"破"与"立"关系的传统认识误区：把"破"绝对化，只强调"破中有立"和"不破不立"，而忽视了"立中有破"和"不立不破"。发展方式转型要采取"破""立"结合，以"立"为主、以"立"促"破"的转型思路。这种转型思路和途径有助于减少发展方式转型带来的震荡、减小新旧发展方式的摩擦力、减小发展方式转型阻力、降低发展方式转型的代价，从而有利于促进发展方式转型的顺利进行、增强发展方式转型的实效性。

2. 吸收汤因比"挑战—应战理论"的合理因素，丰富和深化唯物辩证法"矛盾—发展理论"和唯物史观人类社会发展理论：挑战—应战的矛盾运动是人类社会发展的动力；虽然矛盾是事物发展的根本动力，没有矛盾就没有发展，但是如果矛盾没有解决或无法解决，也不能实现发展，只有解决了矛盾才能推动事物的发展，推动事物发展就是解决矛盾；对于人类社会来说，如果挑战过度就会扼杀人类应战的能力，从而失去解决矛盾的能力，矛盾无法解决，事物就停滞不前甚至衰退。发展方式转型也是如此，没有挑战就没有转型的动力，但挑战过大，也无助于转型。本书具体分析了如何运用"挑战—应战理论"促进发展方式转型的问题。

3. "摸着石头过河"与"顶层设计"这两种发展转型实践模式有明显的差别,甚至是相反的,它们之间的对立性是明显的。但如果将它们僵硬地对立起来,无助于优化实践模式。"相反相成"、对立统一,正确的做法是:"摸着石头过河"和"顶层设计"不能互相否定或互相替代,而是要始终保持二者的张力,在此前提下积极谋求将二者统一起来。这才是发展转型的有效方式。

4. 提出新矛盾观。首先提出矛盾分类的新方法,把矛盾分为同一性为主的矛盾和对立性为主的矛盾;不同性质的矛盾解决的方式也不同;发展就是解决矛盾,从而不同的解决矛盾方式形成不同的发展方式——和谐发展方式和对抗发展方式。前者符合当代人类发展的趋势,即充分发挥矛盾同一性的作用,以合作共赢的方式促进发展。

5. 在新矛盾观指导下,形成破解经济增长与环境保护二律背反的思路和对策。发展经济和保护环境都有其合理性,尤其是后发地区的迫切要求,但二者往往相互冲突,从而构成了经济增长与环境保护的二律背反。这是当代人类,尤其是落后地区面临的严重困境。这种二律背反在渝东北地区表现得尤为突出。走出这一困境的正确选择是实现经济增长与环境保护的双赢,这已经成为大多数人的共识。但是,在实际的发展实践中,尤其欠发达地区的发展实践中,增长导致环境污染的现象仍然比较严重。其中一个症结在于,没有真正找到破解增长与环保二律背反、实现两者双赢的科学思路和可行路径。本书以新矛盾观为指导,提出科学合理的思路,以渝东北地区为样本,借用经济学工具,在深入调查研究的基础上,提出了渝东北地区破解二律背反、实现经济增长与环境保护双赢的思路和方案。

三　主体性视野下的转型规律与途径研究

1. 根据历史唯物主义,人民群众主体性的发挥是经济社会发展的源头活水,发展方式转型要充分调动广大人民群众的主体性。如何调动呢?我们研究提出,发挥市场在资源配置中的决定性作用的本质是发挥人民群众在经济社会发展中的主体性作用,是新时期贯彻马克思主义人民主体论和群众路线的新方式。发展方式转型如何贯彻人民主体论和群众路线呢？方法是发挥市场在转型过程中的决定性作用。政府的必要作用就是为市场发挥作用或为人民群众发挥主体性作用提供服务。"大众创业、万众创新"的举措是符合马克思主义人民主体论的发展转型措施。

2. 提出了唯物史观的个人主体视野问题，揭示了个人主体生成发展与人类社会发展的内在关联，凸显了个人主体性对于人类发展、包括发展方式转型的重大意义。其具体逻辑是：首先，在唯物史观个人主体视野的启发下，揭示了个人主体性的发挥、独立人格的形成对于创新驱动发展的重大意义，没有个人主体性和独立人格，就没有创新活动，也就无法形成创新驱动的发展方式。其次，主要从教育文化、教育理念和教育体制等方面揭示压抑个人主体性和独立人格的严峻现实，主张革新教育文化、教育理念和教育体制，促进中国人个人主体性的发挥和独立人格的形成，这是转变发展方式、形成创新驱动发展的治本之策。

四 发展方式转型的客观过程与前景分析

对发展方式转型问题上的非历史主义观点进行了深刻的批判；梳理了经济学对经济发展阶段的划分，及不同阶段客观上对应的发展方式；对经济学发展阶段论和发展方式阶段论进行了哲学提升。

根据唯物辩证法，事物的变化发展是一个从量变到质变的过程。但是，这一观点需要完善，实际情形是这样的：在量变和质变的中间存在若干部分质变，经过多个部分质变的积累之后，事物才发生完全质变或者说根本变化。经济学研究材料证明，发展方式转型也存在一个由量变到质变的过程，但是期间存在若干部分质变，就是说，发展方式转型的过程是：一个"量变→部分质变→质变"的过程。

在上述哲学方法和经济学研究相结合之下，提出了发展方式转型过程的四阶段论——第一阶段，传统发展方式占主导地位；第二阶段，科学发展方式逐步成长、但传统发展方式仍处于优势地位；第三阶段，发展方式转型的相持阶段；第四阶段，科学发展方式取得决定性胜利。

本书对我国发展方式转型的前景做了乐观的估计。乐观主要缘于两点：

第一，在我国，发展方式转型的规律性与主体性日益实现有机结合。我们对发展方式转型的规律性认识和把握日益深化；执政党的坚强领导和有效组织动员，实现中国梦的强大感召力等，保证了我国发展转型的乐观前景。

第二，对掣肘发展方式转型的利益格局的调整有充分信心。这一信心不仅缘于党和政府巨大的勇气和高超的智慧；更缘于我们的制度自信，中国共产党的领导和其他社会主义基本制度，有利于用集体理性弥补和超越现代性和市场经济的个体理性逻辑，从而比其他国家更能有效调整和优化利益格局，更有利于构建与科学发展方式相适应的利益格局。

目　　录

导论　从传统发展方式转向
科学发展方式

一　若干基本概念的界定

发展方式的变化包括量的变化和质的变化。在人类社会发展史上，发展方式的转变是经常性的，本书所指称的发展方式转型指发展方式的质的变化。一定的发展对应一定的发展方式，发展和发展方式总是处于变化之中，但本书所研究的不是一般意义上的发展方式变化，而是当代中国发展面临紧迫问题和贯彻落实科学发展观及五大新发展理念①的背景下的发展方式转型。

研究发展方式转型问题，涉及三个与之密切相关的概念：发展、发展方式、发展方式转型，研究科学发展观和五大新发展理念视野下的发展方式转型需要先行澄清这三个概念。

1. 何谓发展

"发展"概念的三层含义：

第一个层次，广义的发展。唯物辩证法认为，发展指整个世界（自然界、人类社会和思维）上升和前进的运动和变化，其本质是新事物对旧事物的否定和替代。发展一定是运动和变化，但运动和变化不一定是发展，因为那些下降的、倒退的、旧事物复辟的运动和变化不能称为发展。

第二个层次，中义的发展。这个层次的发展指人类社会进步、上

---

① 中国共产党十八届五中全会提出了五大新发展理念：创新、协调、绿色、开放、共享。这是中国共产党在发展理论上的进一步创新，继承、发展、深化、具体化了科学发展观。我国发展方式转型就是转向科学发展方式，而科学发展方式本质上就是科学发展观和这五大新发展理念的实践化和现实化。

升的运动和变化。历史唯物主义就是研究人类社会发展及其规律的
理论。

第三个层次，狭义的发展。狭义的发展指人类社会从前现代社会
（古代社会和中古社会）向现代社会的转变，即现代化，包括发达国
家的现代化和发展中国家的现代化，尤其指"二战"后"发展中国
家摆脱贫穷落后和不发达状态，追求现代化的过程"①。

本书所研究的发展主要是狭义的发展。

怎样才算是"摆脱贫穷落后和不发达状态"呢？其内涵包括诸多
方面，包括经济、政治、文化、人的发展等，但基础的和主体的方面
是经济发展。从经济方面看，物资由短缺到丰富、经济总量增长是
"摆脱贫穷落后和不发达状态"的标志，但有一种情形：虽然经济总
量增加了，但是贫富差距拉大、资源环境严重破坏、经济结构扭曲
等，这种变化能说是发展吗？显然不是的。只有数量增长、但经济质
量没有提高的变化，可以称为增长，但不是真正的发展。可见，增长
不等于发展，增长只是发展的一个必要条件，发展的另一必要条件是
质量的改善和提高。经济增长和质量提高构成经济发展的充分条件。

概念的外延与内涵之间形成一种反比例的关系。广义的发展概念
的外延最大，包括整个世界，但其内涵最稀薄；中义的发展概念外延
缩小到人类社会，但内涵丰富化和具体化了；狭义的发展概念外延最
小，仅指人类社会的现代化，甚至缩小到"二战"后发展中国家摆
脱贫穷落后的现代化，其中重点讨论的是经济发展或经济的现代化，
其外延比前两者小得多，但其内涵却也具体得多、丰富得多。

本书研究的发展属于狭义的发展，即本书发展概念属于第三种，
即狭义的发展概念。

2. "经济增长""经济发展""发展"之间的关系

经济增长与经济发展的关系：

经济增长指经济规模在数量上的扩大或增加。经济发展既包括经
济规模在数量上的扩大，同时包括经济结构的优化、经济效益的提

---

① 詹宏伟：《当代国外发展观的演进述评》，《毛泽东邓小平理论研究》2008 年第 3
期。

高、生态环境改善、人们生活水平提高等内容。经济增长是一个偏重于数量的概念，内涵较窄；经济发展既强调经济"量"的增加，又重视经济"质"的提高，是"量"的扩张和"质"的提高的有机统一。

经济增长是经济发展的基础和必要条件，没有经济增长也就没有经济发展。但是，经济增长只是经济发展的必要条件，而不是充分条件，就是说，经济增长不等于经济发展，并不是所有的经济增长都带来经济发展，比如，那些没有民生改善的增长、那些破坏环境的增长、那些不道德的增长等，都不能称为经济发展，相反却导致有增长无发展的尴尬局面。

经济发展与发展的关系：

经济发展是从经济的维度看待发展，指经济量的扩张和质的提高的统一。但是看待发展还有其他维度，比如，著名经济学家、诺贝尔经济学奖得主阿马蒂亚·森就从自由的角度看待发展，他认为，发展就是人的实质自由——可行能力的扩展。实际上，我们可以从各种维度看待发展，比如政治进步、社会发展、环境保护和改善、精神文明等角度看待发展。因此，发展概念的内涵比经济发展概念的内涵更丰富。

但必须明确：经济发展是发展的基础和重心，尤其对于发展中国家和地区更是如此。如果没有经济发展，那么其他方面的发展就失去了物质基础和物质技术条件。在唯物史观看来，经济基础决定上层建筑（政治上层建筑和观念上层建筑），如果没有经济发展提出的要求和经济发展引起的人与人的关系的改变，政治的改革和进步、观念的更新和进化都是没有根基的，是不可能真正发生的。所以，我们可以发现，韦伯把新教伦理与资本主义生产方式的关系搞颠倒了。民生改善、社会发展、生态文明等也都必须建立在经济发展的基础上。生态中心主义是一种空想，其主要的错误就是忽视经济发展对于环境保护和改善的基础性作用，看不到前者必须由后者提供必要的物质技术条件，否则环境保护和改善就会沦为空想。只要看看巴西亚马孙流域原始森林的大量砍伐和毁坏，我们就更能够理解这一点。当然，经济发展不可能孤立进行，必须有其他方面的配合，没有政治改革和进步、没有社会建设、精神文明建设等的跟进，经济发展和经济建设是难以持续的。同时，还应该懂得，经济繁荣和发展是我们所追求的目标，但是政治、文化、社会、生态等方面的发展也是我们所追求的目标，它们都既有工具价值（为经济发展提供条件），也具有独立的内在价值，即本身就是可欲的和所求的。经济发展也一样，它既有工具价值也具有独立的内在价值，就是说经济繁荣、物质富足本身也是我们所追求的目的，同时这也是其他方面发展的必要条件。

综合起来看，我们可以这样定义"发展"：发展是以经济发展为基础和重心的经济、政治、文化、社会、生态等方面的全面发展，是五位一体的、五个方面有机统一的发展。对于发展中国家来说，这个定义尤其适用。

3．何谓发展方式

任何发展都是在一定的方式或模式（model，pattern）① 下进行的。

经济发展方式是指一国或地区实现经济总量增长和质量提高的途径和方法；发展方式就是一个国家或地区实现发展或进步的方式。任何一个国家或地区的发展都是在一定的方式下进行的。毛泽东说，你的目的是过河，但没有船或桥梁，则无法实现目的，无法过河。同理，要实现发展，也需要"船"或"桥"，即需要有合适的方法和途径，这种方法或途径就是发展方式。

发展方式是可以分类的，采用不同标准、从不同的角度可以划分为多种类型。根据我们的研究，发展方式分类的提法至少有以下几种。②

第一，粗放型发展方式与集约型发展方式。

经济增长和发展的因素包括两种类型：其一是劳动、资本、原材料等生产要素投入量的增加而引起的增长和发展；其二是技术进步、结构优化和升级、管理改进、劳动者素质提高、要素配置改变和优化

---

① "方式""模式"这两个词是近义词，内涵是一致的，但是使用习惯不同，西方经济学者习惯于用"模式"这个词，马克思主义经济学者习惯于用"方式"这个词。这两个词对应的英语词汇都是 model，pattern。

② 这些提法或分类有一定的交叉之处，但侧重点不同。

等引起的效率提高。在经济的增长和发展过程中，这两类因素的作用是不同的，根据影响经济增长和发展的两类因素的作用的不同，把经济发展方式划分为两种：其一，如果在原有技术水平基础上，经济增长主要依靠劳动、资本、原材料等生产要素的数量的扩张，那么这种经济发展方式就是粗放型发展方式；其二，如果经济增长主要依靠效率的提高，那么这种经济发展方式就是集约型发展方式。效率提高包括两种类型：一是技术进步带来的效率提高；二是资源配置优化带来的效率提高。

第二，外延式发展方式与内涵式发展方式。

外延式发展方式指在原有技术水平基础上扩大生产和实现增长；内涵式发展方式指依靠技术进步、提高资本有机构成、提高各种生产要素质量和配置效率来扩大生产和实现经济增长。有一些学者认为，内涵式发展方式就是集约型发展方式，外延式发展方式就是粗放型发展方式。这种观点是值得商榷的。我们认为，集约型发展方式与内涵式发展方式之间不能画等号，粗放型发展方式与外延式发展方式之间也不能画等号。这是因为，数量扩张和经济增长有两种情形：一种情形是在原有技术水平基础上的数量扩张，这种方式实现的增长属于粗放型增长和发展；另一种情形是在技术进步和效率提高的基础上实现数量扩张和增长，这种方式实现的增长属于集约型发展。如果把外延式发展等同于粗放型发展，那么，高技术性质的、绿色性质的产业是不是也不应该扩张和增长呢？显然不是的。

第三，要素投入型发展方式与创新驱动型发展方式。

这两种发展方式与前面两对发展方式内容基本重叠，但将这一对发展方式并举，意在突出创新在转变发展方式中的核心地位。

要素投入型发展方式指主要依靠生产要素投入的拉动而实现的经济增长，属于粗放型发展方式。创新驱动型发展方式依靠创新提高生产率的方式推动经济增长，包括技术创新、管理创新、制度创新和观念创新，属于集约型发展方式。由于创新，可以调动人的积极性，可以使人与人的关系理顺，可以使人与物的结合更加合理科学，可以优化既有要素的组合和配置，可以开发市场需要的新产品、新产业和新业态，可以降低现有产品的能耗和物耗，可以降低交易成本，可以减少污染物的排放，等等，从而使得创新驱动型发展彰显自己的魅力和优势。把发展方式划分为要素驱动型发展和创新驱动型发展更好地突出了创新对于高质量增长和发展的决定性意义。

第四，政府主导型发展方式与市场主导型发展方式。

这两种发展方式的划分很好地反映了后发国家和转轨国家的发展现实，其聚焦于政府和市场在发展中的地位和作用问题，这是现代西方经济学争论最大的问题之一，也是新中国经济社会发展一直在探索的问题，更是当代中国发展急需澄清的重大问题。作为后发、外生现代化国家，如果照搬先发现代化国家的经验，完全让市场自发推动经济增长，不可能真正发展起来，因为先发国家当年启动发展的时候，无论资源环境条件，还是市场竞争的态势，都比后发国家有利得多，后发国家不可能有那样的条件；而且，即使发展，也会重蹈他们所走过的弯路。后发国家市场及其主体的发育不足，需要政府的扶助、引导和促进，如果等待其自发的缓慢发育和演进，那将是十分漫长的过程，不符合后发国家改变贫穷落后的迫切需要。而且，现代西方经济发展和西方经济学的发展过程也终于证明，市场经济离不开政府的作用。现在的问题是，如何处理政府与市场的关系？中国共产党十八届三中全会给出了答案：市场在资源配置中起决定性作用，同时有效发挥政府的必要作用。这就说明，发展方式应该由政府主导型向市场主导型转变。当然，在市场经济发育的初期，在经济发展的早期，政府的作用应该而且必须大一些，政府主导型的发展方式是必要和必须的。但随着市场发育的成熟，随着经济规模的扩大，政府主导型发展方式越来越不合时宜了，必须更多地发挥市场的作用，让市场在资源配置中起决定性的作用。

第五，投资拉动型发展方式与消费拉动型发展方式。

按照现代宏观经济学理论，拉动经济增长的因素有三个，就是所谓的"三驾马车"：投资、消费、出口。出口实质上是指国外或一个经济体之外的投资和消费，因此"三驾马车"最后归结为"两驾马车"——投资和消费。根据投资和消费在经济增长中发挥的作用的不同，可以把发展方式划分为投资拉动型发展方式和消费拉动型发展方式：那种主要依靠投资实现的经济增长和发展的发展方式就是投资拉动型发展方式，那种主要依靠消费拉动经济增长和发展的发展方式就是消费拉动型发展方式。

第六，外需拉动型发展方式与内需拉动型发展方式。

内需指一个国家或一个经济体内部的投资需求和消费需求；外需就是出口，指国外或经济体外的投资需求和消费需求。一个国家或一个经济体的经济增长主要依靠内需拉动，这种方式就是内需拉动型发展方式；反之，如果主要依靠外需拉动增长，发展方式就属于外需拉动型。

第七，"黑色发展"方式与绿色发展方式。

这是从保护生态环境的角度划分发展方式。"黑色发展"方式是指通过高消耗高污染高排放（排放废水、废气、废渣等）实现增长的发展方式，经济虽然实现了较高的增长，但是严重浪费资源和损害环境。绿色发展方式是"黑色发展"方式的反面，指在低消耗、低排放、低污染、甚至零污染前提下实现的经济增长，也就是说在保护资源环境前提下实现的经济增长。

第八，高碳发展方式与低碳发展方式。

这也是从环境保护的角度划分发展方式，但更具体一些。由于现代工农业生产发展和现代人生活水平提高等引起的排放不断增长，全球二氧化碳排放量日益增加，总量积累过大，导致地球变暖、冰川融化、气候异常、海水酸化等环境问题日益凸显，严重威胁人类的生存和发展，因此，控制和减少二氧化碳排放的全球呼声越来越高涨，人们呼吁低碳排放的生活方式和生产方式。这样，人们把那些在低二氧化碳排放前提下实现的经济增长称为低碳发展方式，把那些在高二氧化碳排放前提下实现的经济增长称为高碳发展方式。

第九，单向度的发展方式与综合性的发展方式。

不论观念上还是实际中，很长一段时期内，发展方式往往是单向度的，即把发展等同于经济增长，甚至窄化为 GDP 的增长，而忽视政治、文化、社会、生态，这种发展观就是单向度的发展观。这种发展观认为经济增长和发展自然会带动其他方面的发展。在这种观念支配下的发展就是单向度的发展方式，就是单一或主要依靠经济增长实现发展的发展方式。随着单向度发展方式弊病和危害的凸显，单向度的发展方式难以为继，人们开始认识到综合发展的重要性，单一的经济增长和发展无法保证其他方面的发展，发展不仅是经济的增长和经济的发展，而且包括人的发展、政治、文化、社会的发展和生态的保护和改善等。而且各方面的发展形成一种互相依赖、互为条件的关系。这样，发展就逐步演变为一个综合性的概念，发展包括多维度的内容；同时，必须肯定，经济发展仍然是发展的基础和中心内容。

第十，效率优先型的发展方式与效率公平双赢型发展方式。

不同的发展方式对效率与公平的关系的处理不同。效率优先型发展方式实行效率优先兼顾公平的原则，这种发展方式的优先价值指向是效率，公平服从效率。在改革开放初期，鉴于生产力极其落后、物质财富极端匮乏、极"左"时期平均主义导致的发展活力和动力的严重衰减，采取效率优先兼顾公平的原则显然是必要的，具有强烈的针对性，对于促进生产力的发展功不可没。但是，这种发展方式及其秉持的原则只有暂时的合理性，随着生产力的发展、经济规模的急剧扩大、发展活力的释放、经济关系的复杂化和收入差距的拉大，这种发展方式导致的贫富分化日益严峻，生成了少数富裕阶层和收入不高的大众的并存的社会结构，"两头小、中间大"式的橄榄形社会结构无法形成，导致大众消费力疲软，从而整个社会总消费力疲软，进而导致产品和产能过剩的经济危机，还潜藏着社会危机和政治危机。经济危机、社会危机和政治危机，这三种危机中任何一种危机爆发或者一起爆发，都会危及发展本身，同时也危及效率本身。因此，效率公平双赢型发展方式"呼之欲出"。包容性增长或包容性发展又称共享性发展，其实质就是主张发展成果由全体社会成员共享的发展。但为了避免误解（即以为我们主张公平优先、忽视效率），我们没有采用包容性发展或共享性发展这个概念，而采用"效率公平双赢型发展方式"这个提法，更适合当下中国仍然属于发展中国家且收入差距很大的特殊国情（发展不足与贫富差距悬殊并存的国情）。将效率与公平对立起来的任何发展方式都是不可取的，都会导致严重的危机。为了效率牺牲公平和为了公平牺牲效率都是不可持续的。只有实现效率与公平双赢的发展方式才是合理的，才能既促进生产力的发展又有利于改善民生和促进社会和谐。那么，如何实现效率与公平双赢呢？发展的政策、措施和体制机制的设计，要寻找和挖掘效率与公平的交叉点或结合点，这个交叉点或结合点就是发展的着力点。对于那些能够提高效率但伤及公平、促进公平但伤及效率的措施，都要慎重，要反复权衡利弊得失，根据发展大局的需要作出取舍。

上述列举了十对发展方式，每对发展方式之间正好互相反对，前者都属于传统发展理念和发展方式的内容，后者是我们正在追求的、理想的发展方式，即是符合科学发展观和五大新发展理念的发展方式，我们称之为"科学发展方式"，其与"传统发展方式"正相对峙和对照。为了进一步明确和强调，重复如下：

——上述十对具体发展方式中，粗放型发展方式、外延式发展方式、要素投入型发展方式、政府主导型发展方式、投资拉动型发展方式、外需拉动型发展方式、"黑色发展"方式、高碳发展方式、单向度的发展方式、效率优先型的发展方式，从不同角度或侧面揭示和反映了传统发展方式的内涵和特点，故把它们纳入"传统发展方式"这个概念之下，统称"传统发展方式"。

——上述十对具体发展方式中，集约型发展方式、内涵式发展方式、创新驱动型发展方式、市场主导型发展方式、消费拉动型发展方式、内需拉动型发展方式、绿色发展方式、低碳发展方式、综合性的发展方式、效率公平双赢型发展方式，从不同角度或侧面揭示和反映了科学发展方式的内涵和特点，它们都符合科学发展和五大新发展理念等党的最新发展理念的要求，故把它们纳入"科学发展方式"这个概念之下，统称"科学发展方式"。

4. 何谓发展方式转型

发展方式转型就是发展方式类型的转变或转换，是发展方式的质的变化，是从一种发展方式转向另一种发展方式的飞跃。例如从粗放型发展转向集约型发展、从外延式发展转向内涵式发展、从要素投入型发展转向创新驱动型发展、从政府主导型发展转向市场主导型发展、从投资拉动型发展转向消费主导型发展、从外需拉动型发展转向内需拉动型发展、从"黑色发展"转向绿色发展、从高碳发展转向低碳发展、从单向度的发展转向综合性的发展、从效率优先型的发展转向效率公平双赢型发展。综合起来看，就是从传统发展方式向科学发展方式的转变和飞跃。

本书所研究的发展方式转型的特定内涵是：当代中国从传统发展方式向科学发展方式的转变和飞跃。

二 当下中国对发展方式转型的强烈呼唤

新中国经过60多年的发展，尤其改革开放30多年的发展，经济社会发生了巨大的变化，发展成就举世公认。但是，我们绝不能被已经取得的成绩冲昏头脑。因为，我国已经取得的发展成就总体上是在传统发展观支配下、通过传统发展方式取得的，其历史合理性日益丧失殆尽，其缺陷越来越严重和凸显。① 如果不尽快转变发展方式，如果继续沉迷于传统发展方式，不仅过去的高速发展不可能，而且新常态下的中高速发展也将难以保持。更严重的是，如果固守传统发展方式的"硬发展"，将导致我国经济社会发展的崩溃！

传统发展观和发展方式下取得的发展成就主要是数量型的，表现为物质财富总额的增加，甚至窄化为GDP的增加，其中一个显著标志是我国已经成为世界第二大经济体；但是，我们的发展质量却不容乐观。

人们衡量发展质量高低的标准往往局限于经济，这是片面的，表明我们对发展的理解还很狭隘。发展质量不高首先表现在经济方面，但又不仅仅表现在经济方面，全面地看，主要表现在以下四个方面：

第一，从经济学的眼光来看，我国经济发展质量不高，总量的快速跃进掩盖不了质量的总体低下的现实。

经济增长与公平恶化并存。我国收入的分配不均衡问题十分严重，无论官方版还是民间版的基尼系数，都超过了警戒线，收入过分

---

① 需要澄清的是：对我国60多年尤其改革开放30多年通过传统发展方式实现的发展，不能采取抽象的、非历史的评价方法，而应该采取具体的、历史的评价方法，即要充分肯定过去发展的历史成就，理性承认过去那种历史条件下和发展阶段中，采取传统发展方式的客观必然性和历史合理性。因此，这里对当下中国发展困局的充分揭示，绝没有全盘否定过去发展的意图。需要强调的是，我们现在面临的问题是发展中的问题，是转型升级过程中的问题，是成长中的烦恼。解决了这些问题后，中国的发展就会更上一层楼。当然，如果问题迟迟得不到解决，就会陷入所谓的"中等收入陷阱"。

向政府和资本倾斜、城乡之间差距和地区差距（中西部与东部之间的差距）、不同人群间的收入差距十分巨大，奢侈品消费世界第二大国与庞大的低收入人群并存，"城市像欧洲，农村像非洲"的反差景观尚没有根本扭转，经济增长与公平恶化并存的现状如果不加改变，就会引起消费疲软和产品和产能过剩的经济危机。尤其需要高度重视的是，经济增长与公平恶化并存的现状如果不尽快加以扭转，不仅会引起经济危机，而且还会引起社会危机，甚至政治危机。

经济总量扩张付出的资源环境代价太大。我国的发展是典型的粗放型发展，资源利用率十分低下，环境污染几乎到了无法承受的程度，生态危机日益严重地威胁着我们的生存和发展，如果不尽快改变，经济增长和发展将不可持续。

经济效益差、生产效率低。一直以来，我们依靠高投入、高投资取得高速增长和一定的经济效益，但是，投资的边际效益不断递减，为了维持较高的增长和一定的效益增长，被迫不断扩大要素投入，不断增加投资，投入产出率长期难以改善，经济效益差强人意，这种增长是难以为继的。

财富的技术含量总体看是十分低下的。中国是出口大国、是制造业第一大国，这个成绩来之不易，但我们所制造和出口的主要是中低端产品，技术含量总体较低、附加值总体较小、利润总体比较微薄、自主知识产权和自有著名品牌缺乏，我国经济总体上仍处于世界经济价值链的中低端部位，很大程度上仍然依靠超级勤劳和超长劳动时间投入、大量的要素投入、海量的投资实现经济和财富的增长，增长的技术进步贡献率比较低。

尤其需要突出来的是，我们必须高度重视低技术含量发展面临的巨大困境。我国财富增长的技术含量低，主要靠劳动投入、资本投入和其他要素和资源投入的增加而推动财富增长。但是各种要素和资源越来越昂贵了，正日益丧失比较优势和竞争优势。这样，我们面临多种挑战：其一，我国的发展面临前后夹击的双重压力。数量巨大且成本低廉的劳动力带来的旧人口红利正在消失，依靠低价优势的战略日益受到来自印度、东南亚一些国家和非洲国家等的挑战，因为他们的劳动力比我们更低廉，这导致中国的低端产品和产业面临生存危机；

但是，我们的技术进步又很不够，创新能力不足，因此，在技术含量高的产品和产业方面又与美欧日存在差距，尤其核心技术受制于人。结果是，中国的经济和产业发展面临后有追赶、前有堵截的两面夹击之中。如果不杀出一条血路，如果不加快发展方式转型，中国的经济发展就会停滞不前，我们就会重蹈所谓的"中等收入陷阱"① 和"拉美陷阱"的覆辙，也就谈不上中华民族的复兴了。其二，低环境成本和资源成本不再。过去低技术含量的粗放发展，很大程度是以低环境成本和低自然资源成本换来的，环境的破坏和资源的浪费与经济的快速增长成正比。但是，几十年的积累之后，环境污染的存量越来越大，已经到了临界点，如果不遏制环境污染，我们的生存家园就会被毁掉，我们将无立足之地，更何谈发展？同时，各种矿物质、石油、天然气、水等自然资源的浪费式消耗惊人，资源日益变得更加稀缺，不可能长期支撑高速而浪费的粗放式增长了。如果不把发展方式和增长方式从粗放型转向集约型，发展和增长就会因资源的枯竭而戛然而止，这正是 20 世纪 70 年代罗马俱乐部所忧虑的"零增长"悲剧。西方发达国家正是通过发展方式的创新和转型才避免了罗马俱乐部所预言的悲剧，中国也必须加快发展方式转型，以避免"零增长"的悲剧。其三，低权利保障的发展不可持续。我国劳动者和公民的权利保障水平至今仍然较低，例如，至今，农民工的养老保险、医疗保险、失业保险等保障微乎其微。造成这个局面的原因有两个：首先是低技术含量、低附加值的发展，净利润微薄，财力不足以保障民生；其次是粗放发展需要投资不断扩大才能维持高增长，即所谓的投资驱动的增长方式，有限的净利润很大比例用于追加投资，屡屡创造世界纪录的高投资率。但是，今天，由于人民群众权利意识日益觉醒，加之发展转型升级对人力资本投资提出了高要求，低权利保障日益难以为继。只有升级发展方式，使中国经济进入高技术含量、高附加值、高

---

① 关于"中等收入陷阱"的成因，金立群的分析很到位：一个经济体进入中等收入后，"既丧失了与低收入、低工资经济体在制造业方面的竞争优势，也没有能力同发达经济体在高技术创新领域展开竞争，经济无法依靠廉价劳动力或资源能源类自然禀赋向依靠高生产率导向的增长模式转变"（金立群：《中国如何跨越"中等收入陷阱"》，人民日报，2015 年 08 月 11 日）。

效率和高效益的发展境界，才能化解危机。

第二，从社会学的眼光看，我国社会和民生发展严重滞后，面临严重危机。

我国民众"吃"和"穿"的问题是解决了，但是医疗、教育、住房、养老等问题十分严重，公共产品严重短缺，远不能满足民众和社会的需要，在很大程度上形成了有经济增长无发展、有 GDP 增长无民生改善的尴尬局面。我们必须深思和追问，经济增长的意义和目的何在？难道为增长而增长吗？经济增长与公平恶化并存的现状如果不加改变，不仅会引起经济危机，还会引起社会危机，甚至政治危机。

第三，从道德维度来看，我们面临发展的伦理维度缺失和财富增长的道德合法性危机。

我国财富增长和人们获得财富的正义性、正当性是一个大问题，相当比例的富人通过不正当的方式谋取财富，如贪污腐败、权钱勾结、制假贩假、坑蒙拐骗等方式谋利还普遍存在。这导致踏踏实实做实业、安下心来搞创新的局面难以形成气候，社会心态浮躁，挣快钱甚至一夜暴富的心态普遍存在，产品质量下滑，山寨成风，中国产品一度是假冒伪劣的代名词。当然，这种状态现在有所好转，但那只是局部的，总体看来，问题仍然十分严峻。同时，财富使用的不合理和非理性问题日益严重，消费主义泛滥，浪费式消费、炫耀式消费、富而奢、富而骄、甚至未富而奢等不良社会现象影响极坏①，严重毒化了大众尤其是青少年的心灵，拜物主义价值观牢牢控制着人们的灵魂。例如，有毒食品屡禁不止，甚至愈演愈烈，充分暴露了社会成员不择手段获取财富的思想和行为取向有多么严重！

第四，从信仰的高度审视，我们还面临物质财富快速增长下的意义的缺失危机或信仰危机。

人为什么活着的发问似乎是一个不合时宜的、傻气的问题。大众的意义世界就是谋取物质财富和消费物质财富。对于当下中国的大多数人来说，取得物质财富的多寡是衡量成功与否的唯一标准，消费物

---

① 富而好礼的现象尚十分罕见。

质财富是生活的唯一的目的和唯一的快乐。人们的心灵已经严重物化，意义世界除了物之外，已经容不下崇高、非物质功利的东西。结果，经济法则或者市场法则逸出边界，通约一切，几乎成为一切领域的通则。君不见：官员权力设租，权力与货币兑换，这里通行的是市场法则；人类灵魂的工程师从事的是塑造灵魂的崇高工作，但一度流行的教育产业化实质就是教育市场化，学校像公司，校长像董事长或总经理，教师像商人，教书是为稻粱谋，这里通行的是市场法则；学者公知本应是社会的良心，应该站在公正的立场上发出声音，但是，不乏被既得利益收买的"砖家""学者"，他们成为既得利益的代言人，往往发出令人唏嘘的言论和"高见"，误导国家发展。例如，教育、医疗和住房完全产业化、商品化、市场化，其是缘于认识不足的问题，还是也包含有不良公知、专家的误导？在这样的"砖家"那里，通行的也是市场法则；家庭这个本应该以"爱"为原则的、令人感到温馨的最后一方净土，似乎也抵不住市场法则通约的神力，夫妻之间乃至亲子之间的关系有多少已经打上了等价交换、金钱至上的烙印？

在上述四大方面的问题中，人们一般对第一方面的问题能够达成共识，承认这是我国发展方式存在的严重缺陷；但是，对于第二方面，市场原教旨主义者至今仍然并不认为是一个问题，认为这是市场经济的必然，是市场的逻辑，是正常的、合理的。对于第三个方面的问题，并没有引起社会的普遍重视，这充分暴露了人们对发展概念的理解仍然局限于物的维度，发展的伦理道德维度还没有引起普遍的关注和重视。而第四个方面的问题，更是鲜有人注意到，在大多数人的视野中，第四个方面的问题本来就不是发展范畴内的问题，是外在于发展的问题。其实，道德、伦理、精神境界等问题是发展的内生问题，是发展的题中应有之义。但是，在当下中国，讲美德、谈意义、论崇高，是一件奢侈的事情，它们不在传统发展观的视野之内。

需要强调的是，上述四个方面问题的解决都有独立的内在的意义，同时也都具有工具意义，即解决上述四个方面问题是发展的题中应有之义，同时四个方面问题的解决也是促进发展上台阶、转型升级的必要途径。就拿发展的伦理道德问题来说吧，一个有道德的社会本身就是社会发展追求的重要目的，同时也是发展的条件和保障，至少可以大大降低经济增长的交易成本。人们可能只知道缺乏资源、技术和资本会制约发展，现在还明白了缺乏生态支撑的发展也是难以为继的。但是须知，中国当下的发展，道德滑坡严重制约着发展的转型升级和持续进行，例如，诚信缺失的后果很严重：市场正常交易都无法进行，市场经济运行成本（即所谓的交易成本）巨大。诚信美德既具有独立的内在价值，也具有工具价值，发展方式转型应该包括从不道德的发展转向道德的发展。

三　研究旨趣：促进发展方式的有效转型

梳理国内外研究发展方式转型的文献，我们发现，具体学科尤其经济学对发展方式转型研究较充分，但国内外发展方式转型的哲学研究还不够，其中一个主要缺陷是：对"实然"的批评多，对"应然"的期望多，但从"实然"到"应然"转变的"必然"是什么，即从传统发展观和发展方式向新发展观和发展方式转型的规律、途径、客观过程等，缺乏足够的重视和深入的研究。因此，本书把发展方式转型的规律和途径作为研究的重点。我们认为，加强发展方式转型的规律和途径研究是我国发展方式加快转型和有效转型的当务之急。

本研究的目的是深化对发展方式转型的认识，揭示发展方式转型的规律，探寻发展方式转型的有效途径，进而促进发展方式尽快转型与有效转型。本书的研究当然在理论上有所追求——深化发展理论和唯物史观，但是我们的主要目的是：为发展方式转型的实践提供启发和导引，以促进我国发展方式转型。

四　研究方法：哲学与具体学科相结合

本书研究的根本指导思想是马克思主义哲学，同时注意吸收其他学派哲学的精华，并借助经济学、社会学、政治学等有关理论，合力攻关，破解发展方式转型有关难题。当今人类面临的诸多问题，包括发展方式转型问题，其复杂性和艰巨性，是以前历史时期无法比拟的，那种单一学科和单一理论视野和方法越来越捉襟见肘。不同学科和不同理论的交叉融合正在引领当今时代科学研究的前沿。交叉融合的研究方法是研究和处理当今时代复杂问题的有效方法。

但是，这种研究方法不是折中，也不是水果拼盘，而是有机结合。其中，马克思主义哲学起灵魂的统帅作用；其他学派哲学起到扩展视野的作用，但其实质性内容需要运用马克思主义哲学进行清理和提升；经济学等具体学科一方面为哲学提供加工思想的材料和半成品；另一方面它们把马克思主义哲学的立场、思路和方法具体化，甚至可操作化。

尤其哲学与经济学结合的方法，是我们高度重视和有效运用的方法。本书把哲学和经济学有机统一起来展开研究，显示出了强大的威力。

目前，关于发展方式转型，国内外的哲学研究成果总体上处于价值批判和形上层面，富有鼓动性和启发性，但其最大软肋是严重欠缺操作性，或者说对经济社会发展的重大问题的解决缺乏具体的指导力，对现实决策的直接影响不够。本研究提出并遵循的"哲学思维和具体学科工具相互配合"的研究思路和研究方法，是解决哲学窘境的有效尝试，对推进哲学理论发展也是大有裨益的。

哲学理念离开经济学等具体工具的支持就会沦为空洞，显得苍白乏力，这是问题的一个方面。但是问题的另一个方面则常常被人忽视，那就是：经济学等工具离开哲学理念和哲学思维的导向就会盲目作为，甚至为虎作伥。西方经济学日益忘却初心，古典经济学的伦理维度、哲学维度乃至政治维度不断被抽干，剩下干巴巴的、冰冷的经济学教条，这种狭隘的见物不见人的经济学要为当今人类的发展困境承担应有的责任。本书围绕实际问题的破解，具体地将哲学融入经济学，收到了令人满意的效果。经济学由于插上哲学的翅膀，其价值和魅力得以更好地展现。

要通过哲学与具体学科结合方式研究发展方式转型难题，有一个前提需要澄清，这就是哲学观问题。何谓哲学？仍然是众说纷纭，没有一致的定论。但要实现哲学与经济学结合，就必须解决这一前提问题。

我们认为，从思维方式的角度看，哲学是一种刨根问底的思维方式，目的是把握事物最深层的本质。第一，我们来看看黑格尔的见解。黑格尔有一个著名的比喻，他把哲学比喻为黄昏起飞的"密涅瓦的猫头鹰"，其含义是哲学是一种"反思"的思维活动，反思就是"对认识的认识""对思想的思想"。如果说经济学等具体学科是"思想"，那么哲学就是对经济学进行进一步的反思和追问，表现了哲学的一种追根究底的思维特质。第二，我们来看看列宁的洞见。列宁认为，认识是不断深化的，先认识的是事物的现象，然后认识本质，而本质有一级本质、二级本质，乃至更深层的本质。如果说经济学等具体学科是对事物一级本质的把握，那么哲学就是要把握事物的二级本质乃至更深层的本质。这也体现了哲学刨根问底的思维方式。第三，现在流行的马克思主义哲学教科书对哲学的定义是，哲学是对自然知识、社会知识和思维知识的概括和总结。这一定义遭到一些质疑，认为这是回归传统的哲学观，即把哲学看成知识的总汇或科学的科学。其实，我们可以从思维方式的角度来看待这种对哲学的定义的合理性。就是说，哲学具有追根究底的旨趣，它不满足于具体学科提供的现有认识成果，而是对其进行再加工，形成对世界总体性认识和更深刻的认识。

　　之所以说本书研究是一种哲学研究，并且与经济学等具体学科结合，以破解发展方式转型难题，就在于本书关于发展方式转型的研究，比经济学等具体学科追问得更深，或者说在经济学等具体学科已有研究结论的基础上进一步深入研究。例如，经济学家对各国经济史材料进行概括总结，把一国经济发展过程分为若干阶段，每一阶段经济增长的源泉不同，发展方式不同，一般分为劳动投入驱动阶段、资本投入驱动阶段、效率提高驱动阶段三阶段。① 我国著名经济学家林毅夫深入了一步，他在《中国的奇迹——发展战略与经济改革》和《新结构经济学》等著作中，揭示了经济发展由低到高分为不同阶段的内在逻辑是：各经济体的资源禀赋结构在变化，从而经济发展的比较优势在变化，不断地在高级化，从而形成不同的发展阶段及相应的不同发展方式。如果说把经济发展过程概括为不同阶段的学者相当于经济学领域的开普勒，那么林毅夫教授相当于经济学领域的牛顿，更

---

① 参见吴敬琏《中国增长模式抉择》，上海远东出版社 2014 年版，第 21—22、40 页。

深化了一步，揭示了阶段划分和不同阶段转变的内在逻辑。但是，林毅夫教授没有很好地解决一个更深层次问题，就是，经济发展如何才能从一个阶段转变到另一个阶段、从一种发展方式升级到另一发展方式。难道转型是一个与人无关的自然过程吗？而这正是本书研究的重心——如何才能克服转型阻力、实现发展阶段的转换和发展方式的转型升级。当然，有不少经济学家提出了改革制度、完善市场经济体制等转型措施。但本书进一步追问制度变革何以进行。具体到我国来说，经济学界研究指出，我国要走出"中等收入陷阱"，跨进高收入国家行列，一要靠创新，通过创新驱动发展，二要靠产业升级，实现资源优化配置。但问题是，如何做到这两点呢？答案是进行改革或制度革新、健全社会主义市场经济体制。那么，制度革新为什么艰难呢？制度变革的实质是什么呢？答案是，制度变革其实是利益格局的调整和转换。而利益格局调整一定会受到既得利益的强大阻力。如何克服阻力，完成利益格局的改变呢？需要更深入和具体的研究。本书就是这样层层追问，目的是力争最深刻地把握发展方式转型的本质、规律和途径，以启发政府和人们制定更科学有效的发展方式转型措施，促进发展方式有效地转型，推动中国的发展进入一个更高的新境界。这种研究方式和思维方式就是哲学的方式。

在哲学思维方式看来，具体学科提供的成果是"半成品"，需要哲学进一步加工和提升。哲学研究的这种运思方式充分展示了哲学与具体学科的结合，是哲学研究不可或缺的方法。本书对发展方式转型规律和途径的研究，都比经验认识和具体学科更深入，因此，可以算是一种哲学研究吧！

第一篇

利益视野中的发展方式
转型规律与途径研究

从第一篇到第三篇，本书深入地、多维度地研究发展方式转型的规律和途径问题。

学界对事物的发展规律一直是进行分类研究的，不同的分类研究显示的是不同的研究视野：第一，从规律的层次看，可分为：根本规律与具体规律（例如，鲁品越教授认为马克思主义经济学研究深层次规律，西方经济学研究浅层次规律）；第二，从规律发生作用的范围看，可分为：小范围规律与大范围规律、普遍规律与特殊规律（不同领域不同对象有自己的特殊规律——哲学揭示的规律与具体学科揭示的规律）；第三，根据研究对象的不同，可分为：自然规律与社会规律等。

本书采取一种新的分类方法对发展方式转型规律进行研究，分别从三个不同的视角出发，平行地研究发展方式转型的规律。这三种视野是：利益视野、矛盾视野、主体性视野。在研究并揭示发展方式转型规律的同时，相应地对转型途径进行了深入的探讨。

第一章　利益格局调整与
发展方式转型[*]
——历史唯物主义视野中的发展方式转型

对于改革开放 30 多年采取的发展方式，我们决不能简单地全盘否定。如果承认中国改革开放 30 多年来取得的巨大成就，就应该肯定这 30 多年来采取的发展方式的历史合理性。我国目前正大力倡导和推动发展方式转型，实际上意味着过去曾经有效的发展方式已经不适应新的历史条件和新的发展阶段的要求。因此客观上要求转变发展方式。而有效实现发展方式转变的前提条件是认识和把握发展方式转型规律，并在此基础上提出发展方式转型的途径。

本篇和本章，从利益格局调整的视角揭示发展方式转型的规律，并提出转型的基本途径。

发展方式与利益格局之间存在着密切的关系。转变发展方式必然要改变利益格局，调整利益格局是实现发展方式转变的根本条件。调整利益格局需要采取提高思想认识、选择共赢方式和发挥我国政治优势等正确方法和策略。

以历史唯物主义为指导，从利益格局及其调整的角度审视中国发展方式的转型，可以深刻揭示发展方式转型的实质和根本条件，揭示发展方式转型与利益格局调整之间的内在联系，揭示发展方式转型的规律，并帮助我们选择正确的转型路径。

---

[*] 本章的核心思想发表于《人民论坛》（学术前沿）2011 年第 2 期。

第一节　利益格局调整与发展方式
转型之间的关系

发展方式与利益格局的关系实质上是生产力与生产关系的关系，是生产力与生产关系之间关系的深化和具体化。

这里有几个相互联系的理论问题需要澄清和明确：

第一，生产关系的实质是物质利益关系。

马克思主义哲学对生产关系概念的一般定义是，生产关系是在物质生产过程中所形成的人与人之间的经济关系或物质利益关系。但是，传统上，人们对生产关系的理解存在严重的缺陷，鲁品越教授对此有深刻的揭示，他在《生产关系理论的主体性复归》一文中①，深刻地分析了苏联教科书哲学体系生产关系理论的缺陷，那就是，忽视生产关系形成和发展过程中人的主体作用和价值，对马克思的生产关系理论进行了机械唯物主义的曲解。具体而言：首先，关于生产关系的定义问题。苏联哲学教科书全力排除生产关系中人的利益欲望、情感意志等主体性因素，形成类似于"分工""协作"这样纯粹的物质的、技术的、与人无关的生产关系定义，从而奠定了其社会历史理论的机械唯物主义基调。其次，关于"生产力决定生产关系"原理的机械性理解。总体看，苏联教科书哲学对这一原理做了机械决定论式的曲解。在苏联哲学教科书那里，生产力与生产关系的关系，不仅被抽象为脱离人类主体的那种"物质内容与物质形式"的关系，而且被进一步抽象为离开人类主体利益的那种作为抽象事物的"内容与形式"的关系，接着，根据"内容决定形式"的一般性、普遍性原理演绎出结论：生产力决定生产关系。可以发现，苏联教科书哲学的生产关系理论完全否认了生产力与生产关系矛盾中人的因素，人的主体性、人的意志激情、人的利益等因素完全被排除在这一理论的视野之外。进行毫无生气的抽象的理论推演，是苏联哲学教科书的主要构建和演绎方式。再次，关于阶级和阶级斗争理论的机械性理解。苏联教

---

① 参见鲁品越《生产关系理论的主体性复归》，《教学与研究》2002 年第 2 期。

科书哲学对唯物史观的阶级理论也进行了机械唯物主义的、抽象的解读。苏联马克思主义哲学教科书体系抽象化阶级主体的具体特征，得到了作为纯粹客体的"抽象阶级"，世界上不同民族和国家、历史上不同历史阶段、各民族不同文化背景的丰富复杂的人，被这种哲学简单地归结为清一色的几大阶级。西方哲学史上费尔巴哈等人的抽象人性论把具体的、现实的人抽象为全人类统一的抽象的"一般的人"，而苏联教科书哲学则将现实生活中的、具体的、活生生的人抽象为几种简单类型的"阶级的人"。相对于抽象人性论，苏联教科书哲学还是有所进步，它毕竟使人的概念相对地具体化了一些，在"人性一般"外，看到了人的阶级性。但是，人性不仅仅是阶级性所能够涵盖的，只有阶级性规定的人性还是遗漏掉了活生生的人的民族性、时代性、理性、非理性等特征。这类似于马克思在《关于费尔巴哈的提纲》一文中批判过的缺陷：把社会中某一类型的人的本质理解为"类"，理解为一种内在的、无声的、把这部分人联系起来的共同性。结果竟是，各个具体的阶级的民族性及其历史环境特征、它的社会生活组织形式的特征等活生生的特殊性统统被抽象化了，生动的具体的国情也被抽象化了，人类各个民族的活生生的历史被理解为机械的模式化的几种类型的抽象阶级之间的斗争史。可见这一理论体系的抽象性和非现实性到了何种程度！其关于阶级和阶级斗争的理论内涵是多么贫乏、苍白！同时，其解释力和指导力也就可想而知了。最后，关于经济基础与上层建筑关系原理的机械论理解。苏联哲学教科书对上层建筑反作用于经济基础原理也进行了机械性的理解。由于苏联哲学教科书关于生产力与生产关系的机械关系理论，明显与历史事实和现实生活相违背，教科书的作者们只好进行了一些弥补，即被迫用"反作用论"进行弥补。但是，这种所谓反作用的含义是什么呢？是被抽象为无主体的抽象的客观事物之间的相互作用，类似于机械运动的作用力与反作用力。上层建筑被抽象为脱离人类活生生的具体主体的几种类型，它们分别与历史上几个不同的阶级相对应；同样，经济基础也被机械地划分为几种类型；这样，经济基础与上层建筑之间的相互作用完全是外在的机械的相互作用——维护和巩固自己的经济基础，破坏和阻碍异己的经济基础。

总之，对生产力与生产关系、经济基础与上层建筑、阶级与阶级斗争这些最基本的活生生的事物以及它们之间的活生生的有机关系，苏联哲学教科书的基本逻辑理路是：首先，把它们从活生生的人的主体活动中抽象出来；其次，定型为某种独立的、脱离具体活生生的实践过程的、脱离具体主体的客观事物（即几种类型的生产力、生产关系、阶级和上层建筑）；再次，再分析这些事物之间的相互关系——机械的对应关系、机械的作用与反作用关系——如"对应""决定""维护""阻碍"等；最后，抽象地将这种机械的作用与反作用模式推广为放之四海而皆准的教条，机械地套用到一切具体社会当中，去解释一切、说明一切。

苏联哲学教科书作者们就是不懂得：生产力与生产关系的相互作用，上层建筑与经济基础（生产关系）的作用与反作用，不是无生命的抽象事物之间的相互作用，不是与人无关的天体之间的作用与反作用，而是通过活生生的人类主体力量结构，在具体的、活生生的人类主体的实践活动中，用丰富复杂的具体形式来实现的。

其实，"生产关系实质上是指人们在自己的生活的社会生产中发生一定的、必然的、不以他们的意志为转移的经济利益关系。'经济利益'是生产关系的灵魂，它贯穿在生产力全过程中……如果抽掉经济利益，由不知道追求自身利益的'机器人'去进行社会劳动，所形成的只能是作为生产力的劳动作业关系，而绝非生产关系"①。

第二，一定的生产力对应一定的生产关系实质上是一定的生产力对应一定的利益格局。

既然生产关系的实质是人们之间的利益关系，那么一定的生产关系就确立了一定的利益格局。例如，奴隶社会、封建社会、资本主义社会分别确立了奴隶主阶级与奴隶阶级之间、封建地主阶级与农民阶级之间、资产阶级与工人阶级之间的利益分配格局；我国计划经济体制时期，形成了城乡之间和工农之间的二元经济和相应的利益格局，通过户籍制度和工农产品剪刀差等制度安排，利益向城市和工人倾斜，形成了一种独特的利益分配格局。

---

① 鲁品越：《生产关系理论的当代重构》，《中国社会科学》2001 年第 1 期。

　　既然一定的生产关系确立了一定的利益格局，那么生产力决定生产关系（一定的生产力对应一定的生产关系）实质上就是一定的生产力对应一定的利益格局；调整利益格局就是改革生产关系的根本举措，制度安排实质上就是安排利益在人们之间的分配，确立人们之间的利益格局。

　　第三，一种发展方式对应着一种水平的生产力。

　　发展方式的选择不是主观随意的，而是由生产力水平决定的。粗放型发展方式非我们所欲者，但是粗放型发展方式与我国生产力水平低、科技落后、劳动者素质低的生产力状况相适应，具有历史必然性和客观性；集约型发展方式与科技水平高的新生产力相适应。因而，转变发展方式本质上是我国生产力水平再上新台阶的客观要求，是人主动调整生产实践模式以顺应新生产力发展的客观要求。

　　第四，发展方式与利益格局之间存在着紧密的、内在的、客观的联系。

　　既然一定的生产力对应一定的利益格局，一定的发展方式对应一定的生产力，那么一定的发展方式就对应一定的利益格局。同时也可推知，新生产力的发展要求采取新的发展方式，而新的发展方式要求破除旧利益格局的掣肘，构建有利于新发展方式的新利益格局。因此，新生产力和新发展方式取代旧生产力和旧发展方式实质上就是新利益格局替代旧利益格局。新利益格局的合理性和合法性在于，它保证新生产力主体、新发展方式主体获得更多的利益，从而激励人们发展新的生产力和采取新的发展方式。

第二节　转变发展方式需打破旧利益格局、构建新利益格局

　　我国现有利益格局严重制约发展方式的转型。客观形势逼迫我国必须尽快转变发展方式，由传统发展方式转变为新的科学发展方式。但是，与传统发展方式相适应的利益格局严重阻碍着发展方式的转变。具体表现在：国民收入过多向政府和资本倾斜的利益格局制约着

内需的扩大，阻碍投资主导型发展方式向消费主导型发展方式的转变①；出口导向政策下形成的利益格局阻碍内需主导型发展方式的形成；以 GDP 增长为重心的官员政绩考核体系阻碍着科学发展观的深入贯彻；受益于高碳发展方式的利益主体是阻碍向低碳发展方式转型的力量；受益于"三高"（高消耗、高排放、高污染）发展方式的利益群体是阻碍节能降耗、绿色发展的力量②；调节收入差距过大，实现均衡的、包容性的、共享式的发展，受到来自既有的高收入群体和地区的阻力；调整行政垄断行业既得利益，实现公平竞争和公平发展，受到垄断行业的抵制；政府主导型发展方式转向市场或民众主导型发展方式，需要政府自我改革、自我收缩既得利益，难度极大。

中国台湾就发生过既得利益阻碍发展方式转型，并最终使得经济陷入低迷状态的事情。中国台湾当年作为亚洲四小龙之首，靠的是低汇率、低人力成本的外向型发展模式，这一模式成就了中国台湾经济。但是，形势发生变化后，要求改变原有发展模式，中国台湾学者和当局也认识到这一点，提出了"自由化、国际化、制度化"，其实就是要改变原来出口导向的发展模式，改变外汇过快增长造成的通货膨胀和出口的低效扩张。但是，这意味着改变原有的利益格局，因而阻力十分巨大。台湾当局最终没有克服这些阻力，发展方式转型的实际动作迟缓，导致了严重的资产泡沫化问题，随后是泡沫破裂，台湾经济从此陷入低迷，直到今天仍然是一蹶不振。③

要转变发展方式，就必须打破与旧发展方式相适应的利益格局，构建符合党的最新发展理论要求的、与科学发展方式相适应的新利益格局。主要包括：统筹城乡发展、区域发展，调整利益在城乡和地区之间的分配，如，推进城乡一体化，公共服务城乡均等化，要求城市

---

① 参见迟福林《第二次转型——处在十字路口的发展方式转变》，中国经济出版社 2010 年版。

② 例如，节能降耗技术早已经完全成熟，但是受制于既得利益者的阻碍，迟迟难以大面积地和实质性地推广和使用。美国由于化石燃料大亨们的掣肘，甚至拒绝在保护环境的《京都议定书》和《巴黎协定》上签字。

③ 吴敬琏：《中国增长模式抉择》（第 4 版），上海远东出版社 2014 年版，第 160—161 页。

居民放弃利益特权。切实改革收入分配关系，改变收入向资本、政府和垄断行业过多倾斜的利益格局，增加劳动、民众和低收入行业的利益所得。压缩粗放经济主体的利益，鼓励集约型经济主体。压缩乃至取消"黑色发展"、高碳发展主体的利益，构建鼓励绿色发展、低碳发展利益主体的利益机制。抑制虚拟经济膨胀，促进实体经济尤其是中高端制造业发展，需要触动虚拟经济部门的人们的利益，并让从事实体经济尤其是中高端制造业的人们的利益得以发展，等等。

正如我国著名经济学家蔡昉所言：那些维护既得利益格局的体制障碍，也必然进一步阻碍经济的可持续增长，最终造成更加严重的减速甚至经济增长的停滞。因此，从中国经济长期可持续发展、实现中华民族伟大复兴的历史大局出发，必须突破显性和隐性既得利益集团的阻挠，以更大的政治勇气和政治智慧推进重要领域的改革，以获取人口红利消失之后所必需的制度红利。[1] 要实现中国经济的持续、健康发展，要实现中华民族伟大复兴的中国梦，就必须推动中国经济更上一层楼，就必须坚决调整与传统发展方式相适应的旧利益格局，构建与新的科学发展方式相适应的新利益格局，进而实现发展方式的实质性转变。

第三节　调整和转换利益格局的基本途径

马克思说："人们奋斗所争取的一切，都同他们的利益有关。"[2] 既然调整利益格局必然会触动既得利益，那么一定会产生阻力。为此，必须采取正确的方法和策略，选择合适的路径。

第一，提高人们的思想认识。通过思想政治工作、理论研究、宣传教育工作等，让全社会尤其是不当得利人群明白现有发展方式及相应的利益格局的不合理性、危害性、不可持续性，理解新发展方式及相应的利益格局的合理性和科学性。虽然不能指望单凭思想工作就能完全解决问题，但思想工作至少可以减少调整利益格局的阻力。新制

---

① 蔡昉：《破解中国经济发展之谜》，中国社会科学出版社 2014 年版，第 232 页。
② 《马克思恩格斯全集》第 1 卷，人民出版社 1956 年版，第 82 页。

度经济学代表人物诺斯揭示的意识形态对于降低交易成本的重要作用，就证明了这一点。诺斯认为，"维持一个现存秩序的成本反而涉及对现存体制合理性的理解。在社会成员相信这个制度是公平的时候……规则和产权的执行费用机会大量减少"[①]。同理，如果人们认识到旧利益格局的不合理性，并理解新利益格局的合理性，那么调整利益格局就具有合法性，人们就容易支持这种调整。改革开放以来我们注重利用经济手段解决发展中的问题，这是正确的，但不能由此走向片面，忽视甚至放弃思想政治工作。毛泽东当年说，思想政治工作是经济工作和其他工作的生命线。这话仍然闪耀着真理和智慧的光芒。

第二，调整利益格局既要有"硬措施"，更要有科学的策略。如果说思想工作是调整利益格局的"软措施"的话，那么还需要"硬措施"的跟进。仅靠思想工作是无法实现利益格局调整的，当然不排除少数觉悟和境界高的先进分子自觉放弃不合理的既得利益。但总体而言，还是需要实际的、建制化的调整利益格局的"硬措施"。但是，为了获得好的效果，我们在实际调整利益格局时也需要讲究策略。改革开放以来我们取得了宝贵的成功经验，有学者将其概括为"渐进式改革"和"增量改革"。这对今天如何顺利地破除既有利益格局、构建新的有利于科学发展的利益格局也是富有启发性的：其一，"渐进式改革"坚持改革、发展、稳定的统一，改革的力度、发展的速度要与人们的承受力相适应。这启发我们既要坚决调整不合理的利益格局，构建适应科学发展的新利益格局，又要理性考虑利益受损人们的承受能力，调整利益格局的步骤要循序渐进，调整的力度与人们的适应程度要大体保持一致。例如，我们早就深知我国资源价格偏低，不利于科学发展，但调高资源价格会涉及千家万户消费者的直接利益，增加资源消费主体的成本，如果调整的幅度过大，步骤过急，就会超过人们的承受力，因此我国的实际做法是循序渐进、分步实施，给人们和企业一个适应和消化的过程；延迟退休制度的推出，更是一个协商、逐步取得共识和逐步实施的过程，大大减少了阻力。

---

① 诺斯：《经济史中的结构与变迁》，陈郁、罗华平等译，上海三联书店1994年版，第59页。

其二，"增量改革"启发我们尽量避免"零和"结果。从哲学上看，"增量改革"的实质是积极地化斗争性为主的矛盾为同一性为主的矛盾，减少调整利益格局的阻力和成本。要以和谐的方式解决同一性为主的矛盾；要创造条件促进矛盾性质的变化——把斗争性为主的矛盾转化为同一性为主的矛盾，然后努力用和谐的方式加以解决。在博弈论来看，"增量改革"就是创造条件，积极地把"零和博弈"转化为"共赢博弈"，通过"共赢"的方式解决矛盾推动发展。这种解决矛盾的方法阻力较小，成本较低。例如，调整利益格局，缩小贫富差距，实现共同富裕，采取包容性和共享式发展方式，着力点不是压低合法的高收入，而是积极提高低收入；决不是限制甚至停止城市、东部发达地区和先富人群的继续发展，决不能实行人民公社化时期的"一平二调"，而是着力提高农村、中西部地区和低收入人群的收入，使其收入提高和发展的速度超过前者发展的速度，这样，后富者发展速度快于先富者，而现有高收入者的绝对收益不是降低而是提高，只是低收入人群的绝对收入提高的幅度更大。即先富者和后富者都不能停滞不前，都要继续发展，并且形成相互促进的关系。这种统筹和均衡发展就是"共赢"式的发展，避免了"零和"式的发展，是调整和优化利益格局的高明之举。

当然，也不能把增量改革方式教条化和绝对化，增量改革和存量改革相结合的方式更合理。今天的中国改革和利益调整，容易改革的部分已经基本完成了，改革已进入深水区，剩下的改革都是难啃的"硬骨头"，也就是说，不触动既得利益或存量利益的改革（不得罪人的改革、完全帕累托最优的改革）已经基本完成，今后的改革不能绕开调整既得利益或存量利益的"硬骨头"。这就要求执政党以更大的勇气、更无私的态度、更高的智慧，在形势可控的前提下，加快调整既得的、与科学发展方式相抵牾的存量利益，例如政府审批改革、国有企业高管限薪和减薪等触动既得利益的改革，将有利益于党的最新发展理论的落实，有利于发展方式的优化和转型。

第三，充分发挥我国的政治优势，保证利益格局的顺利转换。中国共产党的优良传统和性质、宗旨，决定了执政党的超脱性和超越性，可以超脱利益集团的羁绊，站在全体人民和社会总体利益、长远利益、根本利益的高度执政。这是西方各种政党所不具备的优势，也是中国的一大特点和优势。中国政治制度的一个重要优势在于它可以真正代表全民。西方的多党制下，每个政党代表的利益群体是不同的，其上台之后，施政只能偏向支持自己的群体，中央政府借转移支付的手段，对认同执政党的地方大力倾斜；而中国30年来，经济政策总体来看没有特别地倾向任何一个利益群体。① 姚洋也有类似的见解，他认为中国模式的优势是有一个"中性政府"，即中国政府具有广泛的代表性，不偏向社会的任何一个部分，而且它把社会的长远利益摆在首位。②

因此，加强党的执政能力和先进性建设、群众路线教育、"三严三实"教育活动以及其他从严治党和强力反腐等举措，是保持中国改革和发展继续深化和向前推进的重要条件，是调整和优化利益格局的重要保证和重要方法，是促进发展方式转型的一个中国式路径。因此，不仅要从政治的角度理解中国共产党的党建工程，而且要从调整和优化利益格局、促进转变发展方式的角度理解这一伟大工程。

---

① 参见宋鲁郑《中国政治制度的比较优势》，《红旗文稿》2010 年第 5 期。
② 姚洋：《中国模式与"中性政府"》，《北京日报》2008 年 11 月 3 日。

第二章 博弈论视野中的发展方式转型

　　上一章反复论证：转变发展方式不可避免地要触动和改变现有的利益格局。本章是对上一章的深化和具体化。本章通过利益格局及其调整这个中间项，揭示社会不同主体间的博弈与发展方式转型之间的勾连。博弈论作为研究社会不同主体间利益争夺的策略工具，对推动利益格局调整和发展方式转型具有很大启发意义。本章在从哲学的角度深入理解博弈论的基础上，具体地研究如何运用博弈论启示我们更加有效地促进利益格局的调整和发展方式转型。

第一节　博弈论及其实质

　　博弈论（Game Theory）又称对策论，已经成为一门世界性显学，其应用十分广泛，对经济学、运筹学、管理学、社会学、政治学、国际关系学、军事战略学、心理学和其他几乎所有的人文社会学科产生了重大甚至是革命性影响。本质地看，它秉持的理论前提就是西方主流经济学的理性经济人假说，它的特点是大大深化和具体化了互动背景下人类行为的研究，富有极强的启发性和可操作性。但是它对哲学的影响似乎尚不很显著，或者说哲学对博弈论的反应还很不够，哲学对博弈论的审视、提炼和吸收仍然有待加强。本节和下两节力争从哲学的角度理解博弈论，第四节利用博弈论这一理论工具分析如何促进发展方式转型。

　　关于博弈论的主题和对象，我们可以这样概括为：研究不同社会主体在给定约束条件和互动背景下，为获得最大化利益，选择最优策略的决策方法。其实质是具体地研究不同利益主体如何分配社会利益并构建利益格局的问题。我们可以从三个方面来把握：其一，参与博弈的局中人（players）① 要解决的问题是，如何决策② 才能最大化自己的利益；其二，不同主体是在一定约束条件下作出争取利益最大化的决策，这种约束条件是多种多样的，如，既有的生产力和经济条件、制度和规则等，不同主体间相互制约也是一种约束条件；其三，一定的社会主体是在与他者互动的过程中争取最大化利益的。互动就是不同社会主体之间相互制约、相互作用、相互影响的关系。著名博弈论学者罗伯特·J. 奥曼（Robert J. Aumann）和瑟吉由·哈特（Sergiu Hart）认为：“博弈论研究那些决策会相互影响的决策者们［参与人（players）］的行为。术语‘博弈’一词来自互动决策问题。”③ 也就是说，博弈论是研究互动行为的理论。

我国古人虽然没有提出“博弈论”概念，但已经十分善于博弈实践，最典型的就是战国时期“田忌赛马”，在每次对决中，孙膑都根据对手的情况做出了最优决策，实现了以弱胜强的理想结果，堪称成功运用博弈论的典范。再例如，《三国演义》中曹操赤壁之战败走北方，败退的路线如何选定，诸葛亮如何布置拦截，即双方如何决策，就是诸葛亮和曹操的相互博弈的过程。诸葛亮在与曹操的博弈过程中，每一次决策都预先考虑到了曹操的反应或可能的决策；同时，曹操的每一次决策也预先考虑诸葛亮和周瑜的可能决策。诸葛亮智高一筹，他在每个决策前都准确预测到曹操的决策，并根据他预测到的曹操的决策做出自己的决策，从而在博弈中取胜。从理论角度看，中国古代众多的兵书战策堪称中国式的博弈论。在市场经济背景下，众多市场主体之间的竞争与合作如何具体展开，博弈论是十分有效的分析工具。

---

① 又称参与人，即博弈参与人。

② 即参与人选择的战略，也称策略。战略可以理解为参与人的一个相机行动计划，它规定了参与人在什么情况下如何行动（参见张维迎《博弈与社会》，北京大学出版社 2013 年版，第 34 页）。

③ 张维迎：《博弈与社会》，北京大学出版社 2013 年版，第 14 页。

第二节　博弈论理论前提的哲学反思

深层次理解一种理论的有效方式是反思这一理论的理论前提。博弈论与西方主流经济学分享共同的理论前提，那就是理性经济人假说。理性经济人假说既是博弈论的理论前提，也是其理论基石。

理性经济人假说一直受到各种理论和实际的挑战，但仍然屹立不倒，原因在哪里呢？具体学科分别对这一假说的优劣作了具体的论说，在此不用赘述。这里从马克思主义哲学的角度对这一假说做一些分析。

首先，我们来分析这一理论假说存在的缺陷。主要有两大缺陷：第一个缺陷是，西方理论往往把这一假说抽象化和非历史化，对人性的看法十分抽象、空洞。西方理论家们从抽象的人性论出发，把自利最大化的理性经济人看成人的永恒本性，人似乎自古如此，将来也永远如此。这是错误的。其实，历史唯物主义揭示了人性的真理，那就是，人性是具体的、历史的，原始社会的人和未来共产主义社会的人的人性难道能够用自利最大化的理性经济人概括和通约？显然不能。历史唯物主义对私有制的历史性产生的分析完全可以适用于分析理性经济人的历史性产生。历史唯物主义认为，私有制是生产力有了一定发展但又发展不足的产物。在生产力极端落后的原始社会，根本没有剩余产品，不可能产生私有制，人们也没有私有观念，那时候的人也就谈不上是自利最大化的理性经济人；当生产力有了一定的发展之后，产品出现剩余，这是私有制产生的必要条件，私有观念也随着私有制的产生而产生了，自利观点也就产生了，这才是理性经济人产生的前提条件，在商品/市场经济条件下人性的理性经济人特点才充分展现出来；到了未来共产主义阶段，在生产力高度发达、物质财富极大丰富、社会关系重构、实行公有制，加之人们的思想境界极大提高，那时候私有制已经没有存在的必要，人们还会因不足而去争夺利益吗？自利最大化的经济人还可能存在吗？人性难道不会发生根本变化吗？

理性经济人假设的第二个缺陷是，把理性经济人逻辑泛化，不仅经济生活中活动的人，而且政治领域中的人，家庭中的人等，都用理性经济人逻辑来解释其行为逻辑。当理性经济人逻辑在现实中遇到挑战时，西方理论家或信奉西方理论的学者采取的策略是不断放宽概念的外延，以保证理论的自圆其说或解释力。开始的时候，利益最大化中的"利益"指经济利益或物质利益，用以解释经济活动领域中人的行为逻辑；但为了更大范围的解释力，西方理论家们把"利益"概念泛化，不仅包括物质利益，而且包括政治利益、精神利益等。还有，利益最大化的确切含义是人的自利最大化，假设人是自私的，追求自利的最大化，但这种假设无法解释生活中大量的利他行为，如父母对子女无私的爱、为了国家民族牺牲自己的英雄模范人物。西方理论家们的做法是，引进"偏好"这一概念，偏好包括了利益，但其外延扩展了许多，并把人的行为逻辑由"利益最大化"转变为"偏好满足的最大化"，无论父母无私的爱还是为国家民族献身的英雄模范人物，都是为了自己，为了满足自己偏好的最大化，因此没有什么利他和超越功利的行为。"甚至任何行为我们都可以解释为在追求自己偏好的最大化。……一个人总是帮助别人这样的利他主义行为也可以解释为个人在追求自己偏好的最大化行为。"① 这就是西方理论家们和西方理论信奉者的做法，他们甚至基本的形式逻辑规则都不顾了！悄悄地把"利益"概念偷换为"偏好"，于是一切人都是为了自己，为了追求自己偏好满足最大化罢了。这样，就消解了利他、崇高和伟大，亵渎了高尚的无私奉献的人们的行为，并对社会精神文明的建设起到了客观的破坏作用。美国贵为当今世界唯一的超级大国，但在国际上行为逻辑始终局限于自己的狭隘国家利益、不顾全球生命共同体利益、不顾信誉和公义，给世界的和平发展带来巨大的损坏！把人性及其行为逻辑死死定义为利益最大化或偏好最大化的西方理论，是否为美国的行为模式提供了理论依据和合法性依据？有必要引起我们深思。

其次，我们来分析西方理性经济人假设的合理之处。马克思主义对西方经济学等理论采取辩证否定的态度和方法。一个客观事实是，

---

① 张维迎：《博弈与社会》，北京大学出版社2013年版，第16页。

理性经济人假设的生命力和影响力十分强大，这说明其有合理之处。概括而言，理性经济人假设的相对合理性可以从两个方面来分析：其一，如果把理性经济人假设限定在市场经济条件下的经济活动领域，这一假设还是具有相对真理性质的，它确实反映了特定历史阶段和特定领域内的人性和人的行为取向逻辑，可以作为理论分析的原点和前提。其二，理性经济人假设是对现实复杂经济生活中人的行为取向的一个合理抽象，是排除了次要方面的、杂质因素而抓住主要部分和本质部分的一个抽象，与马克思从抽象到具体的思维方法和理论构建方法相似。马克思《资本论》的理论构建，是成功运用从抽象到具体方法的典范，价值—抽象劳动—价值决定—价值规律—价值规律由抽象到具体的回归（价格围绕价值波动到价格围绕生产价格波动）—资本主义制度下价值规律的作用形式和具体表现……理论不断从抽象走向具体，不断逼近真实的现实。理性经济人假设及其理论构建与马克思的方法有相通之处，理性经济人假设排除了非理性等因素对人行为的影响，因为虽然人往往是非理性的，但是总体看来和长远看来，人的行为还是理性主导的①，同时，人们在进行现实决策时，在分析现实的人的行为时，先只根据理性人的人性假设形成初步决策，然后再把非理性等因素的可能影响考虑进去，矫正初步决策，从而对人的行为取向有一个全面的把握，决策也更有现实性和科学性。

第三节　从恩格斯的历史合力论到博弈论

唯物史观是关于人类社会发展的一种科学理论，它主要从宏观角度揭示了人类社会发展的规律。捍卫和发展唯物史观的一种有效方式是推动它的深化和具体化，使其不仅具备洞悉社会历史的宏观视野，而且在宏观视野的观照下开发分析社会发展的微观理论，使其更有效地介入具体的、微观的社会发展问题，从而充分发挥其理论力量。吸收现代博弈论的理论精华，可以达成这样的理论效果。

---

① 参见詹宏伟《中国改革与个人主体》，中国社会科学出版社 2004 年版，第 147 页。

一　恩格斯的历史合力论对唯物史观的捍卫、深化和发展

唯物史观的创立实现了社会历史理论的划时代变革，把社会历史理论变成了科学。马克思运用这个科学理论杰出地分析和研究了社会和历史，取得了丰硕的成果，如《路易·波拿巴的雾月十八日》《资本论》等就是运用唯物史观取得的经典成果，大大深化了人们对社会和历史的认识。马克思之后，恩格斯是坚持和发展唯物史观的楷模，恩格斯与那些把唯物史观曲解为经济决定论等机械唯物主义倾向进行了坚决而富有成效的斗争，在这一斗争中捍卫和发展了唯物史观，其中一个光辉范例是，恩格斯提出了著名的"历史合力论"，大大深化和具体化了唯物史观，通过发展唯物史观有效地捍卫了唯物史观。

恩格斯对历史合力论的论述是："历史是这样创造的：最终的结果总是从许多单个的意志的相互冲突中产生出来的，而其中每一个意志，又是由于许多特殊的生活条件，才成为它成为的那样。这样就有无数互相交错的力量，有无数个力的平行四边形，由此就产生出一个合力，即历史结果，而这个结果又可以看做一个作为整体的、不自觉地和不自主地起着作用的力量的产物。因为任何一个人的愿望都会受到任何另一个人的妨碍，而最后出现的结果就是谁都没有希望过的事物。所以到目前为止的历史总是像一种自然过程一样地进行，而且实质上也是服从于同一运动规律的。但是，各个人的意志——其中的每一个都希望得到他的体质和外部的、归根到底是经济的情况（或是他个人的，或是一般社会性的）使他向往的东西——虽然都达不到自己的愿望，而是融合为一个总的平均数，一个总的合力，然而从这一事实中决不应作出结论说，这些意志等于零。相反，每个意志都对合力有所贡献，因而是包括在这个合力里面的。"①

这一论述就是著名的"历史合力论"，它在唯物史观发展史上的地位十分重要，因为它既坚持了唯物史观，同时创造性地发展了唯物史观，给后人以极大的启发。

首先，恩格斯的历史合力论坚持了唯物史观。

---

① 《马克思恩格斯文集》第 10 卷，人民出版社 2009 年版，第 592—593 页。

恩格斯的历史合力论把历史条件的客观制约性与人的历史主体性有机结合起来，划清了与历史唯心主义和机械唯物主义的界限，充分继承了马克思的思想。一方面，"其中每一个意志，又是由于许多特殊的生活条件，才成为它成为的那样"，"这个结果又可以看做一个作为整体的、不自觉地和不自主地起着作用的力量的产物"，"到目前为止的历史总是像一种自然过程一样地进行，而且实质上也是服从于同一运动规律的"，"各个人的意志——其中的每一个都希望得到他的体质和外部的、归根到底是经济的情况（或是他个人的，或是一般社会性的）使他向往的东西"……这些论述充分体现了历史发展的客观制约性。"其中每一个意志，又是由于许多特殊的生活条件，才成为它成为的那样"，其中的"许多特殊的生活条件"当然包括生产力发展的水平、既有生产关系、经济状况、自然环境等因素，它们都对每一个意志或每一个人起到塑造作用和制约作用，每一个人有自己的意志，但绝不是任性的，从而揭示和强调了每一个意志和每一个个体的客观基础和客观制约性。而且，最终的结果往往与每个个体初始愿望都不一致，从而合力的结果相对于每个个体来说具有客观性，即合力及其结果不以每个个体的意志和主观愿望为转移。这样，恩格斯的观点就与历史唯心主义划清了界限。

另一方面，"最终的结果总是从许多单个的意志的相互冲突中产生出来的"，"然而从这一事实中决不应作出结论说，这些意志等于零。相反，每个意志都对合力有所贡献，因而是包括在这个合力里面的"。……这些论述使恩格斯的观点与经济决定论、技术决定论等抹杀人的主体性的机械唯物主义和宿命论划清了界限，充分肯定了历史主体的能动性。

恩格斯上述见解与马克思的思想是一致的。马克思充分肯定人的历史主体性，"历史活动是群众的事业，随着历史活动的深入，必将是群众队伍的扩大"①。"历史什么事情也没有做，它'并不拥有任何无穷无尽的丰富性'，它并'没有在任何战斗中作战！'创造这一切、拥有这一切并为这一切而斗争的，不是'历史'，而是人，现实的、

----

① 《马克思恩格斯全集》第2卷，人民出版社1957年版，第104页。

活生生的人。'历史'并不是把人当作达到自己目的的工具来利用的某种特殊的人格。历史不过是追求着自己目的的人的活动而已。"①同时，唯物史观与唯心史观不同，前者深刻揭示了历史发展、人的主体性创造性活动的客观制约性，"人们自己创造自己的历史，但是他们不是随心所欲地创造"②。而且，把人的历史主体性和客观制约性有机结合起来正是马克思的思维方式，他形象地定位历史活动中的人既是历史活动的"剧中人"又是"剧作者"。作为"剧中人"的历史主体，当然不能随心所欲，要受到剧情等客观条件的制约；作为"剧作者"的历史主体，又不是完全被动和消极的，因为他又是历史的创造者，是自己历史活动的筹划者，是有目的、有追求、有计划的历史活动者。

其次，恩格斯的历史合力论发展了唯物史观。

这种发展主要表现在恩格斯的历史合力论深化和具体化了唯物史观。如前所述，马克思把社会历史的客观制约性与人的历史主体性有机结合起来，但是有一个问题没有解决：这种结合的机制是什么呢？或者说具体如何结合呢？恩格斯解决了这一问题："最终的结果总是从许多单个的意志的相互冲突中产生出来的"，"无数互相交错的力量（当然包括无数的意志或个人——引者注），有无数个力的平行四边形，由此就产生出一个合力，即历史结果"。具体来说就是，历史舞台上有无数个意志，每一个历史主体都有自己的意志，但是众多的意志之间相互制约就形成一种对冲，从而形成一个与每个意志的原来愿望不一样的结果，"任何一个人的愿望都会受到任何另一个人的妨碍，而最后出现的结果就是谁都没有希望过的事物"。其实，认真阅读马克思1852年写的《路易·波拿巴的雾月十八日》，可以越发体会到，马克思在具体分析历史事件的时候，已经具有了历史合力论的思想方法，但是没有得到总结和提炼，没有提升到一般的历史理论的高度。恩格斯的历史合力论，解决了这一问题，极大深化和具体化了唯物史观。恩格斯对于捍卫和发展唯物史观做出了杰出的贡献。

---

① 《马克思恩格斯全集》第2卷，人民出版社1957年版，第118—119页。
② 《马克思恩格斯选集》第1卷，人民出版社1995年版，第585页。

二　现代博弈论对恩格斯历史合力论的深化和具体化

但是，恩格斯的历史合力论有无进一步发展的空间呢？

我们应该以恩格斯为榜样，继续发展唯物史观。我们认为，积极吸收当代人文社科理论的有益成果是推进唯物史观当代发展的一个有效途径，其中，博弈论对于我们在恩格斯合力论的基础上深化和具体化唯物史观具有重要的启示和巨大的价值。

恩格斯提出，合力形成的机制是：在历史活动中，"任何一个人的愿望都会受到任何另一个人的妨碍"，最后的合力及其结果是"从许多单个的意志的相互冲突中产生出来的"。那么，我们还可以追问：具体来说，一个人的愿望如何受到另一个人的妨碍？许多的单个意志之间如何相互冲突并形成合力和最终结果？当代人文社会科学领域发展起来的博弈论，可以很好地解答这样的追问。

把博弈论和恩格斯历史合力论结合起来看，我们可以得到这样的认识：参加历史活动的众多单个意志或个人就是博弈的局中人或参与人；所谓"一个人的愿望受到另一个人的妨碍""许多的单个意志之间相互冲突"，就是博弈局中人之间的互动（相互制约、相互影响）；所谓不同意志之间相互冲突形成的合力及其最终结果，就是博弈支付结构，形成的是一种利益分配格局。博弈论具体分析在既有约束条件下，在不同局中人相互制约的条件下，作为理性的局中人，如何决策才能取得最大化利益；这就把恩格斯"每个意志都对合力有所贡献，因而是包括在这个合力里面的"的思想具体化了，即博弈论具体揭示了在互动和相互制约的条件下每个意志或每个参与博弈的局中人如何决策、如何行动、如何为最终的合力贡献了自己的力量。这样，恩格斯的历史合力论就变得可操作了。可见，现代博弈论深化和具体化了恩格斯历史合力论。

下一节具体运用博弈论有关原理深入分析当代中国如何调整和优化利益格局，以促进发展方式转型。

第四节　博弈论对我国发展方式转型的启示

一　博弈论在当代中国的适用性

博弈论的理论前提之一是理性经济人假设，其实还有一个不言自明的前提——利益的分歧和多元。如果利益完全一致，没有分歧，就不存在不同利益主体博弈争夺利益的情形了，也就不必要有博弈论了。我国传统社会主义体制是"一大二公"，意识形态也是宣传整体利益或集体利益的至上性，个体利益和局部利益是被忽视、被压抑的，甚至是被贬斥的，理论研究的前提也是公有制下人们利益的一致性。从而博弈论这种以利益分歧和多元为前提的理论不可能有用武之地。

改革开放后，社会存在和社会意识都发生着巨大变化。公有制为主体、多种所有制共同发展的基本经济制度逐步生成，社会主义市场经济逐步建立和完善，局部利益和个体利益得到承认，利益多元化已经是不争的事实，而且价值判断上对这一事实也是承认和肯定的，个体和局部追求自身利益最大化是整个社会活力的微观源泉和基础。这样，博弈论在我国就具备了应用的前提条件了。

中国共产党十八届三中全会推出一个重大的理论创新：市场在资源配置中起决定性作用，同时发挥好政府的必要作用。这一创新性理论蕴含着这样的观点：政府必须转型，由全能型的大政府转向有限有效政府，经济社会等事务主要交给市场和社会，形成大市场和大社会；市场和社会的主体不是政府，而是具有利益主体性的微观主体——企业、个人等；微观主体的行为逻辑就是利益最大化的理性经济人逻辑；市场和社会的实际运行是众多微观社会主体根据公平正义原则博弈的过程，政府的作用是引导社会形成并维护公平正义原则，尤其是底线公平原则和程序公平原则，而绝不是越俎代庖，代替微观主体的博弈行为，也不是僭越本位，自己亲自作为一个市场或社会主体去参加市场和社会的博弈①……这些，是市场在资源配置中起决定性作用

---

① 参见詹宏伟《中国改革与个人主体》，中国社会科学出版社2014年版，第166页。

的前提或必然要求。

前一章已经证明，发展方式转型的实质是利益格局的调整，具体来说就是要优化利益格局，从适应传统发展方式的利益格局转向适合科学发展方式的利益格局。但是，触动既有利益格局十分困难，来自既得利益者的阻力巨大。如何促进利益格局的有效调整，博弈论给我们诸多有价值的启发。

调整利益格局，促进发展方式转型，主要依靠政府，还是主要依靠市场和社会？根据博弈论的本质精神，答案应该是，市场、社会与政府分工合作：政府制定并维护有利于发展方式转型的、符合公平正义的规则，社会和市场主体在这些规则的约束下自主地进行博弈，如果博弈的支付结构形成的利益格局符合科学发展方式需要的利益格局，那么，这个博弈的过程就是发展方式转型的过程。但是，我们认为从西方博弈论引出的上述答案，需要改进，那就是，我们认为政府是一个必要的"善"，而不是一个必要的"恶"，代表人民根本利益的中国政府更是如此。因此，中国政府不是西方那种消极的小政府，而是有为有效的积极政府，在一定情况下，为了解决社会在多元主体博弈中自身无法解决的冲突，为了克服个体理性的不足，为了优化利益格局，为了发展方式的有效转型，政府代表公共利益也可以作为一个局中人参与博弈。①

总之，对于我国发展方式转型来说，政府的主要作用就是创造条件引导和促使社会主体或市场主体之间的博弈朝着有利于发展方式转型的方向发展；同时，为了更好地调整和优化发展转型所需要的利益格局，也不放弃在一定条件下政府自身也参加博弈。这是博弈论对发展方式转型的重要启发。

---

① 在现代社会和市场经济条件下，在市场在资源配置中起决定作用的条件下，社会要有更多的自治，根据公平正义原则，不同社会主体之间自主地进行博弈，从而形成博弈均衡和相应的利益分配格局。但是，政府也不是消极的，因为存在这样一种情形：社会主体无法协调自身在博弈过程中的纷争。这时候就需要政府了。因此政府是一个必要的"善"，只有政府变成无限的全能政府的时候，才走向自己的反面，成为一个"恶"。我们对政府的看法比西方理论更全面和实事求是。

二 零和博弈、共赢博弈与发展方式转型策略

（一）零和博弈与共赢博弈

从博弈结果来看，可把博弈分为零和博弈和共赢博弈。前者的结果是损人利己，后者是利人利己。

零和博弈：是在博弈双方之间，一方的收益必然意味着另一方的损失的形式，即一方所得正好是另一方所失、一方的幸福建立在另一方的痛苦之上。博弈双方的收益之和是"零"，而且永远是零，双方利益是根本冲突和对立的，双方没有合作的可能。"在（两人）零和博弈中，局中人 2 的盈利正好是局中人 1 盈利的负值。因此，两局中人的奖励是截然相反的——一局中人赢当且仅当另一局中人输。"①

历史上的大国关系，几乎所有新兴大国的崛起都是通过战争手段获取财富和领地，通过战争取代老牌大国的地位。古希腊历史学家修昔底德在其名著《伯罗奔尼撒战争史》中提出了著名的"修昔底德陷阱"理论，其揭示的就是历史上强国之间的零和博弈，结果往往是两败俱伤。

共赢博弈：与零和博弈相对的是共赢博弈。所谓共赢博弈是指在博弈的局中人之间通过竞争达到共赢的局面，共赢的结果是利人利己，至少是利己不损人，就是通过合作的方式赢得皆大欢喜的结局。从绝对收益的角度看，共赢博弈是各方在博弈结束后都获得收益；从相对收益看，博弈参与各方的收益不是平均的，各方的收益存在差距。

比如一块既定大小的蛋糕，两人分割，其中一人多得另一人必然少得，两人的竞争是零和博弈；如果转换思路，两人在竞争过程中把蛋糕做大，并且每人分得的蛋糕因此不断增加，那么这种博弈就是共赢博弈，从而两人合作行为必然发生。

（二）积极利用共赢博弈推动利益格局的优化和发展转型

利益调整的方法有激进的方法，也有渐进的方法，激进方法一般

---

① ［美］普拉伊特·K. 杜塔：《策略与博弈——理论与实践》，施锡铨译，上海财经大学出版社 2005 年版，第 129 页。

是零和博弈的方法，渐进方法一般是共赢博弈的方法，这两种方法各有利弊，应根据实际情况搭配使用。调整利益格局的一个稳妥的做法是增量调整激进为主、存量调整渐进为主，这是改革开放以来比较成功的策略。[①] 为什么比较成功呢？因为阻力小，而阻力小的原因是改革的设计采取了共赢策略。从博弈论的视角看，共赢式改革的本质就是帕累托改进，帕累托改进就是一种共赢博弈的结果。

要理解帕累托改进这一概念，首先必须了解帕累托最优概念，所谓帕累托最优是指社会利益分配的一种状态，一种被视为最优的状态，是指利益分配的任何调整和改变，除非使另一个人或另一部分人的利益受损，否则不可能使任何一个人的利益增加。这种状态是一种大家都不愿意改进的状态，即帕累托均衡状态。但是，现实社会生活中，很难存在这么一个状态，相反，大量存在非帕累托最优状态，这意味着存在向帕累托最优方向改革和调整利益格局的空间，这种改革和调整就是帕累托改进。具体来说，帕累托改进是指一种社会变革或利益格局调整，能使每个人的利益都增加，或者至少使一部分人的利益增加，但同时又不损害其他人的利益。这种帕累托改进型的改革或利益格局调整，显然皆大欢喜，达到共赢的效果，从而得到大家的拥护，改革和转型就可以顺利推进。

在发展方式转型调整利益格局的过程中，要慎重决策，努力通过共赢博弈的方式实现帕累托改进型的利益格局调整。为了发展方式的转型，往往需要进行多方面的利益格局调整，理性的做法是首先选择和挖掘共赢性的帕累托改进，为改革和利益调整聚集人气，赢得社会的拥护。这是利益格局调整和改革必须坚持的一个原则。例如，产业结构调整，淘汰较落后的产业，该怎么进行？激进人士提出的方式是强行取消落后产业。但这必然伤害从事这些产业的人的利益，会阻力重重。如果转变思路和方式，情况就不同了：首先不动那些落后的产业，而是积极推动先进产业的形成和壮大，待先进产业形成和壮大之后，其提供给市场的产品比落后产业更加物美价廉、更加适合消费者

---

① 詹宏伟：《论发展方式转型规律——一种哲学的分析》，《广西社会科学》2015年第1期。

的需要，从而挤占落后产业的市场，使其无法生存，然后用先进产业兼并落后产业，接收其人员，并对其实行改造升级，这样，就可以保证较落后产业从业人员的利益不受损甚至可以增加，先进产业的空间也得到了扩展的机会，这是典型的共赢博弈思路。在我国公有制企业并购案中，政府常常有一个条件，兼并企业必须安置被兼并企业员工的工作。这种做法曾经受到自由主义人士的指责，认为政府干预企业是不对的，不符合构建现代企业制度的改革的定义。其实，从社会大局来看，这种干预是必要的，它保证了市场博弈的共赢结果，实现了帕累托改进，减少了产业升级的阻力和震荡。再比如，我国目前存在较严重的产能过剩，如钢铁、水泥、电解铝、装备制造，等等。怎么办？按照新自由主义人士的办法，就是让市场竞争自然淘汰了事，政府不用操心。但是政府必须考虑过剩产能闲置和淘汰导致经济增长下滑和失业增加及其引起的种种问题。为什么不换一种思路呢？就是，产能转移。过剩产能可以转移到落后国家或地区去，如从东部地区转移到中西部地区，可以消化一部分过剩产能；特别需要指出来的是，李克强总理积极推动的国际产能合作，创造条件，使中国与其他国家进行产能合作，是一个十分经典的帕累托改进——"目前，许多国家对基础设施建设和推进工业化的需求很大，而中国很多装备和产能质优价廉，综合配套能力强。李克强指出，支持中国装备走出去和推进国际产能合作，在扩大产品进出口的基础上叠加产业出口，不仅注重消费品更注重投资品出口，既利当前、更惠长远，能实现各方共赢。这有助于顶住经济下行压力、拓展中国发展新空间，有利于相关国家加快发展、扩大就业，并可为中国与发达国家合作开拓第三方市场创造更多机遇"①。中国倡导和推进的"一带一路"战略和组建"亚洲基础设施投资银行"，其意义是多方面的，其中一个重要方面是可以消化改革开放以来中国形成的巨大的并正在日益过剩的产能，同时可以有力促进"一带一路"沿线国家和地区的发展。这也是典型的帕累托改进。

---

① 《李克强：加快中国装备走出去和推进国际产能合作》，中国新闻网 2015 年 4 月 3 日。

（三）零和博弈条件下如何推动利益格局转变和发展转型

但是，调整利益格局不可能总是共赢结果和帕累托改进，也有许多零和结果，这种利益调整就是零和博弈式的。当不破除一些利益格局就无法实现发展方式转型的时候，就要积极集聚"势能"，在风险可控的情况下，要果断地采取激进的方式突破既有利益格局，大胆调整存量利益格局，勇敢改革，破旧立新，构建新的、符合科学发展方式的利益格局，从而促进发展方式转型取得实质性进展。例如，对于权钱交易形成的利益、"假冒伪劣"和"坑蒙拐骗"式的市场竞争行为等非法得利，必须坚决打击；对于行政垄断形成的利益和国企高管不正常的高薪等，要坚决改革和调整。当然，动这样的"奶酪"需要巨大的勇气和高超的智慧。所谓巨大的勇气就是不能惧怕阻力，不被风险吓住；所谓高超的智慧，就是要在形势可控的条件下动手，以免引起社会动乱和打乱经济发展步伐。

对于一般性有违发展方式转型方向的既得利益，也要积极调整，但要尽量想办法将零和博弈转变为共赢博弈。例如，我国资源价格严重扭曲，价格被人为压低，导致价格不能反映资源的稀缺情况，使得浪费资源和破坏环境的粗放型增长方式长期得不到改变。因此，为了科学发展和可持续发展，资源价格改革势在必行。但资源价格改革涉及的面太大，其关涉到的对象不仅有大量企业，而且有广大低收入群众和贫困群众。如果资源价格理顺，对于竞争力强的企业、资源开发企业和地区有好处，也有利于发展转向集约的科学发展方式，但会损害粗放型的、技术水平低的企业和广大低收入群众的利益，从而阻力重重，利益调整停滞不前。此时，可以考虑把这种一方赢而另一方输的零和博弈转换为共赢博弈，具体做法是：在理顺资源价格的同时，为利益受损的一方或几方提供帮助或补贴。对于技术水平低下的粗放型企业给予一定缓冲期，帮助其技术革新或采用新技术，以消化资源的涨价；对于低收入居民提供一定的补贴，还可以实现类似阶梯水价和阶梯电价机制，使得低收入人群基本生活不受影响。这样，本来是零和博弈的利益调整，变成了"使每个人的利益都增加，或者至少使一部分人的利益增加同时又不损害其他人的利益"的帕累托改进，即共赢博弈。这样，为促进发展方式转型而进行的利益格局调整就会得到社会各方面和各社会成员的拥护。

三 突破发展方式转型的"囚徒困境"

1. 囚徒困境

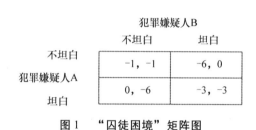

图1 "囚徒困境"矩阵图

囚徒困境是一种重要而常见的博弈，其中的囚徒 A 和 B，是博弈中的两个局中人，当然，现实生活中往往不止有两个局中人，但为了简化和便于分析，这里选择两个局中人的博弈类型，三个及其以上的局中人的情形和原理与此类同。

囚徒困境的内容是，假设警察抓住了两个犯罪嫌疑人 A 和 B，并告知他们政策：他们可以选择坦白或不坦白，但后果不一样：如果一个人坦白而另一个不坦白，那么坦白者立即释放，不坦白者判刑 6 年；如果两人都坦白，那么每人都判刑 3 年；如果两人都不坦白（抵赖），那么由于证据不足，每人关押 1 年后释放。在这种情形下，两个囚徒会如何选择呢？

博弈论假设局中人都是理性经济人，即都追求自己利益的最大化（当然包括追求自身损害的最小化）。那么追求利益最大化和损害最小化的局中人 A 和 B 会如何决策呢？分析过程见上面的"囚徒困境"示意图。先来看看 A 的决策，他会思考和权衡：如果 B 不坦白，自己也不坦白，则自己判刑 1 年，自己坦白，则免于判刑；但自己无法保证 B 不坦白，万一 B 坦白了，而自己选择不坦白，则自己就惨了，要判刑 6 年，B 却无罪释放，所以理性的决策是自己最好还是坦白；如果 B 坦白，自己不坦白会判刑 6 年，自己坦白则只判刑 3 年，显然最优决策是选择坦白。可见，无论 B 作何选择，A 选择坦白是最安全和最有利的。作为同样是理性经济人的 B，其思考和决策过程与 A 完全一样，即无论 A 作何选择，B 选择坦白是最安全和最有利的。这样，形成了（坦白、坦白）这样的博弈决策组合，其支付结构是（-3，-3）。这样的支付结构或利益分配格局，比起策略组合（不坦白，不坦白）的支付结构（-1，-1）要差。作为两个理性经济人，各自处心积虑算计和权衡，最后的收益却不是最理想的，而是两败俱伤。可见，每个人都追求自身利益最大化，结果不一定最佳，集体利益和每个人的利益没有实现最大化，损失没有实现最小化。

2. 发展方式转型面临的囚徒困境及其化解

在我国发展方式转型过程中，遇到大量囚徒困境之类的难题，需要寻求破局之法，以调整和优化利益格局，促进发展方式的转型。下面分析两个典型案例：

第一个案例，企业环保囚徒困境及其破解。

发展方式转型要求保护环境，由高碳发展转向低碳发展，由"黑色发展"转向绿色发展，但是由于囚徒困境的局限，经济发展往往很难实现这种转型。美国著名经济学家保罗·萨缪尔森在《经济学》一书中，提供了一个著名的囚徒困境例子。在不受管制的环境下，每一个追求利润最大化的企业都宁肯污染环境，也不愿意安装昂贵的污染处理设备。在这种环境下，如果一个企业采取利他主义态度，率先安装处理污染的设备，那么，它就会增加生产成本，从而产品价格上升、客户也会因此减少。如果该项成本增加到足够高，则企业甚至会破产。这样，为了降低成本，所有的企业都不安装污染处理设备。但是环境污染得不到治理，越来越恶化，最后整个社会成员（包括那些排污的企业主及其员工）都是环境恶化的受害者。①

怎样破除这一囚徒困境呢？办法是政府制定和实施奖惩性法规或措施。具体做法可以这样：其一，对于不进行排污处理的企业实行处罚，处罚引起的成本高于其不安装和运行排污设施节约的成本。其二，同时，对于环保模范企业，可以政府采购优先，从而扩大销量，

---

① ［美］保罗·萨缪尔森、威廉·诺德豪斯：《经济学》第十七版，人民邮电出版社2004 年版，第 178 页。

获得更大的利润；可以由新闻媒体报道，提高社会声誉，引起消费者的关注和信赖，从而扩大销量，获得更大的利润。采取这些措施后，积极采取环保措施和增加环保投入，实行清洁生产、绿色生产，就是每一个理性的企业的自觉选择了，从而经济增长与环境保护实现双赢，包括企业主和企业员工在内的所有社会成员，都从中受益。

第二个案例，企业创新囚徒困境及其破解。

创新驱动是发展方式转型的重点和根本，而企业是创新的主体。但是企业往往陷入创新囚徒困境，严重制约创新。这里的创新包括技术创新、商业模式创新等。不创新的经济很难持续增长，效益和效率很难提高，但创新是需要付出高昂成本的，而且失败的几率很大，此所谓"不创新等死、创新找死"之说的由来。因此，一般的企业都等着别人创新，如果失败了，自己规避了风险，如果成功了，自己可以跟进和模仿。这一决策看来是很理性的，但是大家都这样思谋和决策，结果是都没有行动，谁也不愿意第一个"吃螃蟹"，创新无法进行。从而陷入创新囚徒困境。

怎样破解这一困境呢？第一个是政府切实地保护知识产权，保护创新成果；第二个是政府资助创新失败者。对于率先创新的创新者，如果失败了，政府给予补偿，如成立创新失败补偿基金，减少创新失败造成的损失；第三是运用市场的办法，推动社会和市场风险投资的形成和发展，通过风险投资分摊和分散创新失败的成本；第四是推动形成创新文化，包括大力弘扬敢为人先的理念、倡导和推动形成宽容失败的文化，摈弃传统"成者为王败者为寇"的传统观念。创新失败者是光荣的，不仅不应该受到歧视，而且应该给予精神的安慰和实际的帮助。失败是成功之母，创新失败者得到精神的安慰和实际的帮助，就有机会在以后的创新活动中取得成功。

如果真正采取上述各种措施，创新囚徒困境一定会被打破，并形成企业和社会成员竞相创新、人人创新、万众创新的可喜局面。从而创新驱动的发展方式得以形成。

四　推动有利于发展方式转型的纳什均衡的形成

我国政府为推动发展方式转型可谓殚精竭虑，作出了巨大努力，长期以来推出了大量的各种措施。但是，总体评估的结果是：效果差强人意。分析原因当然是多种多样，但是有一个原因是，我们针对问题推出各种措施的时候，往往没有充分考虑措施的可行性、可落实性，从而导致很多措施要么束之高阁，要么大打折扣，导致发展方式转型的效果不理想。怎样解决这一问题呢？博弈论启发我们，制定推进发展方式转型的政策措施和制度安排，要尽量形成有利于发展方式转型的纳什均衡。

所谓纳什均衡（Nash equilibrium），是所有局中人的最优决策组合，给定这一组合中其他参与人的选择，没有任何人有积极性改变自己的选择。就是说，如果在博弈之前，所有的局中人达成一个协议，在不存在外部强制执行的情况下，每一个人都有积极性遵守这个协议，那么这个协议就构成一个纳什均衡。[①]

当我们推出促进发展方式转型的措施和制度安排形成一个纳什均衡时，相关各方面和人员就会自觉执行有关制度，相关措施就容易落到实处，从而有利于发展方式的转型。

但是，需要特别指出来的是，并不是所有纳什均衡都是好的，即不是所有的纳什均衡都有利于促进发展方式转型。事实上，有一些坏的纳什均衡虽然大家都遵守，甚至是很自觉地遵守，但是却不利于发展方式转型。例如前文说到的环境保护囚徒困境、创新囚徒困境，都是坏的、不利于发展方式转型的纳什均衡。再比如，为了适应知识经济发展趋势和创新驱动的发展要求，我国早就提出了从应试教育转向素质教育的目标，并且政府、有关方面和许多专家都充分论证和说明了素质教育对个人、家庭和国家的巨大意义，启发了人们的认识，家庭、学生、学校都认识到了应试教育的危害性，对其提出了严厉的批判，希望素质教育理念得到贯彻。但是，吊诡的是，在目下的中国，素质教育理念只是引起了人们头脑一阵骚动，实践中却几乎没有任何改变，应试教育反而越演越烈，家庭、学生、学校都全力投入应试教育，乐此不疲，素质教育理念已经被大多数人抛诸脑后了。原因在哪里呢？从博弈论的视角来看，原因在于我们的教育体制已经形成了一

---

① 张维迎：《博弈与社会》，北京大学出版社 2013 年版，第 50—51 页。

个与应试教育相适应的纳什均衡。具体来说就是，中考和高考仍然是唯分数论，这一制度安排决定了应试教育的纳什均衡。就是说，补课、灌输式教学、题海战术、牺牲综合素质提升将几乎所有时间投入应试科目的学习等这些应试教育措施，如果你抵制，但其他人不抵制，那么不抵制者升学考试得高分、进入名校，而抵制者相反，升学考试分数不高、无法进入名校。那么，理性的人怎么选择呢？学校、家长、学生都不约而同地选择应试教育，不需要动员和监督，大家自觉作出如此决策或选择，从而形成了一个应试教育的纳什均衡。但是，这是一个坏的纳什均衡，一个不适应创新驱动发展趋势的纳什均衡。必须打破！思路方向是：重新设计有关制度，把素质教育设计成为一个纳什均衡，从而自然破解应试教育纳什均衡。当然这种新制度设计及其实践还在探索之中，十分艰难，但方向是正确的，应该坚持下去。

下面分析发展经济的时候如何让保护环境成为一种纳什均衡。前文提到环境保护的囚徒困境，政府可以采取奖惩措施予以破解。但是，环保法却几乎形同虚设，被戏称"没有长牙齿的环保法"。为什么环保法无法有效落实呢？从博弈论的角度看，就是现有制度和政策下，环保法无法形成一个纳什均衡，从而各方面执行的积极性不高。环保法的执行涉及中央政府、地方政府、相关企业、企业员工、企业周边居民等。中央政府站在全局高度希望环保法得到贯彻，污染企业周边居民是直接受害者，也希望真正落实环保法。但是，作为局中人的企业出于成本考虑，同时担心如果其他企业不遵守而自己遵守这部法律，就会吃亏，所以企业的决策或选择就是不执行或假执行环保法。再来看另一个局中人地方政府，在目前的财税体制和政绩考核体制下，如果因为污染而关停企业，地方政府的税收会受到损失，同时政绩考核地方官员要吃亏，提升会受到不利的影响，因此作为理性人的地方政府，自然缺乏执行环保护法规的积极性，对所辖地的企业尽力偏袒和保护。这样，环保法就不可能被各方自觉遵守了。

怎么办呢？博弈论启发我们，必须改革游戏规则（制度），以使环保法转变成为一个纳什均衡性质的规则。具体而言，第一，改革地方官员政绩考核制度，适当降低 GDP 在政绩考核体系中的权重，较大提升环境保护的权重，从而促使地方政府既重视发展经济和增加GDP，又自觉地在不污染环境的前提下发展经济和增加 GDP；第二，加大对企业污染环境的处罚力度，使得企业受到处罚的付出大于不处理污染物而节约的成本，从而企业就会自觉地在保护环境的前提下发展生产。这样，环保法及其执行就成为一个好的、与绿色发展相适应的纳什均衡。

第三章　市场、资本与发展方式转型

市场和资本的逻辑本质上是利益逻辑，市场机制的本质是利益机制。我们可以利用市场机制、市场逻辑和资本逻辑，即利用经济活动主体追求利益最大化的行为逻辑和行为取向，因势利导，促进社会经济发展，从而为社会经济发展提供无尽的源泉和动力。同理，发展方式转型也需要因势利导，充分利用市场逻辑和资本逻辑，为转型提供强大的动力，促进转型的实现。本章具体研究如何利用市场和资本促进发展方式的转型，并从哲学层面对此进行反思。

第一节　市场与发展方式转型

一　市场与人类社会发展

市场经济是商品经济，但发达的商品经济才是市场经济。凡是商品经济规律都适用于市场经济。市场有狭义的含义，更有广义的含义。狭义的市场指商品交换的场所；广义的市场指一种经济关系，即在商品经济条件下，受价值规律支配的不同经济主体之间的经济关系，其核心是以商品的价值量为基础的等价交换。

在前资本主义或前现代社会，早已存在着商品经济，但市场经济至多处于萌芽状态。资本主义经济是发达的商品经济，即现代商品经济，商品经济取得统治地位，商品经济的演变发生了质的飞跃，市场经济完全形成了。

进入现代社会之后，人类发展呈现加速度的趋势，人类进入现代社会三百年取得的发展成果比百万年的人类史和数千年的文明史取得的发展成果的总和还要大得多!① 为什么呢？各种各样的理论，揭示了各种各样的原因。但是，市场经济取代自然经济是其中最根本的原因。现代社会是市场经济占统治地位的社会，前现代社会自然经济占统治地位。这种差别是根本性的，可以说，其他一切差别皆源于此。

历史事实证明了：自然经济形式下的人类，发展缓慢；市场经济形式下的人类，发展迅速。其中的逻辑是什么呢？这就需要分析比较这两种经济形式的特点。

市场经济是以交换为目的的经济，自然经济是自给自足的经济，这是它们的根本差别，这一差别引出其他一系列差别。

其一，市场经济最普通的日常现象是买卖或交换，其深刻性在于，商品交换彻底重构了人与人的关系。市场交换遵循价值规律，等价交换是通则，这促进了人与人之间自由平等关系生成和自由平等思想意识的形成；自然经济是自给自足的经济，排斥交换，遵循古老的等级制原则，形成等级制观念，存在着普遍的人身依附。

其二，市场经济最大的优势是人的解放。由于自由平等，作为生产力主体的人和作为生产力能动要素的人得到解放，生产力因此获得解放，这是生产力大发展的根本前提条件。但是，自然经济条件下，存在着普遍的人身依附性，个人主体和独立人格没有形成，也就谈不上个人主体性、创造性的充分发挥。

其三，市场经济条件下人们追求的是价值，自然经济条件下人们追求的是使用价值。追求价值，从消极角度看，人们欲壑难填、贪得无厌；从积极的角度看，人们具有永不枯竭的进取和发展的动力，因为对价值的追求不受人生理的限制，是无止境的。而自然经济条件下人们追求的是使用价值，人们对使用价值的需求是有限的，一日只需三餐，一晚仅睡一张床，人们对使用价值的需求是有限的，从而对其

---

① 在1700年以前的漫长岁月里，以英国为代表的西欧国家的经济基本没有发展，人均收入年增长率只有0.11%，630年才增长一倍。世界其他地区和国家的情况也大致如此。但是，当人类进入现代社会，即进入市场经济体之后，发展速度立即大大提高，从1820—1990年这171年间，人均收入增长英国翻了10倍，德国翻了15倍，美国翻了18倍，日本翻了25倍。参见〔美〕托马斯·K.麦格劳《现代资本主义——三次工业革命中的成功者》，赵文书等译，江苏人民出版社1999年版，第1—2页。

追求也是有限的，从而发展的动力也是有限的。

其四，市场经济条件下的人们为了实现价值，为了追求更多的价值，必须不断开拓进取，不断扩大交换，"世界那么大，我想去看看"不仅仅是人的主观愿望，更是客观的需要；而自然经济由于自给自足的特点，必然排斥交换，不需要扩大交往，不必要加强联系，不同地区的人们甚至"老死不相往来"，因此安于现状、不思进取、封闭保守。

其五，非常重要的一点是，市场经济促进科技发明和创新。追求更多价值的内在驱动力，激烈竞争的外在压力，驱使市场经济中的生产者积极探索一切有利于增加价值和竞争取胜的方法，而科技发明和创新是最有效的法宝。自然经济因循守旧，几千年的生产技术没有什么大的变化。这也是现代科学技术都诞生于市场经济发达国家的根本原因。

总之，进入市场经济时代后，人类社会发展呈加速度的趋势，市场经济为人类的快速发展安装上了强大的引擎。

二　市场机制及其促进发展方式转型的功能

（一）市场机制及其实质

1. 市场机制及其作用

市场经济的核心机制是市场机制。什么是市场机制？刘树成和吴树青主编的《马克思主义政治经济学概论》的界定具有代表性，反映的是经济学界的共识。其定义是：市场机制是指在市场经济中通过供求和价格变动、市场竞争、风险约束等途径，来调节经济运行和实现资源配置的作用过程。主要包括供求价格机制、竞争机制和风险机制。

市场机制背后的根本规律是价值规律，价值规律的外化和具体化就是市场机制。这一规律既决定价值，又实现价值；既调节商品生产，又促进商品交换。市场竞争激烈，商品生产者日夜兼程、马不停蹄地追求利益最大化，为此生产者不断革新技术，开拓创新，改进生产管理模式，不断提高社会劳动生产率。而落后的生产者不可避免地遭到淘汰，落后者的资源会通过兼并破产方式转向先进者手中，从而优化资源配置，有效提高整个社会的资源利用率，进而激励创新、优胜劣汰、促进生产力发展。在市场经济中，配置资源也是通过价值规律得以实现的，分配社会劳动、调节资源配置是价值规律的重要作用。

具体来说，市场机制主要包括三个方面的作用。第一个方面的作用是自动配置资源。市场机制作为看不见的手，对于社会资源具有自发性的分配和平衡作用，能有效调节和配置资源。市场及时传递出价格信号和供求状况，千千万万市场主体自动把资源自动配置到社会经济需要的、短板的领域和地方。第二个方面作用是市场具有自动的利益分配功能。那些能够满足市场需求、创造市场、为社会大众提供更多更好的服务、在竞争中受到更多消费者青睐的企业或其他市场主体，一定会获得更多收入和财富，从而变得更加富有。第三个方面作用是提高经济效率。市场竞争能自发降低交易成本，能够优胜劣汰，从而优化资源配置、提高社会资源配置的效率，能够自发优化经济结构；为了降低成本，为了使个体个别劳动时间低于社会必要劳动时间，为了开发新产品满足市场新需求，各市场主体竞相开发和积极采用新技术，从而促使科技的不断进步和劳动生产率的不断提高。

2. 市场机制的实质

为了更深刻理解市机制，我们不能停留于经济学层面，需要更深入追问市场机制的深层含义，揭示市场经济的实质。

市场自产生以来，在千百年的发展中，每个时期都烙上了独属于那个时间段的印记，每个地域也带着自己那一方土地的鲜明特色，但是市场的本质还是可以概括出来的。如何理解市场机制的实质，领域的不同，看问题的维度不同，所得到的结论也不同。由浅到深，可以从下面四个方面理解市场机制的实质。

首先，"市场机制的实质就是市场上各种经济关系交互作用所表现出的内在的本质上的稳定与协调的属性。"① 在价值规律的作用下，市场供求自动实现均衡，各市场主体自动协调，形成有序的关系。

其次，市场机制本质上是一种激发个体追逐利益最大化的机制。

---

① 陈及：《试论市场机制的本质及其表现形态》，《江淮论坛》1986 年第 2 期。

市场机制发挥作用的前提就是承认个体和单位（主要是企业）独立利益的合法性和追求自身合法利益最大化的权利，市场机制就是围绕利益这个中心点展开的，而伴随利益的追逐出现的就是相互竞争。各个行为主体在市场的角逐中为了追求最大的利益，不断开拓和深化交往，不断强化联系，不断改进工艺，不断创新技术，最终目的是实现利益的最大化。市场机制激发人们的欲望和利益追求，承认人们追求自身利益的合法性，甚至把追求自身利益最大化视为人的本性。① 市场机制顺应这一人性——无论资源的市场化配置、技术的进步、创新的激发、效率的提高，还是具体的一系列机制和制度，如价格机制、供求机制、风险机制、竞争机制、产权制度等，其背后的支配之手和深层的逻辑都是利益或利益机制。可以说，亚当·斯密所谓"看不见的手"的支配作用实质上就是利益机制的支配作用。否定了人们追求利益最大化的合法性，就否定了市场经济和市场机制。②

再次，市场机制是充分激发和弘扬人的主体性、塑造自由平等人际关系的机制。市场机制充分解放或释放了人的欲望——发财致富、无尽追求更多价值的欲望，人们利用一切机会、挖掘自己的一切潜能、拼命去创造、去占有财富的价值形态，个人的积极性、创造性和主体性得到充分的激发和光大。市场机制否定人身依附，要求人格独立和自由平等，否则就没有自由而等价的相互交换产品和劳动。等价交换是自由平等的深厚基础，自由平等是等价交换的保障，因此等价交换的经济规则与自由平等的意识和制度安排形成相互促进和相互依赖的关系。

最后，市场机制是促进社会生产和人的社会化发展的机制。欲望和利益充分释放的每个个体，主体性充分张扬的每个个体，如何避免相互的冲撞？孤立的个体之间如何联系起来？如何协调相互之间的关

---

① 市场主体在进行决策时，其主要考量甚至唯一考量是利益最大化。至于他获取的实际结果往往不能实现利益最大化，或者他必定是在法律和伦理约束下实现利益最大化——这是真实的，但不能因此否定他的决策取向。

② 人们追求的利益必须是合法的利益，这是自不待言的，不用处处带上"合法的"这个限定词。而且，用"合法的"，不如用"合理的"。但何谓"合法"和"合理"？就不是这里可以深究的了。

系？这也是市场机制能够解决的问题。市场机制是一个特殊的运动过程，商品的生产者通过市场进行商品的交换，形成特定意义的关系，实现各个独立的生产者之间的联系，这种联系促进了生产的社会化和人的社会化，把现代发展过程中产生的原子式的个体有机联系起来，保证了生产的社会化和人的社会化。市场机制是一个具有中介作用、整合功能的关系范畴，若不存在市场及其机制这个中介，商品的交换就无从谈起，商品的生产也无从谈起，从而也就不可能形成大规模的分工、专业化经济活动和贸易活动。

（二）利用市场机制促进发展方式转型

发展方式转型是我国当前和今后很长一段时间面临的重大任务，事关中国经济社会的持续、健康、稳定发展，事关中国梦能否实现。如何实现转型呢？当然需要政府之手的推动，但更需要充分利用和善于利用市场机制去促进转型。

1. 市场经济比计划经济更能促进发展方式转型

计划经济或计划经济体制第一个显著的特点就是不太可能带来技术进步，这是由它本身的低效和对资源的高依赖性、高投入性和高消耗性决定的，然而没有任何经济资源是无限的。而且，计划经济是一个相对封闭的系统，不能及时从外部进行充分的物质、能量和信息交流，随着时间的推移，它内部的无序性不断增加，直至其内部能量耗尽。再者，在高度集中的计划经济体制下，资源配置全由政府计划指挥，企业只是政府拨动的"算盘珠子"，技术进步和资源利用效率改进都缺乏内生动力。计划体制下的劳动者的劳动都是被具有法律效力一样的计划所安排和规定的，其主动性和主体性被严重束缚。因此，计划体制下的发展活力不断衰减，发展及发展的转型升级缺乏足够的内驱力。但是市场机制就截然不同了，市场机制本身具有的利益驱动和竞争特点，有利于促进产品更新和技术进步，促进产业升级换代，其根本逻辑就是，具有自由权利或自主决策权的市场主体，在利益最大化的驱使下和外部竞争的压力下，不间歇地进行自主创新，不间断地提高技术，不停歇地改进生产工艺，不懈怠地研发新产品。市场机制具有强大的内生动力，极有利于经济的创新和转型升级，是计划体制无法企及的。

2. 利用价值规律促进转型

价值规律是市场经济的基本规律，而市场机制只是价值规律的表现。

商品的价值量由社会必要劳动时间决定，无论商品生产者个别劳动时间低于或高于社会必要劳动时间，其价值都由社会必要劳动时间决定。因此，商品生产者都希望自己的个别劳动时间低于社会必要劳动时间，以获得超额价值。怎样使自己的个别劳动时间低于社会必要劳动时间呢？改进技术或采用新技术，控制成本，提高劳动生产率，提高生产经营管理水平。这样做的主观目的是获得超额价值，客观效果是促进经济增长或发展的不断升级。

3. 利用市场竞争机制促进转型

企业的竞争表现在各个方面，最直接的表现是价格竞争和质量竞争。从价格层面来说，企业打"价格战"，在一定程度上会促进产品的销售，但是会严重削减利润，打价格战并不是长久之计。如果转变竞争策略，或竭尽全力开发更适合市场的新产品，或在质量上都会追求精益求精，这样的竞争可以获得较高的利润。这样，企业的主要精力聚焦于内涵发展，狠练内功，从而为经济发展的转型升级提供充分的微观动力。

为了实现发展的绿色转型，需要充分利用竞争机制的作用。政府不仅要运用法律和行政手段治理高污染企业，对于污染严重超标的企业给予更大的压力，对环境造成重大威胁的企业坚决依法取缔。同时，更要发挥良性竞争的作用，如提高资源价格、开设环境税，使得靠大量低效消耗资源和以污染环境为生的企业成本高企，在竞争中处于不利地位，逼迫其改革和转型，否则只有淘汰出局；反之，那些通过绿色发展的企业可以不断发展壮大。

4. 利用市场风险机制促进转型

风险机制是市场机制的基础机制。经济利益的驱动促使生产者冒着巨大的风险追求利益。我们可以利用市场的优胜劣汰本质造成的风险培养一大批优秀的企业家，这些企业家极力规避风险又不畏惧风险，游刃有余地行走在市场之中。

同时，大力推进风险机制的完善，积极发展风险投资，将资本投资于蕴藏着失败风险但又可能带来巨大收益的新领域和新项目，这种风险投资是前途未卜的，但成功则收益巨大，从而诱使有胆魄有眼光的企业家趋之若鹜。风险投资一旦成功，不仅与投资相关各方收获巨大，而且会促使产品、产业、经济结构的升级。乔布斯冒着巨大风险实现的苹果系列的创新，甚至开创了一个新时代，开创了一个新产业、新消费热点。

5. 产权明晰化促进转型

产权明晰是市场经济的内在要求，是市场机制发挥作用的根本前提。产权明晰的本质是产权人格化，即要求出资者与企业的基本财产关系责任要清晰，这是现代企业制度的产权特征。清晰的产权可以平衡权利与义务的关系，激发动力，增强活力。产权明晰可以使企业更好地在市场中游走，减少交易成本，提高市场运作效率。总之，产权清晰化是发挥上述市场机制作用的基础和关键。为了促进发展方式的转型，我国的当务之急之一就是建立明晰的产权制度。首先，要尽快在公有产权明晰化方面取得重大进展。如农地产权、集体林地、国有企业等方面，除终极所有权外，其他权能要人格化。其次，要建设一个更加开放健全的产权市场，培育和完善市场功能，充分发挥产权市场优化资源配置的作用。

6. 创设环境产权制度，促进绿色发展

发展方式转型的一项重要内容是实现绿色发展，即资源节约型和环境友好型的发展。如何发展绿色经济呢？一般的思路是更新观念、加强教育和法制，这是必要的。但如果顺应市场逻辑，利用市场主体逐利驱动力，创设环境产权，就可以调动经济活动主体内在积极性，主动节能减排和循环利用资源。"要建立环境再生产的产业，关键在于开辟排放权市场。无论哪个企业，若想排污，必须向政府购买污染排放权，其价格相当于将其排放物再生产为新的环境产品所需成本。"[①] 从市场机制的角度出发，我们可以创设环境产权，利用市场的逻辑促进绿色发展。具体做法是，首先设立排放权，即每个企业拥有相应的排污额度，超过额度要受到法律制裁；其次设立排放权交易

---

① 鲁品越：《社会主义对资本力量：驾驭与导控》，重庆出版社 2008 年版，第 87 页。

市场，那些节能减排做得好的企业，排放权用不完，可以上市交易，获取利益。这样，企业就会自动地积极地节能减排。

三 市场机制促进发展与转型之作用的哲学沉思

过去我们重视政府这只看得见的手促进发展和发展转型升级，现在，我们高度重视利用市场或市场机制这只看不见的手促进发展和发展转型升级，这是认识和实践水平的一个飞跃。当然任何时候都需要两只手的配合，相互协作、相互补充，共同促进发展和发展转型，这是总结历史经验教训获得的宝贵结论。

但是，在现代中国，市场这只手从补充和辅助地位，逐步上升为基础性地位，进而正日益上升到决定性的主导地位；政府这只手正逐步回归本位——为市场发挥作用创造条件和提供服务，同时审慎地弥补市场的某些不足。这是我们对人类发展机制、机理，至少是对现代社会商品/市场经济历史条件下人类发展的具体规律、机制、机理的深刻而准确洞悉，也是"回到马克思"的成果。

曾几何时，我们认为马克思和马克思主义是反市场的，后来认识到马克思肯定了市场经济的历史合理性；后来又认识到，商品/市场经济是人类不可逾越的历史阶段，我们虽然可以跨越资本主义的"卡布丁峡谷"，但无法跨过商品/市场经济阶段。一个社会如果不经过商品/市场经济的充分洗礼，是不可能卸下传统留下的负面包袱（传统中的糟粕），例如不可能彻底消解自然经济，不可能彻底消除封建意识和陈规，不可能把人从人身依附状态下解放出来、生成独立人格，不可能形成自由、平等、民主等现代意识及其相应的建制，等等，总之，没有商品/市场经济的发展，现代社会不可能真正构建起来。无论说社会主义是一种后现代社会形态也好、还是一种不同于和高于资本主义的新型现代性也罢，社会主义不可能构建于前现代之上，不消解前现代的糟粕，社会主义就不可能建立、巩固和发展。

社会发展也是一样。本章关心的是发展问题，虽然社会基本矛盾仍然是现代社会的发展根本动力，但是现代社会发展的具体机制和机理已经不同于前现代了，人的解放、人的利益意识和权利意识苏醒、人之逐利行为被赋予了合法性、每个个体至少在形式上具有了主体资格、每个个体人的主体性得以发挥。而前现代社会：压抑人的财富欲望或利益欲望（禁欲），社会成员大多数被严重束缚和压制而丝毫没有主体地位（其主体性、积极性和创造性被严重窒息），社会发展死水一潭，发展的动力和活力严重不足甚至常常枯竭。前文所指出的前现代社会发展缓慢的根本原因就在于此。经济学者把现代社会发展迅猛的原因归结为市场经济，但哲学学者看到了市场促进社会历史快速发展的人学或人本根源。当然，现代市场经济也是在磕磕绊绊中一路走来，其不断在演化和完善，其方向是一方面保持其激发每个社会个体人的潜力、动力、创造力的强大功能，同时不断完善机制，日益增加协调不同利益冲突的功能。

中国特色社会主义既超越了苏联社会主义模式，又在坚持科学社会主义根本原则的前提下，超越了其创始人的具体结论，开创了社会主义市场经济的新制度、新体制，其优势是明显的：一方面保持市场经济激发个体活力和动力乃至整个社会发展活力和动力的天然优势；另一方面也保有社会主义的独特优势——有效协调不同个体利益之间、不同局部利益之间、个体和局部与整体利益和长远利益之间的冲突，从而保证社会发展快速而有序。这是社会主义市场经济优于资本主义市场经济的一个根本点。这一优势使得中国社会主义市场经济不会发生资本主义市场经济早中期那样严重的经济危机、社会危机和政治危机。

中国的经济社会发展及其发展转型升级，必须充分利用和创造性地利用市场机制的作用，并为市场的构建、完善和发挥作用创造一切必要的条件，同时创造性地把政府的作用和社会主义元素有机融入市场机制之中，创造出中国特色的市场经济和市场机制。

第二节　资本与发展方式转型

上一节研究了市场机制及其对发展方式转型的作用，本节研究资本及其对发展方式转型的作用。似乎市场和资本可以分开，但这种分开只是逻辑上的，在实际经济生活中它们总是紧密联系在一起的，实际上，现代市场经济与资本是不可分割的。但理论研究需要采取分析的方法，将市场和资本分开来，分别进行论述。这也符合马克思由抽象到具体的研究方法。

在现代市场经济背景下，资本是微观经济活动的主要组织者和承担者，企业是主要的微观经济主体，而企业的支配者无一例外是资本，就是国有企业也是由国有资本组成的。

资本的含义是多元的，但资本的逻辑本质上仍然是利益逻辑，一言以蔽之，资本的逻辑就是：追求利益最大化！另一个更具体的表述是：追求利润最大化。还可以换成马克思的表述，这种表述最本质和最深刻：追求剩余价值的最大化。

现代社会解放人的欲望，赋予人们追求利益以合法性。这是资本产生和发挥作用的前提。资本发挥作用的机制仍然是利益机制，是一种特殊的利益机制，比市场经济中的一般利益机制深刻得多、影响也大得多。

一 资本的含义与资本的二重性

改革开放前，受极"左"思维和教条主义的束缚，中国人患了"恐市（场）症"，更患上了"恐资（本）症"。改革开放后，我们解放思想，认识到，资本尚未完成其历史使命，贫穷落后的中国，必须充分利用资本逻辑摆脱落后、促进发展和发展转型升级。资本逻辑对于发展社会生产力和促进发展转型具有重要的促进作用。离开资本力量的推动，当代中国的生产力发展将没有出路。

概括而言，人们对资本有两种理解：其一是把资本理解为一种生产要素；其二是把资本理解为一种生产关系。

作为生产要素的资本。在分工日益复杂的现代市场经济条件下，任何生产都是各种要素的组合，这些要素包括劳动力、土地、设备、原材料、能源、技术、管理、信息、资本等，分工愈是细密，生产要素的种类愈复杂。其中，资本这种生产要素十分特殊，它是市场经济条件下的一种新生产要素，其中作为货币的资本（货币资本）在生产中虽然不直接作用于自然和生产对象，但它却是各种生产要素的黏合剂，是分散的诸生产要素的组织者，是生产的组织者，因为在市场经济条件下几乎一切生产要素都商品化和资本化，要调动和组合这些要素就离不开货币和资本（货币资本化）的作用。

作为生产关系的资本。前一种对资本含义的理解尚停留在表层，它回避了资本的生产关系和社会关系的性质和规定。在马克思看来，资本实质上是资本主义生产关系的代名词，其反映的是资本所有者（资产阶级）与雇佣劳动者（劳动力所有者、无产阶级或工人阶级）之间的物质利益关系，其中资本所有者是生产要素、社会财富和国家政权的控制者和主导者，雇佣劳动者处于被支配和无权地位，虽然两者之间具有形式上的平等，但实质上是不平等的；雇佣劳动者具有形式上的自由，但没有实质性自由。马克思的这些洞见是十分深刻、独到和锐利的，他运用一个宏大的历史尺度来审视资本主义生产关系，发现这种生产关系既具有历史的进步性和合理性，也具有其历史的局限性和狭隘性。例如，雇佣劳动者具有形式上的平等自由权利，比起更高级的社会形态当然是很不足的，但相较前现代社会却是一个历史的飞跃。资本关系比起前现代生产关系更有利于促进生产力的发展，它极大地激发了社会生产的活力，使得生产力获得了空前的解放和发展；而且劳动者破天荒拥有一定的自由权利，具有平等的人格权，拥有一定的政治权利。这种形式上的自由平等，是社会发展的一大成就，是向更高级阶段社会（即实质性自由平等社会）迈进的必经阶段。

要更深刻地把握资本的本质和特性，还必须揭示资本的逻辑。鲁品越教授对马克思生产关系视角下的资本含义有深入的理解和开掘。鲁品越教授认为，作为生产关系的资本，其本质是作为投入社会再生产系统中追求自身增值的剩余价值，是一种通过物化劳动来运行的追求自我扩张的"市场权力放大器"，它追求通过生产资料来支配人的劳动，从而不断把客观世界资本化，成为它实现价值增值（即市场权力的放大）的工具，由此形成了巨大的客观物质力量及其遵循的矛盾发展规律。这是物化了的"人的本质力量"，这种物质力量及其遵循的规律强制性地推动着社会经济的运行，我们称其为资本逻辑。①

资本逻辑具有二重性：一方面，资本逻辑本身具有的扩张性和创

---

① 鲁品越：《论资本逻辑的基本内涵》，《上海财经大学学报》2013 年第 10 期。

新性，是促进经济发展和科技进步的强大动力；另一方面，资本逻辑蕴含的侵略性和宰制性，对利益最大化的追求导致"唯利是图"的拜金主义，导致伤害其他社会主体和整个社会，如摧残和盘剥劳动者、侵略弱小民族和国家、假冒伪劣猖獗、肆无忌惮地践踏人类良知、无所顾忌地破坏自然环境，等等。总而言之，资本逻辑既有积极的作用也给社会带来一系列负效应。我们要积极追寻的就是不断发挥资本逻辑的积极作用，同时给资本的"野性"套上可以驯服的"缰绳"——利用制度和文化的力量对其进行驾驭和导控，避免或减小其负效应带来的损害。

二 利用资本逻辑促进发展方式转型

资本的二重性特质决定了其与发展方式转型的联系也具有双重性。资本逻辑就像是幕后最大的指挥家，操纵着劳动力，分配着各项资源，指引生产方向，连接各个生产环节，促进生产的大繁荣和大发展。无疑，在发展方式转型的路程中，资本逻辑也将一如既往地扮演好幕后指挥家的角色——是按照传统发展方式获取最大化利润，还是按照科学发展方式获取最大化利润，在微观经济领域，其直接决定者就是资本。

社会主义市场经济条件下的资本，具有求利内在驱动这一资本的一般秉性，它可以作恶，也可以为善，主要看资本运行的环境。资本主义社会是资本称霸的社会，尤其是自由主义和新自由主义取得统治地位的时候，社会制度环境和文化环境为资本称霸和求利提供一切便利，对资本的限制因素减除到最少，此时，资本往往会通过作恶来扩展利益和维持霸权。社会主义市场经济利用资本求利的内在驱动力为经济发展安装上强大的发动机，同时，要充分发挥社会主义的制度环境和文化环境的功能，防止资本称霸和作恶，引导资本为善。[①]

在发展方式转型问题上也要充分利用并规范和引导资本。经济增长离不开资本的推动力，但如果采用传统的发展方式就可以谋利，甚

① 鲁品越：《社会主义对资本力量：驾驭与导控》，重庆出版社2008年版，第68—69页。

至更多地谋利，那么资本一定会采取传统发展方式实现扩张，并放大其负效应；反之，如果制度安排和文化环境使得传统发展方式难以谋利，使得科学发展方式易于谋利，则资本就会按照科学发展方式的要求去创造社会财富和发展经济，并放大科学发展方式的正效应。因此，关键是要构建和完善让资本通过科学发展方式而获利的制度环境和文化环境。[①]

下面具体分析如何利用资本促进发展方式转型。

（一）促进资源或要素的资本化

为了我国发展方式转型，必须大力促进各种有形生产要素和资源的商品化、市场化和资本化。

我国经济效率和效益偏低，如土地、荒山、矿产、水、森林、草场等的利用率十分低下。原因何在呢？其要害是这些资源和要素中的相当部分没有或没有完全商品化、市场化和资本化，导致它们要么躺着睡大觉，要么被滥用，被浪费性使用，利用率十分低下，导致能耗、物耗和排放长期居高不下，各种号召、行政措施都收效甚微。如果资源和要素产权清晰化、商品化、市场化和资本化，就会激活这些宝贵的资源和要素，并被高效率地开发利用，促使粗放增长到集约增长的转变。

特别提出来讨论的是，发展方式转型包括从失衡的发展转向公平、包容、和谐的发展，其中重要内容就是要解决地区发展差距扩大的问题。如何解决这一问题呢？政府的扶持不是治本之策。当前中国东西部之间发展差异巨大，但是很吊诡的现象是，东部资源远没有西部丰富，可以说西部各大资源储藏量都超过了东部，但是为何西部依旧落后？根本原因在于西部资源没有得到充分的商品化、市场化、资本化和产业化，这"四化"的核心是资本化。在资源资本化的过程中，首先要解决好产权问题，产权不清晰的资源，要么会被滥用、乱开发，要么会被闲置。产权明晰化的关键是国有资源的产权清晰化和资本化。对于经济社会发展的关键资源，国家依旧要把握主要命脉，

---

① 詹宏伟：《论发展方式转型规律——一种哲学的分析》，《广西社会科学》2015 年第 1 期。

但这不等于政府直接去经营管理国有资源，而是要改革国有资本管理体制和改革国有企业，其要害是在避免私有化国有资源和国有资本的前提下实现产权的清晰化，这需要理论和实践的深入探索和创新，没有现成经验和模式可以仿效。其中一个创新是放宽准入条件，吸引民间资本或者外来资本进入国有企业，形成混合经济，通过民营经济产权清晰的优势带动国有资源的资本化和国有资本产权的清晰化。

　　发展方式转型要求解决城乡发展差距扩大的问题。如何解决这一问题呢？仅仅依靠政府扶持是难以为继的，需要激发内生力量，其关键是解决农民财产（宅基地、农地）"睡大觉"的问题，其有效办法是使农户的宅基地、农地商品化、市场化和资本化，让它们融入市场经济的循环之中去，使农民可以凭借其资本到市场中去获取最大化利益，既可以充分利用这些宝贵的资源，又可以促进农民的致富。笔者在《中国改革与个人主体》一书中，详细讨论了这个问题。① 目前，中国农村经济进一步发展面临两个严重的问题，它们都与农民个人经济主体地位没有得到完全确认、农民的财产权没有完全落实息息相关。

　　第一，千家万户分散的小农经济无法适应市场竞争和市场的变化。很明显，千家万户的小舢板无法航行于波涛汹涌、竞争激烈的大市场。解决这一问题的办法是把农民组织起来，组成"航空母舰"，这样才能抵御大风大浪，才能在大海里航行得更远。于是有人又开始怀念计划经济体制时期的"一大二公"的人民公社体制那种"大集体"。但传统计划体制下由于剥夺了农民的主体地位，导致农民严重丧失主体性和积极性的深刻历史教训，历历在目，怎么能退后回到过去呢？那是一条死路！难道没有一种既保证农民主体地位，发挥其主体性和积极性，又把分散农民组成"航空母舰"的办法？有，那就是股份制或股份合作制。但股份制或股份合作制的前提是产权的清晰界定，因此，必须深化中国农地产权改革，进一步清晰化产权，以清除掉农村经济进一步发展的障碍。

　　第二，中国农村一家一户的小农经济无法改变农业比较效益低下

---

① 詹宏伟：《中国改革与个人主体》，中国社会科学出版社 2014 年版，第 64—65 页。

的劣势，无法取得农业生产经营的规模效益。中国农民贫穷的一个重要原因是人均资源少，一家一户几亩地，维持温饱尚有可能，但无论如何不可能致富。怎么办？一种思路是用行政的办法把农民小块土地集中起来。这种办法无论历史经验教训，还是现实试点地区的经验教训都证明是失败的。原因在哪里呢？就在于不尊重农民的经济主体地位，扼杀农民的主体性和积极性。出路是什么呢？只有坚定地落实农民对于土地等财产的各项产权，完全确立农民的主体地位，充分发挥农民的主体性，才能解决问题。具体而言，农民拥有完全产权和主体地位后，可以自由支配自己的土地等财产，根据自己的实际，根据利益最大化原则在市场上充分行使自己的物权：或务农做种田大户，搞规模经营；或让渡自己的农地产权，获得创业和进城的资本。减少农民数量，大力推进城镇化，实现农业规模经营、农业现代化……这些中国经济发展的重要事件，政府可以引导和推动，但不是政府主导出来的，而是农民自己创造出来的。只要还农民权利，确立其主体地位，农民就会自发自动地创造出这些经济事件，政府要做的是为农民的创造性活动提供服务，建立健全社会保障系统，解除农民离开土地的后顾之忧，而不是压制农民的主体性，然后干吃力不讨好的"越俎代庖"的事情。总之，政府主导的经济发展模式必须转型，让位于民众主导，确立和尊重农民在经济活动中的主体地位。

（二）保持金融资本的健康发展

金融资本是相对于产业资本而言的，前者是后者的衍生，金融资本一旦生成就具有相对独立性，并反作用于产业资本，金融资本的本务是服务于实体资本尤其是产业资本。利用金融资本促进发展方式转型可以采取下列措施。

首先，扎实推进人民币国际化进程。当前世界的货币体系依然是以美元为主导，美元独霸奠定了美国不可撼动的经济地位，美国可以借助美元操纵世界，成为经济的主宰，也正是基于此，美元一旦崩盘便会拉其他国家一起落水。对此，我们要善于把握机遇，利用有利条件，排除困难，扎实推进人民币国际化进程，减少美元对中国经济的负面影响。同时，只有人民币不断提高国际化水平，才能放大中国经济的世界影响力，才能稳定有效地在世界范围内配置资源，极大地提高中国经济发展的效率和效益，并切实升级和充分利用中国的比较优势。这是促进中国经济转型升级的一个大战略，考虑到来自美国的阻力，我们不能急于求成，而是要科学布局，稳健推进，循序渐进。

其次，牢牢把握金融资本发展的目的和方向——为实体经济的发展和转型升级服务。金融资本不能"自拉自唱"，要为实体经济的发展和转型升级服务。"金融是现代经济的核心"是从工具性和功能性角度说的，说明了金融的关键地位和作用，因此要积极地大力发展金融资本，这一点必须坚定不移。但发展金融资本要保持一个度——绝不能颠倒实体经济与金融资本之间的目的—手段关系。金融资本无论如何功能强大，也不能改变其为实体经济服务的角色定位和工具性作用。如果金融资本通过损害实体经济、不断抽干实体经济的血液以自肥，就会导致实体经济萎缩和凋零，是决不可能持续的，最终会伤害整个国民经济的发展，包括金融资本的发展也失去基础，因为"皮之不存，毛将焉附"。美国的量化宽松政策就是这样损害世界经济的，美国通过这种方式转嫁危机和剥削全世界，是当今国际经济秩序最不公正和最不合理的地方，是世界经济无法持续健康发展的重要原因。我们虽然目前无力改变这一不合理现实，但我们可以做好自己的事情，在中国国内，要充分利用社会主义制度的优势，防止发展出一个怪胎——金融垄断资本。目前中国的银行利润普遍远高于实体经济的利润，这不利于实体经济的发展和转型升级。尤其是房地产金融化，制造了巨大泡沫，严重打击人们在实体经济领域静下心来扎实搞创新的积极性，这极其不利于中国制造业和其他实体经济的发展和转型升级，打击中国创新型经济的发展，阻碍我国发展方式的转型。

再次，我们要借助金融资本之力发展文化创意之类的"轻""软"产业，超越大量消耗资源并大量排放污染物的传统工业，有利于切实解决我们经济发展的资源环境瓶颈制约问题。文化产业在当前以及未来的经济中都是一个极富潜力的可持续发展产业。我们可以将金融产业和文化产业进行结合，更好地促进文化产业繁荣发展。对此我们要构建现代文化产业体系，确立支持文化产业发展的金融政策，实现银行等金融机构和文化单位的合作与交流，创新合作模式，探索更具发展潜力的道路。同时创新文化发展方式，实现科技的创新，金融服务的创新，切实推动文化产业的大繁荣。

最后，大力推进金融体制改革，建立强健的金融系统。一要突破国有大型银行的绝对垄断地位，积极发展民间的中小银行；二要规范民间借贷，丰富金融产品，创新金融手段和金融工具，建立多元化的金融市场；三要建立良好的金融生态环境，建立一个支持实业发展的金融信用环境，建设促进多元化产业共同发展的金融体系；四是要建立适应地方经济转型和发展的地方法规，明确地方政府的金融职责，在发挥市场机制优势的同时，对市场进行有效的监管和监督制约；五要提高金融服务的广度和深度，有效提升金融业服务质量和效率；六要拥有应对金融风险的有效措施，防止系统性金融风险的发生，对资金外流、国外洗钱、高利贷猖狂等都必须制定措施加以防范。

（三）促进人力资本的发展

人力资本是指劳动者受到教育、培训、实践经验、迁移、保健等方面的投资而获得的知识和技能的积累，亦称"非物力资本"。

随着所谓的刘易斯拐点的到来，我国劳动力成本不断提高，这对于那些依靠廉价劳动力、低要素成本和低环境成本获取利润的低端产业来说，的确是一个噩耗和巨大的挑战。但是从另一个角度看，这也正是实现转型升级的契机。附加值低的产业越来越难以生存，这倒逼其产业升级，让产品和产业攀升到产业链的高端。要做到这一点，一靠技术进步，二靠劳动者素质提升，即所谓的人力资本的增加。著名诺贝尔经济学奖得主舒尔茨认为，教育是人力资本投资的关键。他认为，不仅发达国家应该大力发展教育，而且在发展中国家要获得工业化更大成就和实现经济更高水平的发展，不仅仅要依靠实物资本的形成和积累，而且更取决于教育的提高和人才队伍的壮大。没有教育培养出高素质的人才队伍，产业和经济的升级将是一句空话。因此，一定要改变那种发展经济只见物不见人的狭隘思维。

利用人力资本促进发展方式转型必须做到这么几点：第一，大力加强人才队伍建设。要坚持科教兴国战略和人才强国战略，大力发展各种形式的教育，大幅度提升人力资本价值，树立科学的人力资本价值观念，制定提升人力资本价值的战略，改善人力资本价值构造，增加人力资本存量，有效积累人力资本，实施"人才引进计划"，"定向人才培养计划"。第二，建立和完善人力资本产权制度，实现智能资源资本化。坚持"能力本位"原则，提高知识和创造在分配中的权重，激发人们学习知识和进行创造的积极性。其中有一种具体制度安排值得重视：劳动者尤其高知识含量劳动者，分配所得不仅仅是劳动力价值，而且劳动者的人力资本与物质资本一样参与利润分享，打破物质资本垄断利润的传统制度。要不断完善和强化人力资本产权参与收益分配的制度，激发人力资本的发展和人才队伍发展壮大。第三，大力提高教育质量，完善人才培养制度。要改革和完善学校的教育体系，摒除"一切围绕考试"的陈腐理念和做法，大力推动教育教学改革，切实提高教育质量，培养大批优秀人才。同时完善职业教育和终身教育，培养多层次多方面的应用性人才。第四，健全人力管理模式。为与我国市场经济深化改革和发展的转型升级相适应，我们要改革现有的人才管理模式，创新机制，用活用好人才。

总之，要根据我国经济发展转型升级的需要，大力促进人力资本的积累，锻造宏大的人才队伍，整体地、显著地提升我国劳动者的人力资本水平，为我国产业升级和经济发展转型提供可靠的人才保障。

（四）促进知识商品化和资本化

中国经济转型升级的理想目标是知识经济的形成。发展知识经济的根本措施和有效措施是知识的商品化和资本化，这是促进知识经济的行之有效的制度安排。

在传统观念中有形制造物才是商品，后来无形的服务也成为了商品，当今时代，知识也日益成为商品，同样具有价值和使用价值，可以在市场上进行交换。随着我国发展水平的提高，财富的知识含量越来越大，国家经济增长离不开知识，知识日益成为最主要的生产要素，知识日益成为财富最重要的源泉。知识资本化是推动知识经济的强大推进器，是企业提升竞争力的有效举措，是促进经济转型升级的有效举措。

知识资本化的关键是建立健全知识产权制度，从制度上保护知识产权。这里的知识包括：一方面是点子和创新、思路等；另一方面是技术、发明。非常严峻的现实是，国人的知识产权意识十分淡薄，知识产权被侵犯的现象十分普遍，最先的发明者或版权拥有者付出了巨大的努力和投入，结果却是山寨者赚得头筹，这无疑是对创新和创造的毁灭性打击。要使创新和创造源源不断、生生不息，要想促进知识经济大发展，就必须切实加强知识产权的保护。这是建设创新型国家的根本制度安排。在书籍音像作品领域，执法者要严查和严厉打击盗版。对于著作权问题，不仅著作者要有版权意识，维护自身的权益，相关部门也要保护好创作者的利益和消费者的权益。在互联网高速发展的今天，计算机应用系统、各类 APP 软件等都是知识商品化的载体，尤其是如今 APP 软件市场，各式各样的 APP 软件混杂，要在竞争激烈的市场生存就必须发明适合市场需求、方便运用而且制作精美以及具备个性化的软件，这尤其需要对发明创造的保护，使适合市场需要的发明创造能够实现自身价值。

四　资本促进发展与转型之作用的哲学沉思

由于在历史起点上，中国特色社会主义与马克思设想的社会主义相差悬殊，因此我们不可照搬马克思主义创始人的具体结论，就是说，不仅不能消灭资本，反而要大力发展资本和充分利用资本，利用资本的文明面。在当代中国，乃至当代世界，资本尚未完成其历史使命，因此，我们现在不是谈论消灭资本的时候，而是考虑如何充分利用资本和有效驾驭资本的问题。

在现实的经济活动中，资本经常是作为一个普通的生产要素出现的，这是现代经济发展所必需的；但这并不深刻，只是抓住了资本的皮相。马克思的资本理论启发我们，要真正深刻理解和抓住资本，就必须从社会关系和生产关系的角度理解资本。只有如此才能有效地利用资本促进当代中国经济的发展和转型升级。

促进发展方式转型，当然需要政府操心，也需要大众的积极介入，大众实质性介入经济转型升级的有效制度安排是建立和完善市场经济体制。但我们需要从大众和市场中凸显出资本的作用，充分利用和巧妙驾驭资本是促进发展方式转型的基础性和关键性措施。因为资本是现代市场经济微观活动的主要组织者和发动者，是经济发展的发动机，当然也是发展方式转型的基础性的组织者和发动者。

问题的关键是如何引导资本促进发展方式转型。这需要看清楚资本本性和资本逻辑的实质。人们看到了市场经济领域人性和人的行为取向是利益最大化，资本的拥有者和操控者更是具有这样的人性和具有这样的行为取向，资本将这种人性扩张到无以复加的程度，资本追求利润或剩余价值最大化的本性就是这种人性和行为取向的具体表现。

对于上述人性和资本本性，人类的态度有两种：防堵、打压与因势利导。哪种态度及其相应的做法更科学有效呢？历史事实证明前者是失败的，但是后者往往造成繁荣中的危机和毁灭。总结历史经验教训，人类可以更加聪明和智慧。西方经济学和经济实践日益重视对人性和资本的规范和驾驭。市场也在蜕变，日益由自由放任的市场转向有限自由的市场、公平的市场，一些基本的制度安排日益成为市场的有机构件，例如政府合理干预、防止垄断、公平竞争、劳资平衡、伦理建制化等，这些制度安排也是对资本的规范、引导和驾驭，它们并不是试图防堵和改变人性与资本本性，而是利用，是因势利导，是把人性和资本本性引导到合理的方向，例如引导到促进科学发展的方向。对此，笔者在《论发展方式转型规律——一种哲学的分析》一文中，有一段精彩的论述，兹引用如下[①]：

社会主义市场经济条件下的资本，具有求利内在驱动这一资本的一般秉性，它可以作恶，也可以为善，主要看资本运行的环境。资本主义社会是资本称霸的社会，尤其是自由主义和新自由主义取得统治地位的时候，社会制度环境和文化环境为资本称霸和求利提供一切便利，对资本的限制因素减除到最少，此时，资本往往会通过作恶来扩展利益和维持霸权。社会主义市场经济利用资本求利的内在驱动力为经济发展安装上强大的发动机，同时，要充分发挥社会主义的制度环境和文化环境的功能，防止资本称霸和作恶，引导资本为善。

在发展方式转型问题上也要充分利用并规范和引导资本。经济增长离不开资本的推动力，但如果采用传统的发展方式就可以谋利，甚至更多地谋利，那么资本一定会采取传统发展方式实现扩张，并放大

---

① 詹宏伟：《论发展方式转型规律——一种哲学的分析》，《广西社会科学》2015年第1期。

其负效应；反之，如果制度安排和文化环境使得传统发展方式难以谋利，使得科学发展方式易于谋利，则资本就会按照科学发展方式的要求去创造社会财富和发展经济，并放大科学发展方式的正效应。因此，关键是要构建和完善让资本通过节约资源和保护环境而获利、通过创新而获利、通过人本方式获利（即通过科学发展方式而获利）的制度环境和文化环境。

第四章 个体理性与集体理性视野中的发展方式转型[*]

前文深入揭示了发展方式转型与利益格局调整之间的关系，本章辩证吸取西方经济学理性观——即利益最大化理性观的合理因素，扬弃其不合理因素，从个体理性与集体理性相互关系的独特视角，深入揭示两种理性与发展方式转型的内在关联，而两者关联的中间项就是利益格局及其调整。

中国特色社会主义的理论自信在于，在现有历史文化条件下，我们一方面充分肯定个体理性的历史合法性，并充分运用个体理性逻辑促进经济和社会的发展，促进发展方式转型；另一方面，我们还可以利用集体理性逻辑超越个体理性，促进经济和社会发展，促进发展方式转型。西方理论和思维只有个体理性视野，而中国的特色和优势是可以实现两种理性相结合，我们具有双重视野，比西方理论的视野开阔得多。

具体来说，我国当然要充分利用个体理性逻辑促进发展方式转型；但是个体理性逻辑有其狭隘性和局限性，往往又成为发展方式转型的障碍者甚至反动者。在现有历史文化条件下，我们无法用集体理性逻辑取消个体理性，但集体理性可以超越个体理性的狭隘性。因此，在利益格局调整和发展方式转型的过程中，我们既要充分发挥个体理性的作用，也要发挥好集体理性的作用，这两种理性的作用都是无法替代的。中国的独特优势是我们有条件充分发挥集体理性的作用，促进发展方式转型和现代化的健康发展。

＊ 本章主要内容发表于《甘肃理论学刊》2014 年第 1 期。

第一节 个体理性与集体理性

群体本位是中国传统价值观的重要方面。客观地说，任何社会任何时代的个人都离不开社会、群体和集体，集体主义是十分重要的价值观。但我们曾经的失误在于扭曲了集体主义的本真含义，宣扬和推行压抑个体的片面的集体主义，这种极端的价值不适应现代化启动和发展的客观要求，现代化与个人主体地位的确立和个人主体性的发挥之间存在着内在的联系。尊重个体价值和权利是现代社会区别于传统社会的一个重要标志。但是，个人主体性的发挥很容易失控，既存在不正确发挥的问题，也存在过度发挥的问题，从而破坏个体赖以生存发展的共同利益或集体利益。个人利益和集体利益之间经常发生尖锐的冲突，个体理性和集体理性之间存在着明显的差异，引发严重的现代性危机。这一冲突和明显的差异在当代中国也鲜明地表现出来了，并威胁到中国的持续、健康发展。化解个体理性和集体理性的明显的差异，实现二者的和解，是现代化过程中面临的一个难题。正如石元康先生指出的那样，在现代社会中，个人意志得到了肯定是其最大的成就，但是在这种分化的自由的基础上，能否再建立起一个统一则是现代社会所面临的最大课题。①

无论在个体层面还是集体层面上，人类行为一般是以理性为重要基础的。② 因此，认识人类行为，特别是个体行为和集体行为之间的关系时，就必须了解个体理性和集体理性及其相互关系。

一 理性

在哲学认识论中，理性是相对于感性而言的，是人的一种逻辑思

---

① 石元康：《从中国文化到现代性：典型转移》，生活·读书·新知三联书店 2000 年版，第 220 页。

② 叔本华、尼采、一些后现代主义学者等掀起了反理性主义思潮。理性至上主义完全抹杀了人的非理性因素及其作用，这当然是错误的。但不能因否定理性至上主义而否定了理性本身，正确的做法是让理性回归恰当的位置，承认非理性的存在，重视非理性因素的作用。但需要强调的是：理性虽说不是人类行为的唯一基础，但始终是人类行为的重要基础，乃至最重要的基础。

维能力，是人类正确理解自我、自然和社会的前提，其内涵和外延随着时代的发展而变化。学者张晓峰认为，理性指人们以概念、判断、推理等逻辑形式，应用分析与综合、归纳与演绎等逻辑思维方法，以系统化、理论化、模式化的思想、理论、原则指导人类实践的认识能力和实际活动能力。①

哲学理性概念具体到经济学中则形成经济理性，或者说，经济理性是哲学理性概念的具体化：经济理性指人们在经济活动过程中的思考能力、计算能力和趋利避害能力。我国著名经济哲学专家张雄教授把经济理性概念的含义概括为三条，是对经济理性概念的较全面而深刻的把握：第一，理性指的是一种理性化的能力，包括寻求确定性和内在一致性；第二，理性是以对追求自身利益的推断来表示的；第三，理性是一个手段——目的概念。理性常常与目标相联系，常常指实现目标的手段或工具，因此常常称为手段理性或工具理性。② 西方主流经济学对理性概念作了两个著名的规定：一是自利最大化；二是内在一致性。③ 前者是实质理性，后者是程序理性或形式理性。

诺贝尔经济学奖得主阿马蒂亚·森在西方属于非主流经济学家，他对主流经济学的上述两种理性规定进行了深入的批判。由于他对内在一致性理性观的有效批判，动摇了"内在一致性"作为理性概念核心内涵的地位。④ 但他对自利最大化理性观的批判更富有成效和意义。首先，阿马蒂亚·森否定人的行为动机唯一性的观点，主张人的行为动机的多元性，自利最大化只是人的行为动机之一，而不是全部。⑤ 其次，更重要的是，阿马蒂亚·森改变了理性的内涵，并扩展了理性的外延。他认为，不仅个人自利最大化行为可以是理性的，而

①　张晓峰：《理性的缺憾及对理性主义政策分析的反思》，《政治学研究》2004 年第 4 期。

②　张雄：《市场经济中的非理性世界》，立信会计出版社 1995 年版，第 27—28 页。

③　[印] 阿马蒂亚·森：《伦理学与经济学》，王宇、王文玉译，商务印书馆 2000 年版，第 18 页。

④　Amartya Sen, *Rationality and Freedom*, Cambridge, MA：Harvard University Press, 2002, pp. 122 - 123、126 - 127.

⑤　[印] 阿马蒂亚·森：《伦理学与经济学》，王宇、王文玉译，商务印书馆 2000 年版，第 21 页。

且受"同情"和"承诺"影响的行为也可以是理性的。其中，基于"同情"的行为不符合"自我中心的福利"原则，基于"承诺"的行为甚至有损行为者的利益，都不符合传统的自利理性观的规定，但并不构成对个人理性意志的任何否定，都应该算是理性行为的一部分。①阿马蒂亚·森的批判性分析对理性概念的完善和发展富有极大的建设意义，他的突出贡献是确立了利他主义等非自利行为的理性属性，在他看来，利己和利他都可以是理性的。这是对传统西方狭隘理性观的一个重要突破。②

　　但阿马蒂亚·森没有进一步探究非自利理性的实质，他没有意识到：受"承诺"等利他因素支配的行为实质上是受集体理性支配的行为。③ 传统的自利理性实际上是一种个体理性，而阿马蒂亚·森的利他理性是一种集体理性，利他理性行为对于个体而言不一定带来当下的直接利益，甚至可能带来损害，但个体为什么还要做出这种行为呢？因为这种行为对集体有利，受集体理性影响的个体会以集体理性支配自己的行为，从而产生利他的理性行为。下文将详述个体理性和集体理性的含义及其关系。

　　这样，在吸收阿马蒂亚·森研究成果的基础上，我们可以重新定义理性概念：理性就是行为主体对利益最大化的追求。当行为主体是个体时，个体是利益最大化的受益者，这种理性就是传统的自利理

————————

　　① 参见［印］阿马蒂亚·森《伦理学与经济学》，王宇、王文玉译，商务印书馆2000年版，第14、88—89页。

　　② 在阿马蒂亚·森之前，已经有学者对西方传统理性观提出质疑和改进，最著名的是西蒙提出的"有限理性"说，西蒙批判了传统理性观内含的完全理性假设，并对理性内在一致性规定提出挑战（参见赫伯特·西蒙《现代决策理论的基石》，杨砾、徐立译，北京经济学院出版社1989年版，第46页）。但他仍然坚守自利最大化理性观的基本内核，只不过是揭示了这种理性的有限性罢了，可算作是对自利理性观的改良。阿马蒂亚·森的见解则具有革命性，即把非自利的利他行为也纳入理性范畴，突破了传统狭隘的自利理性观，实现了人们对理性内涵认识的革命。哈耶克因理性的有限性而极度贬低理性的作用，这是我们不能赞成的。

　　③ 阿马蒂亚·森所谓的"承诺"是指，为了追求某种价值，如社会正义、集体福利等，人们自愿作出自我牺牲（参见阿马蒂亚·森《伦理学与经济学》，王宇、王文玉译，商务印书馆2000年版，第87—90页）。道德的重要功能是解决个体利益与集体利益的矛盾。阿马蒂亚·森所指的"承诺"实质上就是为了集体整体利益和长远利益而放弃个体当下的利益。

性；当行为主体是集体时，集体是利益最大化的受益者，这种理性就是集体理性。可见，"利益最大化"才是理性概念最核心、最坚固的规定。理性概念的其他规定都有可能被否弃，如"完全性"规定、"内在一致性"规定，但"最大化"或"利益最大化"规定始终是坚挺的。

这里有必要讨论一下马克思主义哲学研究者的批判。一些马克思主义哲学研究者认为西方主流经济学理性观的缺陷是将人性抽象化、非历史化，其中包括把"最大化"抽象化、非历史化。这种批判是中肯的。西方主流经济学把理性经济人概念及其中的"最大化"规定绝对化、永恒化、无条件普遍化，确实走向了悖谬。但如果对理性经济人概念做一些修正和限定，还是能够还原其相对真理属性的。首先，理性经济人的"人"（即理性主体）可以是个体，也可以是集体，而"集体"的规模和层次也是多样的，乃至人类整体也可以视为一个集体，当代全球化的发展日益把地球变为一个"地球村"，当今全球性问题的凸显日益催生人们的全球意识或全球生命共同体意识，显然，集体理性的外延需要扩展为全球共同体意识，狭隘的民族意识需要被扬弃；其次，我们得承认，在市场经济这一特定环境和特定历史阶段中，从事经济活动的行为主体（不论个体主体如个人，还是集体主体如经济组织）的行为倾向确实是或主要是追求自己利益最大化，改革开放以来，我们逐渐恢复了物质利益原则的合法性，实际上就是对理性经济人概念的某种承认。这也符合环境塑造人、社会存在决定社会意识的唯物主义思想。

二　个体理性和集体理性的含义

行为主体分为两个层次：个体和集体。与之相对应，理性也体现为两个层次：个体理性和集体理性。上文明确了理性的内涵，并初步给出了个体理性和集体理性的含义，下面进一步明确这两种理性的含义。

作为理性的一个层面，个体理性是指个体人和其他类型的个体的行为以实现自身利益最大化为目的，除非为了实现自身最大化利益的需要，否则不会考虑其他个体或社会的利益。

作为理性的另一层面，集体理性是指由个体组成的特定群体以该群体整体利益或共同利益最大化为行为目标，当个体利益最大化与群体利益最大化发生冲突时，集体理性的取向是要求个体利益服从群体利益，以满足群体利益或共同利益最大化的要求。

第二节　个体理性与集体理性的关系

一　个体理性与集体理性的一般关系

个体理性与集体理性有一致的一面，也有不一致的一面，还有对立的一面。因此，个体理性与集体理性的关系有三种情形：一致；不一致但不相互冲突；冲突。

第一，个体理性与集体理性相一致。主要表现是：集体与个体互相配合、共同进步、同步发展、相互促进，双方形成和谐的关系。亚当·斯密认为，当每一个个体谋求自身利益最大化时，群体理性的结果会自动产生"看不见的手"，将各个个体自己的努力联合起来，并保证结果具有社会效率。即是说，个体理性与集体理性是一致的，个体在对自己的利益追求中必将导致社会利益的最大化。"西方经济学把市场中个人理性行为的总和理解为社会的集体理性。亚当·斯密在《国富论》中论述了该原理，后世经济学家只是用看起来似乎严密的数学形式来论证这个原理。"[①] 应该说，亚当·斯密的观点不完全是理论虚构，也是对实际生活的概括，至少是对市场经济生活实际部分情形的概括。不过，新古典经济学等西方主流经济学的失足在于把这种情形普遍化和非历史化。

第二，个体理性与集体理性不一致但并不相互冲突。个体是集体的一分子，但集体不可能总是完全代表其中所有成员的所有利益，个体和集体各自的利益诉求在一些时候和一些方面不尽一致，二者虽然不结成相互促进的关系，但也并不互为障碍或限制因素，而是形成一种并置共处的关系。这种情形往往被研究者忽视。其实，这种情形介于两种理性的一致和冲突之间，是一种中间地带，它在实际生活中并

---

① 鲁品越：《资本逻辑与当代现实》，上海财经大学出版社 2006 年版，第 174 页。

不鲜见。

第三，个体理性与集体理性相冲突。个体理性与集体理性相互冲突的情形在市场经济的现实中大量存在。个体理性与集体理性的矛盾和对立首先在于二者利益诉求的矛盾和对立。个人的自私行为在许多情况下显然不能在亚当·斯密那只"看不见的手"的指引下产生最佳的社会共同结果，个体理性不能保证集体利益最大化，个体理性不是集体利益最大化的充分条件，不能武断地说个体的理性会自然而然带来集体理性和集体利益；另外，集体不一定总会为每个个体的利益行事，追求集体的整体利益也有可能损害或牺牲某些个体的某些利益。下面具体分析市场经济条件下，个体理性与集体理性相冲突的情形。

二 市场经济与两种理性的冲突

市场经济是承认和肯定个人权利和个人利益的经济。个体在追求自己利益的过程中，在个体理性（个人利益最大化）的支配下充分发挥着自己的主体性。这是市场经济的微观基础，是与计划经济的一个根本区别，其优势是具有强大的动力和充分的活力。

然而，"成也萧何，败也萧何"，正是这种个体理性的解放和张扬却导致集体利益的受损。博弈论中的"囚徒困境"（参见第二章"囚徒困境"示意图）和"公地悲剧"精彩地揭示了这个问题。"囚徒困境"和"公地悲剧"揭示的道理是：基于个体理性的正确选择往往降低其他人和集体的福利，最后还是会伤及自身。因此，基于个体理性的选择和决策，对于集体和个体来说，其效果并不一定最优，收益不一定是最大化的。

在市场经济环境中，个体理性和集体理性之间的冲突比比皆是：

单个企业相对于社会整体来说是个体。每个企业都追求自身利润的最大化，大力进行资本积累，肆意压低工资和破坏环境，以降低成本，甚至通过制造假冒伪劣产品降低成本，把内部成本转化为外部成本，使社会公众付出的外部成本最大，实现个体利益最大化，但最后导致整个社会经济陷入需求不足的过剩危机、信任危机和严重的资源环境危机，使得企业的进一步发展丧失了必要的需求条件、社会条件和资源环境条件，导致发展中断。因此，社会整体的集体理性要求个体企业约束自己的个体理性，承担社会责任。

单个消费者相对于整个社会来说是个体。消费者追求最低价格和最大效用，此即经济学所说的最高"性价比"；它是消费者个体理性运用的表现。然而消费行为不可避免地会造成外部性资源消耗——对环境的污染，但这是个体理性所不考虑的，而社会的集体理性则要求把这种污染控制在最低限度内，要求消费者承担相应的成本。

总之，市场经济承认和保护个人追求自己利益的权利，从而解放和张扬了个体理性，但正是这种张扬的个体理性却往往损害集体的或共同的利益，从而与集体理性发生冲突。

但是，个体最终是离不开集体的，当集体利益受损后，也意味着个体的利益受损或将要受损（很明显，覆巢之下安有完卵）。个体在追求自身利益最大化时损害了集体利益，并最终损害个体自己的利益，个体从追求自身利益最大化出发，结果却是自己的利益受损，也就是说，个体是自己损害自己的利益。这是市场经济的一个深刻的悖论，也是现代社会的一个深刻的悖论，是现代性危机的一个重要表现。

三　个体理性与集体理性的和解

如何化解个体理性与集体理性的冲突呢？其原则是实现二者的和解与和谐。只有实现这种和解与和谐才能真正解决个人主体与集体之间的矛盾、个人利益与集体利益的矛盾，从而既保持经济社会发展的活力与动力，又化解由于个体理性与集体理性相互冲突而引起的现代性危机。

（一）个体理性与集体理性和解的真意

个体理性与集体理性和解的真意，这是一个需要再思考的问题。何谓二者的和解？我们往往陷入误区：随意抹杀二者之间的区别，甚至以个体否定集体或以集体吞噬个体，以"消解"它们之间的对立，实现二者的"和解"。但这是一种"伪和解"。

实际上，个体与集体之间需要保持一种张力，二者各有自己的边界，个体利益不能侵害集体利益，集体利益也不能吞噬个体利益。历史上正反两方面的事实一再证明，无视集体利益和无视个体利益，社会都无法持续健康地发展。因此，必须警惕两种错误倾向：第一，我们传统的思维方式是以集体利益的名义一味贬斥、打压甚至取消个体利益，将个体理性贬为损人利己的个人主义进行批判。这种思维方式根深蒂固，很容易复活。事实上，符合个体发展的集体才是有效的集体，背离个体发展的集体必然没有活力，只会是死水一潭，计划体制时期的集体缺乏活力而难以为继就深刻地说明了这一点。马克思早就批判过那种脱离和否定个体利益的所谓集体，称其为"虚幻的共同体"。尤其需要特别指出的是，我们当然需要辩证地处理好个人与集体的关系，但前提条件之一是必须承认个体的合理地位，如果抹杀了个体的主体地位，把个体视为依附于群体的一个消极组成部分，那实际上取消了个体与集体之间的区分，也就没有个体与集体的关系可言。第二，个体利益的扩展以集体利益受损为代价。这种情形必然是不可持续的，必然遭到其他个体和集体的反对。事实上，只有符合集体发展的个体才能得到集体的保护，并借用集体的资源和机会更好地实现个体目标。西方自由主义鼓吹个体本位主义，把社会和集体视为个体的工具，这种思想价值观在实践中必然导致个体之间、个体与集体之间的剧烈冲突，引发严重的社会危机，这是我们应该批判的。

可见，西方人的个体本位价值恰恰与我们传统片面集体主义价值形成两极，都是不可取的。个体与集体、个体行为与集体行为、个体利益与集体利益和平共存、双赢共进、相互促进是个体理性与集体理性和解、和谐的真意，是个人和社会持续健康发展的必要条件。正如学者康健所言："新集体主义就是以个人的能力与需要为基础，以共同发展为目标而建立起来的，包括合作进步的自觉意识，公私兼顾的关系模式，以社群为单位的社会组织方式诸方面规定的社会价值理性。"[①] 马克思讲得更明确，马克思指出："只有在共同体中，个人才能获得全面发展其才能的手段，也就是说，只有在共同体中才可能有个人自由。"马克思紧接着指出："从前各个人联合而成的虚假的共

---

① 康健：《是家乡，不是异乡：个人存在的真实性及其限度》，中央编译出版社2000年版，第357页。

同体，总是相对于各个人而独立的；由于这种共同体是一个阶级反对另一个阶级的联合，因此对于被统治的阶级说来，它不仅是完全虚幻的共同体，而且是新的桎梏。在真正的共同体的条件下，各个人在自己的联合中并通过这种联合获得自己的自由。"① 马克思这一段话道出了个体与集体、个体理性与集体理性和解与和谐的真谛。②

（二）实现个体理性与集体理性和解的路径

那么，个体理性和集体理性之和解、和谐何以可能呢？本文提供两条可行的路径。

一是利用个体理性逻辑引导和规范个体行为。

产生现代性危机的一个重要原因是释放的个体理性缺乏及时的引导和规范。为应对现代性危机，西方的主流理论和实践是利用个体理性的逻辑去诱导、引导、规范、约束个体行为，从而使个体能够做到：第一，做利己又利集体的事（利人利己）；第二，不做损集体而不利己的事（损人不利己）；第三，不做、不能做利己而损集体的事（忌惮道德谴责）。

具体而言，就是利用个体追求自身利益最大化的逻辑因势利导，引导和规范、约束个体，以改变个体的行为方向，使个体的行为方向与集体的行为方向保持一致。引导、规范、约束的方式可以是道德力量（如"诚信"），也可以是法律制度的力量，总之，"是经济制度和文化的力量。这种制度与文化的力量体现在对经济个体博弈过程当中，它使个体理性服从于集体理性，由此最终实现的博弈均衡是经济总体效率最大化的博弈均衡"③。

美国著名学者曼瑟尔·奥尔森的思路实质上就是从个体理性的逻辑出发引出符合集体理性的行为。他说，"只有一种独立的和'选择性'的激励会驱使潜在集团中的理性个体采取有利于集团的行动"。所谓"选择性的激励"即通过惩罚那些没有承担集团行动成本的强

---

① 《马克思恩格斯文集》第 1 卷，人民出版社 2009 年版，第 571 页。
② 片面的集体主义者常常断章取义，只引用和强调马克思这段话的前一部分，对后一部分却有意回避。
③ 鲁品越：《资本逻辑与当代现实》，上海财经大学出版社 2006 年版，第 174、177 页。

制，或通过奖励那些为集体利益而出力的人来进行诱导，从而把个人行为引向符合集体利益的方向。①

二是塑造具有集体理性的个体。

上述实现个体理性与集体理性和解、和谐的方式主要是从个体理性的逻辑出发影响个体行为，不论是制度还是道德法律都是基于个体理性逻辑——为了个体的利益不愿意或不能去损害他人和集体的利益，目的论道德观的逻辑实质上就是这种逻辑。这当然是必要的，在目前历史文化条件下这甚至是制度和道德法律的主要基础。但是，基于个体理性逻辑的和解方式是有局限性的，无法从根本上解决严重的现代性危机。因为其实现的和解与和谐是被动和脆弱的，对监督的要求很高，交易成本很大，很容易产生道德风险和制度危机。这种方式下的个体的境界还不够高，它至多只能产生如上文所说的前三种个体行为（做利己又利集体的事，不做损集体而不利己的事，不能做利己而损集体的事），而无法产生更高境界的第四种个体行为——行为直接基于集体理性的个体行为，即为了集体利益自觉自愿牺牲个体利益。这种新型个体行为对个体提出了更高的道德要求——以义务论道德观支配行为；这种新型个体行为要求个体以新的行为逻辑支配行为——在开明的个体理性的基础上超越个体理性，提升个体境界，直接以集体理性支配个体的行为，即个体行为的逻辑直接基于集体理性而非个体理性。这不是乌托邦，历史上和现实中就大量存在这样的新型个体。如，革命战争时期的先烈，新中国成立初期纷纷放弃国外优越生活条件和工作条件而毅然回国的科学家，社会主义建设时期的焦裕禄、雷锋，新时期的孔繁森、吴天祥、郭明义，等等。共产党人作为社会先进分子应该成为这样的个体——以集体理性支配自己行为的超越个体理性逻辑的个体。塑造这样的个体是克服现代性危机，实现社会和谐发展的需要，是先进文化建设的重要内容。我们应该大力宣传和弘扬社会主义核心价值观，并供给相应的制度，为这样的个体的生成提供强大的精神力量、舆论环境和制度环境。

① ［美］曼瑟尔·奥尔森：《集体行动逻辑》，陈郁、郭宇峰、李崇新译，上海三联书店、上海人民出版社1995年版，第41—42页。

第三节　利用两种理性逻辑促进我国
发展方式转型

洞悉了人类个体行为的逻辑和集体行为的逻辑后，我们可以充分利用这两种不同的逻辑促进科学发展方式所要求的利益格局的生成，促进利益格局的调整和发展方式的转型。

一　充分利用个体理性逻辑促进发展方式转型

在市场经济条件下，社会经济活动的个体（包括个人和企业），其行动逻辑就是追求自我利益最大化。有一种理论主张取消这一经济个体的行为逻辑，用利他逻辑或大公无私逻辑要求经济个体的行为。实践证明，由于历史和文化条件的限制，由于人类发展阶段的客观制约，这种理论主张在人类发展的现阶段是不可行的，而可行的做法是：通过具体的制度设计，因势利导，把经济个体追求利益最大化的行为引导到促进发展方式转型的方向上去。具体来说就是，无论制度、体制、机制还是政策的设计和制定，都要保证行为与发展方式转型方向相一致的经济个体获益，同时使得那些与转变发展方式相抵牾的经济个体的行为无法获益甚至利益受损，从而形成一种良性的均衡或常态：众多经济个体在追求自己利益最大化的过程中，不断促进发展方式转型取得进展，不断消解传统发展方式，不断生成科学发展方式。这样，发展方式转型就不仅仅是政府和学者操心的事情了，而且是千千万万经济生活中的大众的日常行为了。贯彻落实科学发展观和五大新发展理念、实现发展方式的实质性转变就可以真正做到"为了群众、依靠群众"。党和政府大力倡导和推动的"大众创业、万众创新"的理念和相应举措，就是中国共产党群众路线在转变发展方式方面的生动体现和杰出运用。

二　充分利用集体理性逻辑促进发展方式转型

西方文明可以塑造出上述第一、第二和第三种个体行为，但他们对于第四种个体行为及其逻辑始终无法理解，他们始终无法超越个体利益最大化的理性经济人逻辑。我国发展市场经济和推进现代化工程，当然必须充分尊重基于个体理性逻辑的前三种个体行为。但是，以公共利益为旨归（立党为公）、"全心全意为人民服务"的中国共产党及其党员，要自觉地在一个更高水平上实现个体理性与集体理性的和谐，不仅应该超越一般的个体理性逻辑，不仅应该超越基于个体理性逻辑而实现的两种理性的和解，而直接以集体理性支配自己的行为。每一个真正的共产党人及其支配的微观经济单位（企业等），应该是努力成为以集体理性支配自己行为的新型个体。①

目前，我国的发展和现代化建设处于一个重大转折的历史关头，这种转折的实质就是发展方式的转型——由传统发展方式转变为新的、科学的发展方式。一种发展方式对应于一种利益格局，因此，转变发展方式的实质就是调整利益格局——把与传统发展方式相适应的利益格局调整为与科学发展发展方式相适应的利益格局。②

但利益格局的调整是十分困难的，触动利益比触及灵魂还要艰难。那么，怎样突破调整利益格局难题呢？路径有多种，但有一种路径常常被人忽视——培养行为逻辑基于集体理性的主体（包括个人主体和集体主体）。科学发展方式显然有利于社会整体利益和长远利益，那些符合科学发展方式的行为是符合集体理性的；但是，如果每个个体都只囿于个体行为逻辑，则常常陷入"囚徒困境"的尴尬局面，社会整体利益和各个个体的利益都无法理想化或最大化。怎样突破"囚徒困境"呢？最有效的方式是引入集体理性，出现一批行为逻辑基于集体理性的社会个体和群体。那些利益与传统发展方式密切相关、但行为逻辑基于集体理性的个体和群体，有可能自觉调整自己的行为，使之与集体行为逻辑和集体理性相一致，即行为与科学发展方式相一致。这样的个体和群体越多，利益格局调整就会越顺利，发展方式转型就会越快。这，难道是天方夜谭吗？战争年代，不乏出生剥削阶级的老一辈革命家和革命先烈，但他们从中华民族和中国人民的

---

① 这样的共产党人和政党组织，超越了西方人的理论范式、思维方式，超越了西方人的政党观。

② 参见詹宏伟、唐世刚《利益格局调整与中国发展模式转型——历史唯物主义视野中的中国发展模式转型》，《人民论坛》2011年第2期。

整体利益出发，毅然放弃既得利益，与剥削阶级决裂，推翻了一个旧世界，建立了一个人民当家作主的新世界。今天，中国共产党已经执掌了政权，党及其党员为什么不能以集体理性作为自己的行为逻辑呢？

中国共产党，就是行为逻辑基于集体理性的新型执政党，也即是说，是一个以全体人民和社会整体利益为旨归的执政党。这是中国的独特优势。① 中国共产党的优良传统和先进性的实质是：党及其党员直接以集体理性作为支配自己的行为逻辑。我国发展方式转型面临诸多障碍，各种障碍的实质是：与旧发展方式相适应的利益格局阻碍新的发展方式的形成和发展。因此，突破与传统发展方式相对应的既有利益格局的羁绊，是转变发展方式的根本途径。怎样有效突破既有利益格局而构建新的、与科学发展方式相适应的新利益格局呢？一个重要途径是继承和发扬中国共产党的优良传统，保持和强化中国共产党的先进性。或者说，回归、保持、发扬和强化中国共产党的优势是转变发展方式的一条独特的途径，是一条西方理论范式和思维方式无法理解的途径，但却是成本最低、最有效的途径。

因此，加强中国共产党的先进性建设和保持共产党员的先进性和纯洁性，不仅具有政治意义，而且也是转变利益格局、促进发展方式转型、实现科学发展的一条重要途径。中国中央政府不偏向、不受制于局部利益和既得利益，站在全局利益或整体利益的高度制定和实行改革发展的战略、方针和政策，是中国转变发展方式的一个独有优势，无论怎样进行政治经济和社会改革，中国都要珍惜、保持和发展自己的这一独特优势，艰难而意义巨大的中国发展方式转型应该充分利用这一独特优势。

---

① 中国政治制度的一个重要优势在于执政党可以真正代表全民。西方的多党制下，每个政党代表的利益群体是不同的，上台之后，施政只能偏向支持自己的群体，中央政府借转移支付的手段，对同党执政的地方大力倾斜；而中国 30 年来，经济政策总体来看没有特别地倾向任何一个利益群体（参见宋鲁郑《中国政治制度的比较优势》，《红旗文稿》2010年第 5 期）。另：姚洋也有类似的见解，他认为中国模式的优势是有一个"中性政府"，即中国政府具有广泛的代表性，不偏向社会的任何一个部分，而且它把社会的长远利益摆在首位（参见姚洋《中国模式与"中性政府"》，《北京日报》2008 年 11 月 3 日）。

　　思想上建党是中国共产党的一大独创和一大法宝，对于我国发展方式转型具有重大意义。一般原理是社会存在决定社会意识，当初中国共产党的构成以农民和小资产阶级为主，怎么能产生社会主义和共产主义思想呢？但是，社会意识具有巨大的能动作用，为什么不用无产阶级思想或共产主义思想武装非无产阶级出身的党员呢？非无产阶级出身的党员也可以具备无产阶级思想，这就是思想、意识对于存在的能动作用。中国共产党建党的成功实践对今天的启发是：虽然在社会主义市场经济条件下的人们，追求私利的个体逻辑具有合法性，但是共产党员必须超越这一点。怎么超越呢？有效办法是思想建党。当年战争年代非无产阶级出身的党员可以通过思想建党转化为无产阶级或共产主义思想，今天市场经济条件下，仍然可以通过思想建党，使在市场经济环境中的党员超越个体理性，树立集体理性，形成共产主义思想。

　　坚持社会主义公有制是保证集体理性发挥作用的制度保证。科学思想的贯彻落实需要制度保证，否则往往仅停留于思想之中，无法对现实发挥作用。

　　一些论者不遗余力诟病我国公有制，一是攻击农村土地集体所有制，二是攻击国有企业。他们所持的就是个体理性逻辑，纯粹用个体理性的视野看问题，极力主张国企和农村土地私有化。他们的观点错在何处呢？别的姑且不论，其失误在于丢掉了集体理性这把利剑。按他们的理论去做，我们手上将只有个体理性这把利剑，而自废武功，丢掉集体理性这把宝剑。其实，现代社会的发展，个体理性和集体理性两种逻辑缺一不可，需要结合使用，不可偏废。就拿农村土地确权工作来看，农地确权的指导思想当然吸收了新制度经济学的合理观点，产权清晰化有助于经济发展。本质地看，其根据就是个体理性逻辑；但我国农地确权工程还有集体理性逻辑在背后起作用。农地确权政策有一项规定，凡国家工作人员不得享有土地的承包权，首轮土地承包政策享有承包权、但后来离开农村变为国家工作人员的人，取消原来的土地承包权。这一政策是重大的利益关系调整，说是一场革命毫不为过，它维护的是弱势群体农民的利益和权利，对于缩小城乡发展差距意义重大。试想，如果当初实行土地私有化而不是责任制，那些由农民转变为国家工作人员的群体，将会更强势，那些仍然是农民身份的人，尤其那些没有分到土地的新生农民，将会变得更加"弱势"，他们并不享有国家工作人员的权利和待遇，新生农民群体甚至土地承包权都没有。这种局面极其不利于农村和农民的发展，是与协调发展和共享发展相悖的。幸亏我们的制度是公有制，农村顶住了私有化的思潮，坚持了农地的集体所有制性质，这为集体理性逻辑发挥作用提供了制度基础。从集体理性的思维来看，促进农民和农村的发展，实现协调发展和共享发展，是发展方式转型的重要目标，是国家持续健康发展或科学发展这一大局的客观需要。如果秉持个体理性逻辑而集体理性逻辑缺失，像农民这样的弱势群体的发展就会遭到忽视，就会阻碍发展方式转向协调、共享的发展。

现在国有企业改革也面临私有化思潮的压力。我们吸收西方新制度经济学的合理思想，承认产权清晰化的重要性；但我们不能把国企产权清晰化等同于私有化。现在的中国，我们肯定了个体理性的合法性，肯定新制度学派产权清晰化的思想，因而形成了坚定不移支持非公有经济大发展的政策和基本经济制度。但鉴于个体理性的局限性，我们绝对不能放弃公有制经济的主体地位和国有经济的主导地位，也就是不能抛弃集体理性发挥作用的制度条件。人们看到的是国有企业的种种弊端，而忽视了国企存在最大的理由是保证集体理性在国家发展中能够发挥作用，从而克服了单一个体理性的不足。例如，事实证明，在危急关头，国企站在国家和社会整体利益的高度或全局的高度采取行动，哪怕牺牲个体的利益也在所不惜，这对于国家和社会的稳定起到了关键作用。而国企的问题是改革不到位造成的，是可以克服的，采取国有经济布局调整、发展混合所有制、加强国企反腐工作、加强党对国企的领导等措施，完全可以办好国有企业。事实还证明，如果不是国有企业站在集体理性高度采取行动，西部地区，尤其是西南的重庆、贵州、四川的交通状况恐怕永远难以彻底改观。重庆市是一个典型，私人企业根本不愿意在多山的重庆修路，承担这一重任的是国有企业。重庆的骄人发展成就，不能忘记国企为改善交通状况所做的历史贡献。可以说，没有国有企业秉持集体理性逻辑的行为取向，西部地区是难以发展起来的，整个中国的协调发展也是难以实现的。

第二篇

矛盾视野中的发展方式
转型规律与途径研究

　　对立统一规律是事物发展的根本规律，我们将其转化为观察和分析发展方式转型规律的一个视角或一个分析框架，研究得出了一系列必须遵循的发展方式转型的具体规律。

第五章　发展方式转型的
"破"与"立"*

本章从"破"与"立"相互关系的独特视角研究发展方式转型的规律和途径。本章的研究结论，将为我们提供诸多有益的启发，有助于增强发展方式转型方案的科学性、减少发展方式转型带来的震荡、减小新旧发展方式的摩擦力、减小发展方式转型必然遇到的阻力、降低发展方式转型的代价，从而有利于促进发展方式转型的顺利进行，增强转变发展方式的实效性。

第一节　"破"与"立"的辩证关系

"破"与"立"是唯物辩证法的一组重要的、富有中国特色的概念。"破"指社会现象中的破除、批判、斗争；"立"指社会现象中的建设、建立、树立。两者的取向正好相反。但是，相反相成，它们构成对立统一的关系。这组范畴为观察和分析事物的发展规律和发展机制提供了一个重要的哲学框架或哲学视野。

一　"破"与"立"辩证关系

"破"与"立"的关系本质上是对立统一的关系，其具体内涵是十分丰富的，但我们曾经陷入误区，对它们的对立统一关系做了片面化和简单化的理解。梳理我们曾经在这个问题上的失误，有助于我们深化理解和正确理解"破"与"立"的辩证关系。

---

* 本章主要内容发表于《广西社会科学》2017 年第 9 期。

　　误区之一：把"破"绝对化。例如，"破字当头，立在其中""不破不立、不塞不流"等观点，在一定条件下是真理，但这种观点并不能概括"破"与"立"之间的全部关系。如果无限夸大，将这种观点视为不变的公式和放之四海而皆准的真理，就会走向反面，变成谬误。当不破除旧事物、新事物就无法生长和发展时，当然需要"破"字当头。但是，当新事物取得主导地位时，对于事物的发展来说，"立"就应该是主要的，或者说事物发展的主要途径就转变为以"立"为主了。

　　误区之二：只强调"破中有立"，而忽视了"立中有破"。事物发展的实际情形是"破"中有"立"，"立"中也有"破"。但是我们往往只看到前者而忽视后者。这是片面的。事物的发展形式是复杂而多样的，需要具体问题具体分析，在各种不同的具体条件下，或者先"破"后"立"，或者先"立"后"破"，或者边"破"边"立"、边"立"边"破"，等等，各种不同情形都是客观存在的。不同的事物在不同的条件下，"破"和"立"的程度也是不同的。需要对具体情况作具体分析。各种做法都是应当允许的。①

　　误区之三：把"破"简单地等同于唯物辩证法中的否定。其实，我们不能把辩证的否定归结为"破"，辩证的否定兼有"破"和"立"两方面的内容，不是"破"这个概念所能够涵盖的。其理由有二：其一，辩证的否定指明了新事物战胜旧事物的机理，包含了对旧事物中消极因素的否定和积极因素的肯定、吸收，因而辩证的否定既是事物联系的环节也是事物发展的环节，但是"破"并不能构成联系的环节。其二，辩证的否定的批判性和革命性表现为不断由肯定的东西到否定的东西的辩证转化，其内涵丰富、深刻，"破"这个概念远远无法涵盖。

　　综上，对于"破"与"立"的对立统一关系，我们应做如下理解：

　　第一，"破"与"立"相互对立。

　　它们各自的内涵不同、功能不同、取向不同，它们之间互相反

---

　　①　吴定求：《试论破与立》，《光明日报》1980 年 4 月 17 日。

对、相互冲突。"破"指社会现象中的破除、批判、斗争，其对象丧失了必然性和合理性的，是将要消亡的事物或因素；"立"指社会现象中的建设、建立、树立，其对象是符合必然性、具有合理性的新事物或新因素。"破"与"立"不能相互等同和相互替代，各有自己的作用和功能。

第二，"破"与"立"相互依赖。

一方面，"立"依赖"破"，不破不立，如果不破除阻碍新事物生成和发展的因素，新事物就无法产生和壮大，就没有事物的发展和进步。这一方面，人们的理解一般没有问题。

但是，对于另一方面，往往被人们忽视，即"破"也依赖"立"。"破"对"立"的依赖表现为：其一，"破"本身不是目的，而只是手段，是为"立"服务的手段，不是为"破"而"破"，要根据"立"的需要而选择"破"的内容、方式、程度等，那种不利于"立"的"破"反而不利于事物的发展，如"文化大革命"时期的所谓"破四旧"反而不利于社会主义建设。在社会领域，没有"立"的"破"会导致社会的无序和混乱，这也并不是"破"的初衷与目的；其二，没有有效而及时的"立"，"破"的成果也无法巩固，比如，拔除了野草的庄稼地，如果不及时种上庄稼，野草不久就会重新生长起来。再如，思想文化阵地，如果社会主义不去占领，资本主义和封建主义就会去占领；其三，"立"是促进"破"的重要方式和途径，也就是说，有时候是"不立不破"，如几千年形成的小农和封建思想意识，仅仅靠批判、抨击是不够的，最根本的办法是建立和完善现代制度，并大力建设和弘扬新的文化价值，新事物的强劲发展和扎实巩固是破除旧事物最有效、最根本的办法。

二 "破"与"立"关系的具体性、历史性

上文阐述了"破"与"立"的一般关系，尤其强调常常被忽视的"破"对"立"的依赖性。但这还不够，还需要更深入具体地揭示"破"与"立"关系的特点："破"与"立"的关系具有具体性、历史性。不理解这一特点，也容易误解和误用这一对范畴。

"破"与"立"关系的具体性、历史性的含义是：在"破"与

"立"构成的矛盾关系中，二者的主导地位不是一成不变的，在一定的历史条件下，"破"处于矛盾的主导地位，而在另一历史条件下，"立"处于矛盾的主导地位。不懂得"破"与"立"的关系具有具体性、历史性特点，就不懂得"破"与"立"辩证关系的精髓。

毛泽东在革命战争年代指出："不破不立，不塞不流，不止不行。"① "只有把这些东西破坏了中国才有救，中国才能着手建设，否则不过是讲空话而已。只有破坏旧的腐朽的东西，才能建设新的健全的东西。"② 毛泽东的这种观点是正确的，完全符合革命战争年代这一历史条件的特点和这一社会发展阶段的社会发展规律。毛泽东和中国共产党根据当时中国面临的实际问题和具体历史条件，制定了新民主主义革命的总路线，并相应制定了经济、政治、文化三个方面的纲领，具体阐明了新民主主义革命的任务，这些纲领中就包含了各种"破"与"立"的内容，其中的"破"处于矛盾的主要方面，"不破不立"：首先，新民主主义的经济纲领是，没收封建地主阶级的土地归农民所有，没收帝国主义和官僚资本主义的垄断资本归新民主主义国家所有，保护民族工商业。这里，"破"与"立"交织，相互依赖，"没收封建地主阶级的土地、没收帝国主义和官僚资本主义的垄断资本"就是"破"，这是矛盾的主要方面，没有这种"破"就没有后面的"立"。这里的"立"，指建立农民个人土地所有制、建立工商业的新民主主义的国家所有制。概括起来，新民主主义的经济纲领就是破除"三座大山"的经济基础，建立新民主主义的经济基础。同时，需要指出的是，新民主主义经济纲领还包含一个重要内容：保护民族工商业，这说明"破"不是随意的破除一切，并非凡"破"都是有价值的，而是要实事求是，根据事物发展的需要该"破"则"破"，不该"破"则不能随意"破"，因为随意的、非实事求是的"破"反而不利于事物的发展。

其次，新民主主义的政治纲领是，推翻帝国主义和封建主义的统治，建立无产阶级领导的、以工农联盟为基础的、各革命阶级联合专

①《毛泽东选集》第2卷，人民出版社1991年版，第695页。
②《毛泽东选集》第2卷，人民出版社1991年版，第732页。

政的新民主主义共和国。这里，"破"与"立"也是交织在一起，形成相互依赖的关系，"推翻帝国主义和封建主义的统治"就是"破"，"建立以工农联盟为基础的、各革命阶级联合专政的新民主主义共和国"就是"立"，显然，这里的情形是典型的"不破不立"，"破"是前提，是矛盾的主要方面。

第三，新民主主义的文化纲领是，要破除帝国主义和封建主义的文化，建立人民大众的、民族的、科学的文化即新民主主义的文化。这里的"破"指"破除帝国主义和封建主义的文化"，"立"指"建立和建设人民大众的、民族的、科学的文化即新民主主义的文化"。同样，这里"破"与"立"也是交织在一起，形成相互依赖的关系，而且"破"处于矛盾的主导方面，这里事物发展的法则是"不破不立"。

新中国成立后，我国进入了一个特殊的历史时期，既不是半殖民地半封建社会阶段，也不是社会主义阶段，而是一个过渡时期。中国共产党和毛泽东又恰当地运用"破"与"立"的辩证法，创造性地开辟了一条适合中国特点的、富有中国特色的社会主义改造之路，完成了著名的"三大改造"①，即生产资料私有制的社会主义改造，消灭了剥削阶级和剥削制度，建立了以公有制为基础的社会主义制度。这里的"破"与"立"也是相互交织、相互依赖的，同时"破"处于矛盾的主要方面，"不破不立"。但是需要指出的是，"三大改造"过程中的"破"与"立"都极其巧妙，堪称杰作和奇迹，"破"没有引起社会冲突和动荡，对"三大私有制"的"破"与对"三座大山"的"破"，方式和方法迥然不同，前者是人民内部的非对抗性矛盾，后者是敌我的对抗性矛盾。

无论推翻"三座大山"的历史阶段还是过渡时期，我们党采取的方针总体是以"破"为主，辅之以"立"，其主要历史任务是破坏一个旧世界，为建立一个新世界创造根本的历史前提。但是，"破"与

---

① 把以个体农业劳动为基础的私有制改变为农村集体所有制；把以个体手工业劳动为基础的私有制改变为手工业集体所有制；把具有资本主义剥削性质的民族资本，改变为全民所有制。

"立"的方式不是一成不变的，体现了中国共产党对"破"与"立"辩证法的深刻把握和灵活运用——"破"与"立"各自的内涵、方式、二者的辩证关系都是具体的、历史的。正确运用"破"与"立"的辩证法离不开党的实事求是思想路线的指导。

但是，"文化大革命"时期，我们背离了"破"与"立"关系的具体性、历史性特点，抽象地看待"破"的作用，即把"破"抽象化和夸大化，提出了"破字当头，立在其中"的观点，甚至将其极端化为："破就等于立"，并在实践中搞"大批判开路"，打倒一切，砸烂一切，造成了巨大的破坏和倒退，教训十分沉痛和深刻。

中国共产党的十一届三中全会后，我们恢复了实事求是的思想路线，其中包括恢复了"破"与"立"关系的辩证本性，深刻准确地把握了"破"与"立"的关系的具体性、历史性特点，并用以其指导实践，很快打开了社会主义建设的新局面。

邓小平说："我们讲实事求是，讲新的发展时期，讲新的历史条件，就要讲破和立。"① "只能实事求是地肯定应当肯定的东西，否定应当否定的东西。"② "肃清封建主义残余影响，重点是切实改革并完善党和国家的制度，从制度上保证党和国家政治生活的民主化、经济管理的民主化、整个社会生活的民主化，促进现代化建设事业的顺利发展。这需要认真调查研究，比较各国的经验，集思广益，提出切实可行的方案和措施。不能认为只要破字当头，立就在其中了。"③ 从邓小平这些思想可以看到，中国共产党致力于辩证地看待和处理"破"与"立"的关系，具体地、历史地看待和处理二者的关系，摒弃斗争哲学思维，纠正把"破"夸大化、抽象化的错误倾向。具体来讲，在"破"与"立"的辩证关系中，"破"在革命战争年代处于主导地位，但历史条件转变之后，在社会主义建设时期，不能像革命战争年代那样认识和对待"破"了，不能固守"破字当头"陈规，在新的历史时期，在"破"与"立"的矛盾关系中，"立"取代

---

① 《邓小平文选》第2卷，人民出版社1994年版，第121页。
② 《邓小平文选》第2卷，人民出版社1994年版，第334页。
③ 《邓小平文选》第2卷，人民出版社1994年版，第336页。

"破"成为矛盾的主导方面，绝不能以"破"代"立"，或只"破"不"立"，而应该坚持有"破"有"立"、"破""立"结合、以"立"为主的方针。例如，我们提出了，在思想文化战线以建设为主的方针，是十分正确的。

中国共产党十一届三中全会前后，我们实现了"破"与"立"关系的拨乱反正，并在整个改革开放时期都正确认识和处理了"破"与"立"的关系，在思想和实践中都始终坚持"破"与"立"的辩证法，坚持把"立"置于矛盾的主要方面。这是中国改革开放和发展转型的独特成功经验。俄罗斯改革或转型特点与中国之不同在哪里？其他方面姑且不论，仅就在"破"与"立"关系的处理上，俄罗斯所谓"休克疗法"的本质就是"破"字当头，企图一下子取消计划体制和公有制，结果所谓的市场经济并没有顺利的"立"起来，反而引起经济社会的极度混乱甚至崩溃，导致的不是大发展而是大倒退。中国则不同，我们并没有企图一夜之间取消计划经济体制，而是以"立"为主，先"立"后"破"，如分别提出和实践了"计划经济为主、市场调节为辅"的方针，"计划经济与市场经济相结合"的方针，计划与市场相结合、市场在资源配置中起基础性作用的方针，市场在资源配置中起决定性作用、同时发挥政府（包含计划）的必要作用的方针等，其思路不是"破"字当头，而是有"立"有"破"、以"立"为主。这种思路的实践效果比俄罗斯好得多，中国的经济实力和综合国力迅速跃升，世界公认中国的改革和转型模式是成功的，堪称发展中国家和转型国家的楷模。这也是"中国模式"概念的来历。

再比如，解决各种矛盾的改革，采取"破""立"结合的方式，而且往往是先"立"后"破"。如农村家庭联产承包责任制改革，第一年有三分之一的省份实行，其他的有抵触，见到效果后，第二年又有三分之一的省份跟上来，也实行了家庭联产承包责任制，又见到效果，第三年，全国各省份都实行了家庭联产承包责任制，全国农业面貌因此焕然一新，困扰多年的粮食短缺问题一下子解决了。企业改革也是这样的，先不对国企做大的手术，而是把精力放在"立"上，在稳定国企的同时，大力发展乡镇企业和个体私营企业、"三资企业",从而刺激、促进国企制度的根本变革,或为国企改革创造条件。

经济学家的研究成果有力地支撑了上述"破"与"立"关系的哲学见解。我国著名经济学家林毅夫在其名著《中国的奇迹——发展战略与经济改革》中,从经济学的角度揭示了中国改革和发展的独特经验,其中一条是渐进性的改革思路和模式。林毅夫发现,中国的改革从微观的农户和企业的放权让利以提高农户和企业的经营积极性开始,沿着双轨渐进的方式展开:一方面我们不急于"破",对于那些改革开放前形成的违反我国比较优势和缺乏自生能力的大型国有企业,尽管人们痛切认识到它们的严重积弊,但是我们不仅不立即判处其死刑,反而在转型期给它们必要的保护和补贴,这使得中国经济在转型期避免了崩溃;另一方面,我们把着力点放在"立"上,允许和鼓励乡镇企业、民营企业、外资企业发展,它们积极进入符合中国比较优势的劳动密集型产业,这为中国经济稳定发展和质的飞跃提供了条件,即为中国经济利用后发优势进行技术创新和产业升级创造了因势利导的条件,使得中国经济在转型期维持了稳定和快速发展,并为进一步改革、为革除积弊久深的国有企业创造了条件,[①] 也就是说,"立"促进了"破"。以"立"为着力点的改革发展思路,使得中国在保持总体稳定的前提下促进了改革和实现了发展,中国经济创造了连续 35 年年均增速 9.8% 的增长奇迹,6.8 亿人脱贫,生活水平大幅提高,并在 2010 年超过日本成为世界第二大经济体,2013 年超过美国成为世界最大的贸易国,以 PPP 计算 2014 年可能超过美国成为世界第一大经济体。[②]

我国著名学者张维为对中国改革和发展经验进行了卓越的研究,也有力地支撑了上述"破"与"立"关系的哲学见解。张维为认为,

---

① 也有学者认为,中国改革的策略是存量暂时不动,着力点在于增量改革。这种改革模式具体表现在各个方面。例如,国企属于"存量",一定时期内暂时总体不动,维持原状不做根本改变,而在"增量"上做文章——大力发展乡镇企业、民营企业、外资企业,这样解决了大量的就业、增加了财政收入、促进了经济增长,并为国企改革创造了条件:倒逼和刺激国企改革,消化国企改革、国企关停导致的失业人员和财政减收,为国企改革提供必要的财政支持等。这是典型的以"立"促"破"方式,进而促进更大的发展。

② 林毅夫、蔡昉、李周:《中国的经济奇迹——发展战略与经济改革》(增订版),格致出版社、上海三联书店、上海人民出版社 2014 年版,"出版 20 周年序"第 7 页。

中国改革拒绝"休克疗法"，"不是砸碎现有的不完善的制度，另起炉灶，而是尽可能利用现有不完善的体制来运作，并在这个过程中，逐步改革这个制度本身，使之转化，为现代化服务"①。

第二节　处理好"破"与"立"的关系，促进发展方式转型

当前和今后相当长一段历史时期，我国经济社会发展的重点任务是推动发展方式的实质性转型。这种转型就是从传统发展方式转向科学发展方式。从"破"与"立"这一对范畴提供的思维和分析框架看，发展方式转型就是要破除传统发展方式，建立科学发展方式。辩证认识和处理发展方式转型的"破"与"立"，是正确把握发展方式转型规律、探索发展方式转型科学途径的条件需要。

具体而言，发展方式转型问题上的"破"是指破除传统发展方式，"立"是指生成和构建新的发展方式——科学发展方式。那么，传统发展方式的"破"与科学发展方式的"立"是什么关系呢？如何正确处理这一关系、以利于促进发展方式从传统发展方式转向科学发展方式呢？这些问题有必要进行具体而深入的研究。

传统发展方式的"破"与科学发展方式的"立"是什么关系呢？答案是：它们之间构成对立统一的辩证关系。

首先，传统发展方式的"破"与科学发展方式的"立"两种行为的取向、内涵、功能是不同的，两者是相互背离和相互冲突的。前者是要破除传统发展方式及其相应的各种因素，是要批判传统发展方式，是要与传统发展方式相适应的既得利益势力进行斗争，是要解构传统发展方式下的既有利益格局；后者是要建设、建立、建构、树立科学发展方式，是要构建与科学发展方式相适应的利益格局、壮大与科学发展方式相一致的力量。

其次，传统发展方式的"破"与科学发展方式的"立"形成相互依赖的关系。其表现有三：其一，破除传统发展方式本身不是目

---

① 张维为：《中国触动》，世纪出版集团、上海人民出版社 2012 年版，第 82 页。

的，而只是手段，是为建立科学发展方式服务的手段，不是为"破"而"破"，要根据建立科学发展方式的需要而选择"破"的内容、方式、程度等，那种不利于"立"的"破"反而不利于发展方式的转型，没有"立"的"破"会导致发展的无序和混乱，可能导致经济严重滑坡和社会剧烈震荡，从而丧失发展方式转型必要的社会和政治稳定前提条件，这也并不是"破"的初衷与目的；其二，科学发展方式如果没有得到及时而有效的"立"，那些破除传统发展方式的成果也无法巩固。很明显，发展都是在一定方式下展开的，那种不在一定方式下的发展是不可想象的，那只能等于无发展。如果破除了传统发展方式，但没有及时跟进科学发展方式，那么，会出现一个发展方式的真空，发展就会"停摆"。由于人们对传统发展方式本来就驾轻就熟，在此情况下，传统发展方式很容易死灰复燃；其三，积极促进发展方式的建设和建立是促进破除传统发展方式的重要方式和途径，也就是说，在一定条件下事物发展的法则是"不立不破"和"以立促破"。例如，在传统发展方式太过强大的领域，发展方式转型是不是就只有消极等待和无能为力了呢？并非如此。此时可以采取增量改革的办法，可以暂时不在"破"上采取大的行动，即对依靠传统发展方式为生的主体暂时不进行大的触动，但是积极帮助和促进新的、符合科学发展方式的发展主体的建立和扩展，积极促进与科学发展方式相适应的力量逐渐壮大，到了一定程度，反过来刺激和促进传统发展方式的变革，这就是以"立"促"破"的发展方式转型路径，是灵活运用"立"与"破"辩证关系的体现。

需要特别阐明的是，根据"破"与"立"的辩证法或规律，我国转变发展方式的模式和方法一定要坚持"破""立"结合、以"立"为主、以"立"促"破"的方针。这一模式和方法符合"破"与"立"辩证关系的具体性和历史性特点。试具体分析如下：

如前文所述，发展方式转型的实质是利益格局的调整和转换，这是一个充满博弈和斗争的过程，但是旧利益格局的"破"与新利益格局的"立"，不能采取革命战争年代以"破"为主的方针，而要采取以"立"为主、"破""立"结合、以"立"促"破"的方针。

国民收入过多向政府和资本倾斜的利益格局制约着内需的扩大，

阻碍投资主导型发展方式向消费主导型发展方式的转变。怎么改变这一状况？一种方式是，在短时间内急剧压缩政府和资本的利益，迅速膨胀消费。这种方式似乎很激进，但却是不可行的，阻力会十分巨大，国家的财力无法承受。怎么办？只有在稳定或逐步限制和适当压缩政府和资本利益的同时，逐步扩展消费力，办法是逐步提升大众的消费力，其实就是逐步提高劳动者所得在国民收入分配中的比重，并以基本民生为突破口，不断改善民生，使民众的收入提高和福利改善与经济发展速度（劳动生产率和效益的提高速度）保持一致，最终形成一个合理的与消费主导发展方式相适应的利益格局。

出口导向政策下形成的利益格局阻碍内需主导型发展方式的形成。怎么改变？一种方式是以"破"为主的思维，就是采取激进手段限制甚至打压出口，短时间急剧压缩出口，给内需的成长让出空间。这样做的后果是经济增长断崖式下滑，就业等民生也无法保障，经济社会陷入严重动荡，构建内需主导的发展方式就失去了稳定这一必要前提。科学理性的做法是树立以"立"为主导的思维，一方面保持出口的相对稳定，一方面大力培养和壮大内需，待内需的能力完全能够支撑中国经济发展时，不需要我们刻意去"破"，外需的地位自然就下降了，发展和增长的引擎自然而平稳地实现转换，发展方式也自然而平稳地实现转型了。

以GDP增长为重心的官员政绩考核体系阻碍着科学发展观和五大新发展理念的深入贯彻。怎么改变这一现状？现有的官员政绩考核体系弊病重重，但不能企望一下子推倒，否则官员的不作为现象会蔓延，在新的可行的政绩考核制度确立之前，现有的官员政绩考核体系是不能废弃的。正确且可行的做法是，逐步改良现有官员政绩考核体系和制度，其实质是以"立"为主。例如，现有考核体系太过偏重GDP增长在整个考核体系中的权重，而且环保、民生的考核要么微弱，要么缺失，那么我们一方面不取消GDP指标（虽然这一指标备受诟病），保留其相当的地位；另一方面增加（也就是"立"）新的指标和提高一些指标的权重，如显著提高环保、民生在考核指标体系中的地位，并逐步推行绿色GDP核算体系，逐步取代现有的GDP体系。

　　受益于高碳发展方式的利益主体是阻碍向低碳发展方式转型的力量，受益于"三高"（高消耗、高排放、高污染）发展方式的利益群体是阻碍节能降耗、绿色发展的力量。① 高碳发展、"三高"发展，让我们付出了巨大资源环境代价，早已深受国人诟病，可以说是千夫所指。怎么改变这一局面？如果失去理性，以"破"为主导，采取激进的"破"的措施，不仅无法实现发展方式的科学化和绿色化，后果甚至是不堪设想的。中国现在尚处于工业化快速发展的阶段，经过长期努力，近两年第三产业和第二产业的力量终于可以平分秋色、势均力敌，但第三产业还没有取得绝对的主导地位，在这种情况下，千万不能以"破"为主，更不能误以为"立在破中"，而应该以"立"为主，逐步地、不断地发展和壮大第三产业，尤其是必须重点发展能够促进第二产业转型升级的第三产业。中国制造总体上仍然处于世界产业链的中低端，目前我们面临的形势十分严峻——劳动力价值和价格不断提高，低端制造的成本优势正迅速丧失，面临来自其他发展劳动成本更低的发展中国家的竞争，但我国在高端制造方面一时无法与发达国家抗衡，我们处于夹缝之中——"前有阻击、后有追兵"。在这种背景下，更不能采取以"破"为主的思维，而应该采取"破""立"结合、以"立"为主的思路，把着力点更多地放在"立"上，大力促进中高端产业的发展和壮大，而对低端制造业，不仅不能人为故意打击，而应该尽量延续，比如转移到我国的中西部，既促进这些相对落后地区的发展，又为我国迈向中高端争取一个缓冲期，保持经济相对稳定的增长。

　　调节收入差距过大，实现均衡的、包容性的、共享式的发展，受到来自既有的高收入群体和地区的阻力；调整垄断行业既得利益，实现公平竞争和公平发展，受到垄断行业的阻力。怎么改变这一现状？对于腐败导致的收入分配不公和收入差距的扩大，应该以更巨大的勇气和更高超的智慧，坚决打击和破除。但是对于其他形式造成的分配差距，其解决思路应该是"破""立"结合、以"立"为主，而不能

----

① 詹宏伟、唐世刚：《利益格局调整与中国发展模式转型——历史唯物主义视野中的中国发展模式转型》，《人民论坛》（学术前沿）2011 年 2 月。

"破"字当头、以"破"为主，因为这样的收入差距往往具有很大的合理性和积极作用，是市场经济的正常现象，甚至是市场发挥积极功能的必要，例如善于抓住机遇先致富的、具有特别天赋先致富的、通过创新创造致富的等，不仅不应打压，而且应该积极鼓励；即使对于一些垄断行为，甚至包括一些行政垄断行为，也要具体分析，因为它们在一定条件下往往具有必要性和合理性，不能一味痛批和破除。因此正确的做法不是把主要精力放在"均贫富"或限制高收入上①，而是积极加强"短板"——逐步提高弱势群体或低收入人群的收入水平和发展能力。其措施包括逐步扩大最基本民生保障的覆盖范围和逐步提高保障水平，尤其是要注重教育公平，不断加强弱势人群和落后地区的教育，这是提高弱势群体能力和改变其命运的治本之策。

　　政府主导型发展方式转向市场或民众主导型发展方式，需要政府自我改革、自我收缩既得利益，难度极大。实事求是地说，对于一个后发、外生型现代化国家，对于一个从计划经济体制向市场经济体制转轨的国家，政府主导的发展方式有其历史必要性和历史理性，但是随着经济形势和经济发展阶段的变化，这种发展方式的历史合理性正在不断丧失，必须转向市场或民众主导的发展方式。那么什么样的转型思路是合理的呢？先审视以"破"为主的思路。这种思路在这里的具体体现是，政府一下子或在很短时间内突然完全或几乎完全不干预经济，放弃手中的不符合市场法则的一切权力，这倒干脆痛快，也符合西方经济学教科书的标准要求和动作，用哲学的话语体系说，这种做法是很快实现了"破"，"破"字当头。但是后果是，政府放手的事务和权力没有成熟的主体及时有效地接手，导致许多经济和社会事务无人负责、无人管理，出现了经济社会运行的真空，导致经济社会发展的严重无序、混乱甚至停顿。为了避免这种后果，我们应该采取合理的思路，"破""立"结合，以"立"为主：一方面，逐渐缩小政府直接干预经济社会发展的权力；另一方面，着重培养市场主体

———————————————

　　① 这方面当然也应该根据形势和发展阶段的变化采取适当的、渐进的措施，但绝不能采取过激的"左"的举措。过激的"左"的举措最终不仅不利于先富群体，而且不利于包括弱势群体在内的整个社会。

和社会组织，促进它们尽快成长和成熟，在市场主体和社会组织尚未成熟或没有接近成熟之前，政府不能过快放弃那些本该由市场主体和社会组织履行的职能和权力，政府放手的程度要与市场主体和社会组织成熟的程度保持一致，这是一种以"立"为主的思维。当然必要的"破"也是不可或缺的，即当市场主体和社会组织基本成熟，基本能够自主、自组织的时候，如果政府之手仍然紧握应该归市场和社会的权力，就必须有"破"的行动，就是说要进行行政体制改革，简政放权，让政府的权力回归自己的本位，发挥好自己的必要作用。这其实也是以"立"促"破"的体现。

我国经济增长很大程度依赖房地产和土地财政的推动，这种增长模式越来越显现其局限性和负面效应，那就是增长粗放、挤压实体经济发展、阻碍中国经济的创新发展和转型升级。但是与房地产和土地财政相适应，形成了一个庞大的既得利益力量，怎么触动这个既得利益势力？首先得肯定，这个既得利益势力与发展转型的矛盾的性质不是敌我矛盾，而是人民内部矛盾。因此破除和转换利益格局不能用革命手段，不能用以"破"为主和为先的方式，而应该采取渐进的方式，通过以"立"为主、为先的方式，把着力点放在"立"之上。具体说来，绝不是没收房地产业人群的既得利益，不是取消房地产，不是让房地产业断崖式下滑，不是一下子取消土地财政；而是在稳定房地产的前提下，把着力点放在培植和壮大实体经济、创新经济之上，逐渐开拓新的财政收入来源，当实体经济、创新经济真正壮大了的时候，当新的财政收入支撑形成了的时候，过分依赖房地产和土地财政的增长模式就容易退出，甚至会自动退出。

第六章 发展方式转型的挑战与应战[*]

英国著名历史学家阿诺德·约瑟夫·汤因比（Arnold Joseph Toynbee）在其世界性名著《历史研究》中，提出了著名的解释文明起源和发展的"挑战—应战理论"。虽然汤因比研究的主题是文明的起源和发展，但其实质就是研究人类社会的发展。吸收汤因比理论的合理因素，对完善、深化和具体化唯物辩证法"矛盾—发展理论"和历史唯物主义关于人类社会发展理论具有重要启发意义。

第一节 汤因比的"挑战—应战理论"及其启示

一 人类文明的诞生和发展模式："挑战—应战"互动

汤因比研究发现，对挑战的应战是文明诞生和发展的根本原因。

在汤因比看来，所谓文明的诞生或起源，本质上是指"自原始社会开始转变为文明社会，我们发现这是一种从静止状态向活动状态的过渡"①。这一转变大约发生在距现在六千年前。

那么，推动人类从原始社会向文明社会转变的决定性原因是什么呢？即文明诞生的决定性原因是什么呢？

汤因比逐一排除了种族和环境本身的作用，即文明的诞生既不是因为环境的本身，也不是由于种族之间存在的差异，"无论种族还是环境本身，都不可能是在近六千年里刺激人类走出原始社会的静止状

---

   * 本章主要内容发表于《理论月刊》2017 年第 8 期。

   ① ［英］阿诺德·汤因比：《历史研究》（上卷），上海世纪出版集团、上海人民出版社 2010 年版，第 56 页。

态、开始对文明进行充满风险的追求的确定因素"①。

汤因比在研究大量史实的基础上，得出结论，"挑战—应战"是文明得以产生的决定性原因，"在诸文明的起源问题上，挑战与应战间的互动是超出其他因素的决定性原因"②。由于挑战，刺激人类应战，在人类迎战自然的挑战，或者在一个社会迎战其他社会挑战的过程中，文明就产生了，即发生了从原始社会向文明社会的转型。

汤因比特别驳斥了那种"认为文明发生于优越生活环境的流行假说"③，在充分研究史料之后，他得出结论，"孕育文明的环境是异常艰苦的，并非十分安逸"④。汤因比研究发现，安逸舒适的环境不会出现挑战，当然也不会出现应战，也不会带来文明，只有相对恶劣的环境才能给人类带来前所未有的压力与挑战，文明的种子往往孕育于相对恶劣的环境之中。在这相对恶劣的环境面前，给生活于其中的人们带来了一种严重的生存危机，为了摆脱危机，他们积极奋起，与大自然的挑战或其他挑战作激烈的斗争，斗争的过程就是文明产生的过程；如果没有挑战或挑战不足，文明就不会产生，从而一个社会就会陷入僵化或静止的状态，永远无法走出原始状态。这也正应验了中国文化的古老智慧："生于忧患、死于安乐。"

汤因比在占有丰富史料的基础上，归纳出几种具体的挑战：艰苦地区的刺激、新地方的刺激、打击的刺激、压力的刺激、缺失的刺激等。即由于艰苦地区的挑战、新地方的挑战、打击的挑战、压力的挑战、缺失的挑战等，刺激一个社会奋起应战，文明也就随之产生了，人类因此走出了原始社会而进入文明社会。

那么文明产生后发展的动力是什么呢？汤因比认为，文明的发展也需要挑战的刺激和推动，没有挑战的文明会陷入停滞。应战的道路

---

① ［英］阿诺德·汤因比：《历史研究》（上卷），上海世纪出版集团、上海人民出版社 2010 年版，第 65 页。

② ［英］阿诺德·汤因比：《历史研究》（上卷），上海世纪出版集团、上海人民出版社 2010 年版，第 82 页。

③ ［英］阿诺德·汤因比：《历史研究》（上卷），上海世纪出版集团、上海人民出版社 2010 年版，第 85 页。

④ ［英］阿诺德·汤因比：《历史研究》（上卷），上海世纪出版集团、上海人民出版社 2010 年版，第 137 页。

并非一帆风顺，其中必定是充满了艰难困苦，但是，应战成功之后前方必定是一片光明，从而文明得到发展。应战成功从而获得新生和发展的例子也很多。纵观日本近代发展史，我们会发现日本的自新源于一场适度的挑战危机——黑船事件。美国对日本的入侵，让封闭的日本对这个世界以及他们的国家有了一个清晰的认识：世界在进步，而日本还在原来的起点。于是，他们奋起直追，推翻幕府、明治革新、殖产兴业……创造了一个又一个的奇迹。中华文明近代遭遇西方强势文明的严峻挑战，导致"中华民族到了最危险的时候"，激发了中华民族的觉醒，促使她彻底自我革新，并走上了伟大复兴的光辉道路。尤其是面对日本帝国主义空前的野蛮侵略，中华民族在应战的过程中始终坚守信念，以惊人的毅力与挑战作殊死搏斗。中华民族生死存亡的挑战，促进了民族团结和民族意识的觉醒，国共建立抗日民族统一战线，保持着一致的目标——中国必将赶走侵略者，即使是在国土大片沦落的环境下，国人依旧饱含斗志、浴血奋战，终于浴火重生。当然，由于缺乏挑战，文明停滞不前的例子也很多，例如，中国的藏区、云贵地区为何长期处于落后状态？汤因比认为是因为中原文明对其的挑战冲击不够强，没能激起他们改变现状的意识和决心，所以长期停滞不前。

在深入研究史料的基础上，汤因比对文明永续发展问题进行了深入的思考。他认为，真正最适度的挑战不仅能够刺激挑战的对象完成一次成功的应战，而且能够刺激它获得进一步发展的动力：从一次成功的应战到下一个新的挑战，从解决一个问题到面临另一个问题，从阴到阳，如果文明需要不断地生长，仅有一次从动荡到平衡的有限运动是不够的，要把这种运动转变为周而复始的节律，必须有一种"生命的冲动"，以便将挑战的对象不断从平衡状态推入动荡之中，不断面临新的挑战，不断刺激它以一种新的平衡状态结束动荡，继而作出新的应战，不断前进以至无穷。[①]

---

① ［英］阿诺德·汤因比：《历史研究》（上卷），上海世纪出版集团、上海人民出版社 2010 年版，第 186—187 页。

二 挑战过度或不足都不利于文明的诞生和发展

挑战与应战的力量对比对文明的产生和发展起着至关重要的作用，汤因比认为："挑战刺激力的最高值出现在挑战不足和挑战过度间的临界点上。"[1] 过于激烈的挑战，会扼杀人类应战的能力，从而导致文明无法产生或既有文明的夭折；过于微弱的挑战，又不能激起人类的应战兴趣，不会产生文明，也不会促进既有文明的发展。只有适度的挑战与成功的应战才能推动文明的诞生和成长。就是说，过于激烈的挑战，会使应战不敌，从而导致文明的衰落，甚至解体；过于微弱的挑战，又不足以激起应战者的兴趣和决心，则会使文明停滞不前；只有适度的挑战，才能产生成功的应战，文明也会因此走向进步繁荣。

关于挑战过度的一个典型的例子是，几千年的美洲文明就是因为近代所面对的欧洲文明的挑战太过强大而应战失败，因而迅速土崩瓦解，走向毁灭，无情地被强大的西欧文明所征服和毁灭。在西欧洋枪洋炮入侵之下，庞大的美洲显得那么的弱小、不堪一击。保守的原始社会似的生活状态，极其落后的生产方式，强大的西欧文明带来的冲击，已远远超出了美洲文明的承受能力，只能走向灭亡。

三 应战不当会导致文明的停滞和消亡

对于那些业已走出原始社会的文明，在接下来的挑战—应战过程中，如果应战不当，就会导致该文明的停滞不前，甚至消亡。

所谓应战不当是指对挑战的反应过度，从而导致文明的停滞。文明之所以停滞下来不再成长是由于"对于挑战的过度反应，其强度恰好越过了能够刺激文明的进一步发展和被击败两者之间强度的临界点"[2]。汤因比发现，波利尼亚文明、爱斯基摩文明与游牧民族文明"由于对大自然的挑战反应过于猛烈受到惩罚，从而导致文明停滞"；

---

[1]［英］阿诺德·汤因比：《历史研究》（上卷），上海世纪出版集团、上海人民出版社2010年版，第137页。

[2]［英］阿诺德·汤因比：《历史研究》（上卷），上海世纪出版集团、上海人民出版社2010年版，第162页。

奥斯曼文明、斯巴达文明受到来自人类自身的挑战，但是应战过猛过度，反而导致文明停滞不前甚至消亡。

四　文明的兴衰越来越取决于自决的能力

汤因比发现，越是发达的文明，其发生的挑战越是来自于内部。例如，西方文明在战胜自然的挑战后，继之而来的是由外部挑战向内部挑战的相应转移。① 这就是汤因比所谓的文明发展"迈向自决之路"。"就成长和持续生长而论，它面对的是越来越少的来自外部力量的挑战和对于外部战场的强制性应战，不得不面对的是越来越多的来自内部的自身挑战。生长意味着成长中的人格和文明趋向于成为自己的环境，自己的挑战，自己的行为场所。"②

汤因比认为，自决是衡量文明成长的标准，自决能力决定了文明的兴衰。他认为一个社会的自决能力取决于少数创造性群体的创造能力。他说：文明成长或发展"是个别创造者或少数创造性群体的工作"③。在富有创造力的人领导之下，全社会大多数人的行为有了模仿的对象，也有了前进正确的方向，在这时整个社会保持着高度的一致，因此能应对来自身边的挑战。但是，当这些有创造力的领导人丧失创新能力之后，大多数的人就会失去模仿的对象，一个没有创造力的社会就不会凝结人心，更不会形成战斗力，所以，在挑战面前他们的应战会显得那样的手忙脚乱，苍白无力，文明不可避免地走向衰落。

应该说，汤因比强调英雄人物的作用并没有什么不妥，但是他因此滑向英雄史观或精英史观，十分轻视人民群众的历史作用，这一点是我们需要警惕和批判的。他一再强调的"自决能力"，实质上就是指少数精英对社会发展所起的举足轻重的作用。他认为，一般而言，

---

① ［英］阿诺德·汤因比：《历史研究》（上卷），上海世纪出版集团、上海人民出版社 2010 年版，第 204 页。

② ［英］阿诺德·汤因比：《历史研究》（上卷），上海世纪出版集团、上海人民出版社 2010 年版，第 206 页。

③ ［英］阿诺德·汤因比：《历史研究》（上卷），上海世纪出版集团、上海人民出版社 2010 年版，第 214 页。

一个社会的成长可以用社会领袖逐渐增长的自决能力来衡量。社会上大多数人往往是无足轻重的"苟且偷生者",富有创造性的少数人才是文明发展的动力。这些社会精英通过"退隐",得到精神上的启示;然后"复出",以天下为己任。他们迫使大多数人尾随其后、亦步亦趋,从而推动社会前进。但少数精英如不能带动大众一起应战,其创造性便不足以促进文明的生长,他们本身也会为社会所不容。因此,如果文明的生长取决于少数人物自决能力和多数人的模仿追随,那么文明的衰落也就意味着少数人自决能力的丧失和多数人的分离。因此,文明衰落的原因是内在的、精神的,而非外部的、物质的。少数天才人物的自决能力的丧失是文明衰落的症结所在。大众对少数天才的机械模仿反过来影响天才人物的行为,使之受到机械性的感染,导致创造力的窒息。而且,对于第一次挑战胜利地进行应战的集团往往很难在第二次挑战面前再度取胜,因为少数创造者容易沉溺于以往的成就,试图用曾经有效的旧方法来应付新的挑战。因循守旧,不去创新,无疑标志自决能力的丧失。此时社会就会每况愈下,丰富多彩的创造活动就被偶像崇拜、制度崇拜所取代。在这种情况下,即使该文明依旧享有物质的繁荣,也不过是黄金时代的回光返照而已。自决能力的丧失带来的应战失败导致文明的衰落,而反复的挑战和一再应战的失败则是文明解体的征兆。

汤因比把文明衰落的本质或原因概括为三点:"少数创造性群体丧失了创造力,大多数人不再进行相应的模仿,随后整个社会出现分裂。"[①] 他利用大量篇幅和历史资料论证自己的上述观点。应该说,他的史料本身没有问题,但是他缺乏驾驭史料的正确的思想方法,陷入了片面性思维误区之中。

五 在挑战与应战中始终保持着对文明的高度忧患意识

斯宾格勒说,大多数文化都经历了一个生命的周期,西方文化也不例外,西方已经走过了文化的创造阶段,正通过反省物质享受而迈

---

① [英]阿诺德·汤因比:《历史研究》(上卷),上海世纪出版集团、上海人民出版社2010年版,第247页。

向无可挽回的没落。斯宾格勒敲响了西方文明的警钟，对汤因比的影响很大，但汤因比对斯宾格勒的宿命论倾向并不赞成，认为保持忧患意识的文明可以免于毁灭。汤因比提出，自决能力是文明免于停滞和衰败而保持发展活力的关键，即使是在挑战与应战相当平衡之时，为了使文明能够长期延续，我们也应该对文明的未来保持着深深的危机感，保持斗志，从而保持文明的发展。而那些消亡的文明，恰恰是放弃了忧患意识和缺失自决能力的文明。汤因比举的例子是，苏美尔人、巴比伦人，他们在创造辉煌成就之后，不思进取、沉醉于享受，完全没有看到来自身边的危机，所以最后走向灭亡。

六 汤因比"挑战—应战理论"对深化和完善"矛盾—发展理论"的启示

辩证对待汤因比的理论，剔除其中的谬误，我们可以发现：汤因比的"挑战—应战理论"与马克思主义社会发展理论有许多相通之处。我们可以吸取汤因比"挑战—应战理论"的合理因素，深化和完善唯物辩证法"矛盾—发展理论"和唯物史观社会发展理论。

（一）挑战—应战的矛盾推动人类社会的发展

唯物辩证法认为：没有矛盾就没有发展，矛盾是事物发展的根本动力，正是矛盾双方既对立又统一推动事物的发展。唯物史观认为：矛盾是事物发展的动力，人类社会就是在生产力与生产关系、经济基础与上层建筑这两对基本矛盾的推动下向前发展的。汤因比的"挑战—应战理论"从另一个角度提出了与唯物辩证法和唯物史观相似的思想：人类社会面临各种挑战，人类为了生存发展就必须应战，挑战—应战的矛盾推动人类社会的发展。挑战与应战的关系其本质上就是一种矛盾关系，挑战是矛，应战是盾，挑战与应战结成对立统一关系。挑战的出现迫使人类积极应战，因此促进了文明的诞生和发展，挑战与应战的不断矛盾运动是文明向前发展的不竭动力。汤因比的研究一再显示，文明的诞生源于挑战的刺激；已经诞生了的文明仍然需要挑战的刺激，否则会陷入停滞之中。

（二）只有解决了的矛盾才能推动事物的发展

汤因比发现，虽然没有挑战或者挑战不足，文明都无法诞生和发展；但是，过犹不及，过度的挑战会扼杀人类应战的能力，从而导致文明无法产生或既有文明的夭折；或者如果应战不当，文明也会衰退或解体。

汤因比的研究成果给我们带来了新鲜的启发：虽然矛盾是事物发展的根本动力，没有矛盾就没有发展，对于人类社会来说，没有挑战和应战的矛盾运动就没有人类社会的发展；但是，如果矛盾没有解决或无法解决，它能够推动事物的发展吗？显然，没有解决的矛盾或者无法解决的矛盾是不能推动事物的发展的。对于人类社会来说，如果应战不当，就意味着没有能够解决挑战—应战之间的矛盾，文明就会陷入停滞甚至衰亡。因此，"矛盾是事物发展的根本动力"这一观点可以完善如下：世界充满矛盾，矛盾是事物发展的动力；就我们人类社会而言，当矛盾产生后，人们应该积极解决矛盾，只有解决了矛盾才能推动事物的发展，推动事物发展就是解决矛盾，当矛盾无法解决时，事物就停滞不前甚至衰退；当一个矛盾解决了之后，事物就向前发展一步，但新的矛盾同时产生，新的矛盾解决之后，事物又向前发展一步……如此反复，以至无穷。在"矛盾产生—矛盾解决"的无限循环过程中，事物不断发展到新的阶段。矛盾无时不在，事物也处于永不停歇的发展之中。

（三）充分发挥人的主体性是文明兴衰的决定性因素

在马克思主义发展史上，人们在理解唯物史观和唯物辩证法"矛盾—发展理论"时，曾经犯过严重错误：在凸显马克思主义理论客体性视野的时候，忽视了马克思主义主体性向度，把马克思主义歪曲为机械决定论。时至今日，仍然存在误解马克思主义的现象。汤因比的"挑战—应战理论"凸显了社会历史发展过程中人的主体性的重大作用，与马克思主义社会历史理论的主体性向度是相通的。

汤因比认为，文明发展的决定论或宿命论是不正确的，一个社会或文明的兴衰发展不是命定的，主要取决于一个社会的自决能力。汤因比指出，一个文明的衰亡不是他人的谋杀而是自杀。其含义是，一个文明的衰亡是由于自身内在自决能力的丧失，无法战胜挑战，从而走向衰亡。

汤因比的理论成果启发我们：作为社会主体的人，不能借口社会历史发展的客观制约性而无所作为，保持一个民族持久兴旺发展的钥匙，其实就掌握在这个民族的人们自己的手中；只有保持忧患意识，不断提高自己的自决能力，勇于并善于迎接挑战，这个民族才能保持持续旺盛的发展势头和永续发展的活力。

延绵不绝的数千年中华文明史证明：虽历经沧桑，但一直自强不息、不断涅槃重生的中华文明，具有强大的迎战挑战的能力和自决能力。这是我们文化自信的底气所在，是中华民族伟大复兴的底气所在。同时，当代中华儿女有责任发扬光大我们民族的应战能力和自决力，以永葆中华文明的生机与活力。

第二节　人类经济增长方式转型升级是严峻挑战逼迫的结果

发展方式转型是人类文明演进的一个重要部分。纵观人类经济发展史可以发现，人类发展方式的选择和转型，都是挑战—应战的结果。

我国著名经济学研究者李义平在《来自市场经济的繁荣》一书中，根据翔实的经济史材料，展示了资源瓶颈逼迫经济增长方式转型升级的历史事实，并揭示了其内在逻辑。[①]

一　资源条件的变化促使发展方式转变

马克思深入研究了人类从粗放生产转向集约生产的过程。这是一个十分典型的案例。

人类最初的生产活动都是选择粗放式的，其原因在于当初人类技术水平十分原始，唯一丰裕的是土地，"那些新近开垦，以前从未耕种过，相对地说比较不肥沃的土地……完全无需使用肥料，甚至只要进行粗放耕作，也能长期获得收成"[②]。马克思发现，在西部大草原

①　参见李义平《来自市场经济的繁荣——论中国经济之发展》，生活·读书·新知三联书店 2007 年版，第七章。

②　《马克思恩格斯全集》第 25 卷，人民出版社 1975 年版，第 756 页。

进行耕作之所以能够获得剩余产品，并不是由于土地肥力高，从而每亩的产量高，而是由于可以进行粗放耕作的土地面积非常大，这种土地对耕作者来说不需要花费什么，或者只花费很少的费用。可以说，在当时的资源约束条件下，人们选择粗放生产方式是很自然的。

但是，后来，对土地的粗放经营逐步转向了集约经营。为什么发生这种转变呢？原因在于土地资源变得越来越稀缺了，这种稀缺迫使人们转变生产经营方式，由粗放经营转向集约经营。当初土地资源富裕，粗放生产也可以获得必要的食物量；但随着耕作时间的推移，地力消耗不断增大，而荒地开垦完毕，导致食物数量不能满足增加的人口，这逼着人们通过投入资本和改进技术，对土地进行精耕细作，资本和技术从而变为土地耕作上的决定因素。可见，正是为了解决经济发展过程中土地资源稀缺的瓶颈，经济增长方式才发生了转变——由粗放的方式转向了集约的方式。

二 西欧与东亚经济增长方式、经济发展水平不同的原因探析

经济史家发现，18世纪以前，西欧与东亚、特别是中国的经济发展方式大致相当，都属于粗放式发展。但是18世纪后，两者的发展方式显著拉开了。个中原因何在呢？原因在于，18世纪以后，西欧在资源禀赋的逼迫下选择了资本和技术密集的经济增长方式，而东亚和中国缺乏这样的资源逼迫，仍然固守过去劳动密集型的经济增长方式。

美国历史学家彭慕兰研究发现，直到1750年前后，东亚和西欧的发展方式都是劳动密集型方式。"欧洲有许多富裕地区已经走上了一条较为劳动密集的道路，直到18世纪后期和19世纪，引人注目的发展才扭转了那条道路。"[①] 那么是什么原因导致欧洲发展方式出现巨大转变呢？彭慕兰认为，由于矿物燃料和新大陆的发现，使得西欧的燃料和土地并不稀缺，反而稀缺的是劳动力。为了应对劳动力不足的挑战，西欧积极开发和采用节约劳动的技术，从而显著提高了劳动

---

① ［美］彭慕兰：《大分流——欧洲、中国及现代世界经济的发展》，史建云译，江苏人民出版社2004年版，第44页。

生产率；而东亚尤其是中国，劳动力资源依然充裕，因而他们没有发明和采用节约劳动、提高劳动生产率的压力，依然遵循几千年的惯例，依靠劳动密集型的生产经营方式，似乎也还生活得不错。"这个独一无二的西欧需要减少昂贵的劳动力的使用，于是历史前进了，最后导致了机器和现代化工厂的出现，以及人均生产力与生活水平的巨大改善，而同时其他社会更感兴趣寻找能够节约土地、资本或某些具体的稀缺资源的创新。所以，欧洲人并不一定更有创造力，但高工资成本促使他们的努力走上了一个真正变革的方向。"①

两种不同的经济增长模式导致后来不同的经济发展水平。西欧资本和技术密集的经济增长模式的基本特点是技术创新，经济增长的技术含量不断提高，他们重视劳动者素质的提高，进而把知识和技术商品化，不断进行技术创新，不断进行产业升级，劳动生产率不断提高，生产力获得了持续发展的动力。反观东亚和中国的劳动密集型经济增长模式，由于劳动力资源充沛，他们不重视人的素质提高和技术进步，经济总量外延扩张，但经济增长的技术含量很低，经济增量的扩大主要靠更多的劳动投入而不是生产力的质的突破，常常是经济总量增加的同时而人均量却徘徊不前甚至下降，劳动生产率长期难以提升，从而人均财富难以增加，社会大众始终处于贫穷状态。

可见，面对劳动力短缺的逼迫或挑战，西欧的应战方式是实现发展方式转型，经济增长从粗放方式转向了集约方式。由于他们选择了资本和技术密集的经济增长方式，促使科学技术和生产力快速发展，并把东方远远甩在后面。

三　现代经济：资源约束逼迫经济增长方式转变

纵观现代世界的经济发展，可以发现，不具有自然资源比较优势的许多国家和地区经济反而快速发展，其原因依然在于资源状况逼迫他们选择了注重技术创新的经济增长方式。

美国研究竞争力问题的著名学者迈克尔·波特在其名著《国家竞

---

① ［美］彭慕兰：《大分流——欧洲、中国及现代世界经济的发展》，史建云译，江苏人民出版社 2004 年版，第 44 页。

争优势》一书中，研究了资源短缺逼迫经济增长方式转型升级的发展规律。许多国家或地区资源要素禀赋处于不利状态，但能够变不利为有利，成为竞争中的佼佼者。如黄沙漫天的以色列，农业和农业相关的技术却十分发达；荷兰常年低温、湿寒，似乎不适合花卉的生产和出口，却造就了荷兰的养花技术的发展；韩国自然资源不丰富，但韩国的制造业十分发达……波特的结论是，不利的资源约束条件，逼迫人们以技术创新解决经济发展中的瓶颈，反而造就了新的优势。结果是，资源具有比较优势的国家和地区经济发展的水平和竞争力反而比不上资源比较优势不利的国家和地区，"一般型、初级生产要素的竞争优势（如本地原料或半技术型工人）通常会被创新流程所取代。生产自动化将使工人无用武之地，而新材料更将取代传统资源的优势。此外，创新通常也有降低成本的效果。它所形成的高级生产要素对降低产品的不良率、提升产品质量方面的价值，更是难以估量"①。结果是，初级生产要素丰富的国家和地区拥有的是低层次的竞争优势，而那些初级生产要素或自然资源匮乏的国家和地区，被迫发展高级的生产要素，形成了高层次的竞争优势，其发展水平和质量也处于世界的领先地位。

可见，现代经济的发展事实进一步证明了一条规律：在自然资源不利的情况下，一个国家或地区，为了解决经济发展过程中的瓶颈制约，不得不选择了技术含量更高的经济增长模式，造就了高竞争力的发达经济。即挑战促进了发展。

当然，在资源短缺的挑战下，发达经济体之所以脱颖而出，还有一个重要原因是他们应战得当，那就是都建立了激励创新的制度：其一是建立了现代产权制度，使得产权清晰化；其二是采取了市场经济制度，充分发挥了市场机制的激励作用；其三是创设知识产权，创建了知识产权保护制度，如专利制度。正是这些制度安排，使得自然资源匮乏的国家和地区成功应对了挑战，促进了自己的大发展。如果仅仅有了挑战而应战不当，也不可能化劣势为优势。

----

① ［美］迈克尔·波特：《国家竞争优势》，李明轩等译，华夏出版社 2003 年版，第77 页。

四　中国停滞不前的原因

历史上中国长期领先，但近代以后中国落伍了，经济发展跌入低水平陷阱，原因在哪里呢？就在于优越的初级生产要素和资源，导致中国没有升级经济增长方式的压力和动力。

中国历史上的生产方式一直是以农业和手工业相结合为主要特点的，产量增加依靠的是不断投入不付报酬的家庭劳动，正如黄宗智指出"这种收入帮助家庭满足了或多或少固定的消费需求，但付出了极大的代价：低利润和接近于零的绝对工资结合在一起，使投资于节约劳动的机器失去了意义，把人们拴死在低效率的工作上，只给非维持生计必需的产品留下一个小市场。在这种情况下，农村工业能够发展，但劳动生产率不能提高。因此，这是小农生产和生存的商品化，而不是萌芽中的资本主义企业"[1]。由于劳动力过于廉价和充沛，经济增长方式缺乏转换的动力，中国和印度等国家，"都在不同程度上被迫采用日益劳动密集的方法对付生态压力，并在不同程度上发现这些调整使以后实现资本密集与能源密集的工业化更加困难"[2]。这说明，"过于廉价的劳动力，不管是由于人口过多还是有意压低工资，不可能产生使用高效率的机器的任何冲动，不仅阻碍了用机器代替工人的经济增长模式的转换，也阻碍了中国市场经济的诞生，固化了既有的生产方式"[3]。

第三节　积极利用挑战促进当代中国
发展方式转型[4]

本书导论部分详细论述了我国发展面临的严峻挑战，这种挑战的

---

① ［美］彭慕兰：《大分流——欧洲、中国及现代世界经济的发展》，史建云译，江苏人民出版社 2004 年版，第 85—86 页。

② ［美］彭慕兰：《大分流——欧洲、中国及现代世界经济的发展》，史建云译，江苏人民出版社 2004 年版，第 265 页。

③ 李义平：《来自市场经济的繁荣——论中国经济之发展》，生活·读书·新知三联书店 2007 年版，第 128 页。

④ 本部分参见詹宏伟《论发展方式转型规律——一种哲学的分析》，《广西社会科学》2015 年第 1 期。

实质是传统发展方式的弊病日益凸显，如果不转变发展方式，不从传统发展方式转向科学发展方式①，我们就难以适应和引领新常态，发展就难以持续下去，就有可能陷入"中等收入陷阱"。面对严峻的挑战，我们何去何从？

在严峻的挑战面前，我们不仅不应该惊慌失措和悲观失望，而应该把挑战视为转机和机遇。矛盾是任何人类事物发展的根本动力，没有矛盾的挑战就没有发展的动力，事物就会停滞、僵化和衰败；一个国家的发展也是如此，严峻的挑战是发展方式转型的强大动力。运用唯物辩证法"矛盾—发展理论"和汤因比的"挑战—应战理论"来分析我国发展方式转型，可以得到以下富有启发性的观点：

第一，发展方式转型的过程就是经济社会发展转型升级、再上新台阶、更上一层楼的过程，这是一种"挑战—应战"过程，是旧的、增长主义发展方式遭到严峻挑战而转向新的科学发展方式的过程。

第二，遭遇严峻挑战是传统发展方式转向新的科学发展方式的契机。可以清楚地看到，与传统发展方式相对应的利益格局和思想观念相对固化，容易形成所谓的路径依赖，如果不遭遇问题和危机的冲击与挑战，传统发展方式是不可能自动转变的。中国发展方式转型面临这样一个悖论：当经济形势好、增长快的时候，缺乏直接的压力，各方面往往没有改革和转变发展方式的紧迫感；当经济环境恶化、增长乏力的时候，增长优先的思想往往会抬头，甚至因为增长而牺牲转型。这样，发展方式的转型就会一再被拖延。因此必须突破这一悖论，要利用严峻形势的挑战，通过倒逼机制，促使和逼迫经济主体和各方面主动地、积极地去应战。在严峻的经济形势下，只有主动应战，我国的发展方式才能实现根本质变，我国经济社会发展才能达到一个新境界。

第三，只有适度的挑战才有利于促进发展方式转型。汤因比的研究表明，如果一种文明没有遭遇挑战或者挑战过弱，则不能刺激人们积极地应战，这种文明就无法克服自身的惰性和惯性，无法获得发展

---

① 具体来说就是从粗放型发展转向集约型发展、从外延式发展转向内涵式发展、从要素投入型发展转向创新驱动型发展，等等。

和自我更新；如果一种文明遭遇的挑战过大，超出了自身的承受能力，应战就会失败，人们会被压垮，文明就会衰落和崩溃。发展方式转型也是一样，如前所述，如果没有足够的挑战，传统发展方式不可能转变；但是，如果遭受的挑战过大，转型也无法完成。因此，中国经济转型不能采取"休克疗法"的过激方式，不应希望一下子实现质变，而应循序渐进，使改革和转型的力度与企业和社会的承受能力保持大体一致，使社会和大多数企业既感受到相当的压力，又能通过努力化解压力，这样才能逐步完成转型。

第四，面临严峻的挑战，关键是提高我们的自决能力或应战的能力。汤因比的研究发现，一个文明走向衰落在于内因，这个内因就是自决的失败。发展方式转型要避免失败，就必须提高应对挑战的能力，即提高中国社会的自决能力。具体包括：保持和发扬执政党的优良传统，不断提高执政党的执政能力和凝聚力、感召力；完善社会主义市场经济体制，真正使市场在资源配置中起决定性作用，并切实发挥政府的必要作用；加强和普及教育，提高全民素质，尤其是提高企业和全社会的创新能力，大力促进理论创新、制度创新和科技创新……如此，就可以提高中华民族应对发展问题上严峻挑战的能力，这是战胜我国发展转型过程中面临的各种困难的治本之策。

第五，应战的道路是漫长的、曲折的，但是前途又是光明的，我们必须以高度的热情和顽强的意志来对待中国发展转型的巨大挑战。唯物辩证法认为：事物是曲折与前进的统一，这是事物发展的趋势。新事物代替旧事物是发展的本质。而新事物必将取代旧事物，所以发展的道路是光明的。但在发展过程中，由于旧事物很强大，新事物还很弱小，所以一定会受到挫折，这又说明发展是曲折的。因为发展转型面临的挑战是历史上长期形成的，克服这些挑战也不可能毕其功于一役。这场"战役"需要我们持续的共同努力，才能取得胜利。我们可以想象，当成功应对了各种发展挑战之后，中国的经济社会必将发生翻天覆地的变化，中国人民的生活水平也会得到显著的提升。

第七章 发展方式转型的"摸着石头过河"与"顶层设计"

发展方式转型是一种超越个体行为的社会实践，它的展开和进行同其他社会实践活动一样，也存在着"摸着石头过河"和"顶层设计"两种实践模式。本章首先研究了转型实践的两种模式——"摸着石头过河"和"顶层设计"，它们之间形成对立统一的关系；然后提出，只有将这两种实践模式有机结合起来，形成二者的良性互动关系，才能形成更加科学合理的转型实践模式，才有利于发展方式转型的实现。

第一节 转型实践的两种模式

根据行为前行为者拥有信息和知识的差别，可以把人类的行为或实践分为两类：一是在相关信息和知识不充分的条件下，实践者不是消极等待，而是采取"摸着石头过河"的方式进行摸索实践；二是在相关信息和知识比较充分的条件下，实践者充分利用既有信息和知识，谋定而后动，即首先进行理性设计，然后在理性设计指导下进行实践。理性设计的最高层次就是所谓的"顶层设计"。只有将"摸着石头过河"与理性设计（"顶层设计"）有机结合起来，实现二者的良性互动，才能使转型实践趋向合理化与科学化，从而取得更好的转型效果。

一 "摸着石头过河"的转型实践模式
（一）"摸着石头过河"的始源含义
"摸着石头过河"原是一句浅显易懂的民间俗语，意思是说人们需要过一条不熟悉的河流，有关这条河的信息十分稀缺：哪个地方水深、哪个地方水浅、水下是否有障碍物和危险物等信息，人们知之甚少，甚至一无所知。在此情形下，人们并不是停止过河行为，而是以身试水，摸索着河里的石头，一步一步试探着前进，发现危险，及时调整步伐和方向，并不断总结经验，不断获取该河流的信息，不断丰富对河流的认识，并最终安全渡过该河流。

（二）"摸着石头过河"的引申含义

"摸着石头过河"后来被引申为社会实践活动在无经验可借鉴的条件下，不得不摸索前进的一种实践模式，即在实践经验不足的情况下，大胆试验、积极探索、摸索规律、稳步前进。① 民间歇后语"摸着石头过河——稳稳当当"说的就是这个意思。② "摸着石头过河"也常用来比喻办事谨慎，边干边摸索经验，在干中学，类似于"试错法"，是一种积极进取的工作方法和实践模式，能减少信息不充分带来的不确定性，有效分散和化解风险。其中，"摸石头"比喻人们探索陌生事物的过程，"过河"比喻人们通过实践实现自己的目的。

例如，中国的改革开放是前无古人的伟大事业，在其启动和开展之初，我们没有现成的经验可以模仿，没有现成的道路可走：如何改革开放，其中潜藏哪些风险等，我们一无所知或知之甚少。怎么办？难道消极等待吗？邓小平等领导人提出"摸着石头过河"的思想，引导中国改革开放大胆开展，并逐步总结经验教训，不断深化对改革开放的认识，不断取得改革开放阶段性成果。回顾我国30多年的改革开放历程，改革开放"摸着石头过河"行为模式十分鲜明，改革一般不是顶层设计预先安排好的，而是不断总结基层实践经验并逐步推广。我国农村的包产到户、发展乡镇企业、发展非公有制经济、股份制改革等，都经历了从上级否定、放任、默许，到各地纷纷仿效，形成自下而上、从局部到全局的制度创新过程，最后获得成功。

中国的发展方式转型也是如此，我们发展转型与其他国家尤其是

① 韩振峰：《"摸着石头过河"改革方法的来龙去脉》，《领导文萃》2014年10月（下），第79页。

② 葛国耀、刘家俊：《改革攻坚："摸着石头过河"的现实困境及其出路研究》，《中国特色社会主义研究》2012年第5期，第69页。

发达国家的历史上和现实中的发展转型，具有不同的约束条件和内涵，无法照搬他们的经验和模式，只有直面自己的实际和困难，通过"摸着石头过河"的方式向前推进。

总之，由浅入深，由本意到引申意，"摸着石头过河"的含义可以做如下概括：

第一，把"石头"当作不同行动阶段的基本的立足点。一般而言，我们在岸边只能看见流动的水而不能看见水底下的危险，因此，要想安全到达河的彼岸，不得不小心翼翼地摸着石头并以之为立足点，谨慎地、一步一步地前进，这样才能成功到达彼岸。如果在我们不知道河流深浅的情况下，不以一块块的石头为立足点，莽撞前行，便会有被淹死的危险，从而不能实现"过河"的目标。

第二，把"摸"当作基本的工作或行动方法。在我们不知道石头具体位置的情况下，只有摸着石头前行才有可能抵达成功的彼岸。当然，"摸石头"不是乱摸一通，即不是盲目的，我们必须朝着河的对岸的方向，慢慢摸着石头前进，把前一只脚踏实之后再移动后一只脚，这样不断重复，稳步前行，才能接近成功的目标。

第三，"摸石头"的目标是"过河"。"摸着石头过河"是一种实践策略，只有确定了"过河"这一明确的目标，我们才有了"摸石头"的必要性，并在实践的道路上避免颠覆性挫折，减少弯路和代价。

第四，从哲学角度看，"摸着石头过河"是经验论的通俗表达，主张从实践到认识的思想路线，是一种"走一步，看一步"的渐进主义。[1] 它具有自下而上，试验推广，循序渐进和分步推进的特点。"摸着石头过河"的实质是摸规律，从实践中出真知、出思路、出创新、出举措。[2]

（三）"摸着石头过河"的哲学依据

"摸着石头过河"的哲学依据是马克思主义认识论。马克思主义实践与认识辩证关系的原理告诉我们，实践是认识的基础，实践对认

---

[1]　李聪：《"顶层设计"与"摸着石头过河"关系的哲学思考》，《理论界》2014年第1期，第100页。

[2]　孙德敏：《加强顶层设计和摸着石头过河相结合刍议》，《理论学习与探索》2014年第3期，第81页。

识起决定作用,实践出真知。马克思主义认识论强调人的认识是一个在实践基础上不断深化的能动的辩证发展过程。在认识过程中,人对世界的认识不是一次完成的,而是一个在实践的基础上多次反复、无限深化的过程。首先,实践是认识的来源。认识是在实践的过程中产生的。人们大脑本没有对于事物的认识,坐着不动或仅仅进行直观,是无法认识事物的,没有"摸"的行动或实践就没有认识。其次,实践是认识发展的动力。认识产生于实践的需要,没有"过河"的客观和主观需要,就不会去通过"摸石头"认识河流。再次,实践是检验认识的唯一标准。通过实践,人们把指导自己实践的认识和实践所产生的结果加以对照,从而检验认识是否正确地反映了客观事物的本质和规律。"摸石头"到底"摸"得对不对,要看"过河"的成效。复次,实践是认识的目的和归宿。认识从实践中来,最终还要回到实践中去指导实践。认识本身不是目的,改造世界才是认识的目的和归宿。"摸石头"不仅仅是为认识陌生的河流,其根本目的是过河,实现人的目的。最后,一个轮回的"实践—认识—再实践",往往没有获得对事物更深层本质的认识,需要再一次甚至几次的"实践—认识—再实践"的循环,才能把握事物的更深层本质。人们在反复"摸石头"的过程中不断深化对"河流"的认识,每新摸到一块"石头"都是对河流认识的一次深入和丰富,多次累加就形成了对河流的整体认识和深层认识。

二 "顶层设计"的实践模式

(一)"顶层设计"含义

"顶层设计"最初是一个工程学概念,其定义是:从最高端向最低端、从一般到特殊展开、系统推进的设计方法,它将复杂的程序设计分解为功能描述、反思推进和重新调整,为工程设计提供了一个有效的方法。后来,顶层设计被广泛运用于不同的领域,其具体含义因对象的不同而不同。一个有代表性的解释是:"顶层设计"方法实质上是将系统理念贯穿于复杂的实践之中,在实践方案的顶层设计中,不仅仅是对某一个子系统或某一个层次的子系统做出规划,而且每个子系统或每个层级的子系统都需要向更细化层面延伸与提炼,直到阐明系统的基本要素和总体关系。①

可见，"顶层设计"实践模式就是自上而下、由高端至低端层层系统推进的实践方法或实践模式；就是用系统论的方法，以全局视角，对各要素和子系统进行系统配置和组合，制定实施路径和策略，形成完整的实践方案。"顶层设计"作为政治概念，最早出现在党的十七届五中全会公布的《中共中央关于制定国民经济和社会发展第十二个五年规划的建议》中，强调要"更加重视改革顶层设计和总体规划"对于进一步深化改革和加快转型具有重要的方法论意义。②

（二）"顶层设计"的哲学依据

"顶层设计"的哲学依据是马克思主义认识论实践与认识辩证关系原理中关于认识对实践具有能动的反作用的思想。斯大林的一段话很有道理："离开革命实践的理论是空洞的理论，而不以革命理论为指南的实践是盲目的实践。"③ 认识一旦形成，就会反作用于实践，对实践发挥指导作用，具体表现在三个方面：第一，实践目标的确立，需要认识的指导；第二，对实践手段、方法、道路、步骤的取舍，需要认识的指导；第三，对实践结果的评价，需要认识的指导。正确的认识能够指导实践取得成功，错误的认识会把人们的实践活动引向歧途，科学理论对实践具有指导作用，可以帮助人们少犯错误、少走弯路。

清朝陈澹然在其《寤言二·迁都建藩议》中有一句传世名句："不谋万世者，不足谋一时；不谋全局者，不足谋一域。"很好地体现了"顶层设计"的思维方式和实践模式的含义和特点。

总之，"顶层设计"就是在已经获得的较为全面和深刻的认识的指导下，制订可行的、系统的实践方案，指导和推动实践的深入发展，以期取得理想实践效果的一种实践模式。

---

① 纪大海：《顶层设计与教育科学发展》，《中国教育学刊》2009 年第 9 期。

② 刘金祥：《注重顶层设计与摸着石头过河的有机统一》，《黑龙江日报》2013 年 11 月 19 日。

③ 《斯大林选集》上卷，人民出版社 1979 年版，第 199—200 页。

三　两种实践各自的优缺点分析

两种实践模式各自的优缺点都是十分明显的，下面对其进行具体深入的分析。

（一）"摸着石头过河"的优缺点分析

1．"摸着石头过河"的优势：

（1）一种问题导向式的实践方法

"摸着石头过河"可看成是一种问题导向式的实践方法。没有现成的和完备的理论，而是根据解决眼前实际问题的需要展开探索，在探索或"摸石头"的实践中不断积累经验，寻找化解问题的方法。探索实践不是少数人的事情，需要发动群众进行摸索，并通过民主的方法集思广益，凝聚共识，逐步形成完备的解决问题的方案。[①]

（2）"试错"的行为方式

以我国的改革为例。改革的"摸着石头过河"源于改革目标和实施方法的不明确性。[②] 在这种情况下我们不能消极等待，而是积极探索和大胆尝试，不断总结成功的经验、检讨失败的教训，对的就坚持，错的迅速纠正，不足的加把劲，然后继续进行下一步的"摸石头"或尝试。这种试错法的模式使得"摸着石头过河"同时具有实践探索性、审慎性和渐进性的特性。实践探索性可以使"摸着石头过河"不脱离实际，并逐步取得成效。审慎性能够让"摸着石头过河"及时、稳健高效地展开，避免犯颠覆性错误。渐进性则有利于不断积累经验，并逐步取得进展，促进理论的完善和发展；而且对于改革来说，渐进主义策略的最大优点在于，与休克式疗法带来的系统瘫痪和结构解体不同，它通过渐进调试，逐步推进，避免了制度急剧变革或制度真空带来的社会震荡，既降低了改革成本，又有利于实现新旧制度之间的有效衔接。在改革方式上，采取先试验后推广的做法，通过试错法减少信息不充分带来的不确定性，对改革的代价采取"分期付

---

① 仇保兴：《如何使"顶层设计"获得成功?》，新华网，2015 年 4 月 24 日。
② 王曦、舒元：《"摸着石头过河"：理论反思》，《世界经济》2011 年第 11 期。

款"的方式来分散风险。①

2. "摸着石头过河"缺陷：

（1）盲目性

"摸着石头过河"的行为是指，在没有前人经验、他人范例作为参考，在缺乏足够的知识和信息的条件下进行的，人们只能在实践中摸索前进，行动目标和实施方法不明确，这必然导致不确定因素的增加，从而使得人们的行动往往具有很大的盲目性，失败的风险很大。

（2）经验局限性

"摸着石头过河"是一种试验，它依靠探索试验积累经验，但有限的试验范围和对象得到的经验往往比较具体和特殊，只适合非常有限的时空范围。因此要推动实践的发展，就需要把具有狭隘性的经验上升到普遍性的理论，以便对实践提供普遍的指导。

（3）碎片化

"摸着石头过河"行为模式一旦固化为一种习惯，很容易导致人们眼光和行为的狭隘化，使人们习惯于眼前、短期和具体问题的解决，而全局问题自觉或不自觉地淡出人们的视野，导致行为的碎片化——各种行动之间缺乏系统性和协调性、各种具体行动措施之间往往相互掣肘和冲突、常常只顾眼前利益和局部利益、不顾长远利益和整体利益，结果是实践效果不尽人意。

例如，由于习惯于"摸着石头过河"的改革和发展转型，我国某些改革和转型措施缺乏长期、中期和短期策略之间、整体和局部策略之间的整合，导致不同部门之间职能不一致、组织不协调、无法彼此适应，造成改革的"碎片化"。这种情形在公共决策领域问题较为严重，公共领域改革存在着严重的碎片化现象，一些重大政策前后不统一，各个地区各个群体间的不一致，一些政策甚至被部门利益和团体利益绑架，导致改革政策的相互冲突的情况时常发生。例如，在中国不同地方退休金高低相差几十倍，这是公共政策碎片化的典型反映，这一缺陷严重阻碍我国发展由非均衡的发展模式转向公平和包容的发

---

① 杨秀萍：《中国模式：基于全球化视野的思考》，经济管理出版社 2012 年版，第 101—102 页。

展模式。再比如，我国生态文明建设措施与官员政绩考核制度之间、经济发展去房地产化与土地财政之间往往是相互冲突的，相互之间没有很好协调起来，导致生态文明建设的许多措施很难落实甚至无法执行而被束之高阁，导致房地产发展长期没有能够走上健康的轨道。

　　针对"摸着石头过河"所带来的改革和转型"碎片化"问题，在党的十八大之后，党中央提出"要深入研究全面深化体制改革的顶层设计和总体规划，明确提出改革总体方案、路线图、时间表"。

　　（4）不彻底性

　　仍然以我国改革和发展转型为例。对于中国改革和转型，"摸着石头过河"的渐进方式具有阶段性和层次性的特征，因此每一步改革往往都不彻底，往往对不合理现象作一定的妥协，常常会保留一部分旧体制，保存某些旧的利益关系和利益格局。而这些能够得以保留的利益关系及群体，往往又是原先体制中具有优势与重要地位的关系或群体。旧利益群体是旧体制的获益者，他们可能阻碍改革的深化，使得改革和转型无法渡过深水区。而且，新旧体制并存的情况下，一些人有可能利用制度、体制的裂缝和混乱的不足损害公共利益，牟取不当私利，导致改革和转型受阻，或使得改革和转型走样。①

　　（二）"顶层设计"优缺点分析

　　1．"顶层设计"的优势：

　　因为"顶层设计"是用系统方法，以全局视角，对各要素进行系统配置和组合，制定实施路径和策略，所以具有三个方面的特点和优点。

　　（1）顶层决定性。"顶层设计"是自高端向低端展开的设计方法和实践方式，核心理念与目标都源自顶层，因此顶层决定底层，高端决定低端，这就使"顶层设计"具有明确的指向，可以对实践的走向和脉络进行有效的宏观指导，对实践的方向、措施、目标及完成时限有较为明确的认识和要求，可以在一定程度上避免走弯路、付出不必要的代价。

　　（2）整体关联性。"顶层设计"强调设计对象内部要素之间围绕

---

① 李海青：《当代中国改革路向》，中共中央党校出版社2012年版，第39页。

核心理念和顶层目标之间形成关联、匹配与有机衔接。"顶层设计"可以协调实践的各个方面、各个环节，运用合力使实践效果达到最优，减少实践的碎片化。当然不管是"摸着石头过河"，还是"顶层设计"，都希望将实践的失误降到最低限度。但是从机制上看，加强"顶层设计"更有利于处理长期利益和短期利益、整体利益和局部利益的关系，避免各种实践措施的相互冲突和相互抵消，避免或减少因实践失误所带来的损失。也可以通过加强实践中各项措施的整体性，进而增强实践的效果，提高实践的效率。

（3）实际可操作性。顶层设计的基本要求表述简洁明确，具备很强的可操作性，这是"顶层设计"必须具备的一个特点，也是其优点。

2. "顶层设计"的缺陷：

"顶层设计"的设计对象往往是一个极其复杂的巨大系统，例如当今中国的改革和转型实践无异于一场巨大而深刻的革命，改革和转型实践措施的宽广性、深刻性和复杂性往往超出人们的意料，对其进行顶层设计，不仅与城镇化、工业化、全球化、信息化、老龄化和市场化等相关，还与地域文化、土地制度、百姓消费与投资心理、各级政府行为、税收信贷制度、国际政治经济形势等紧密联系，由于信息不足和认识能力的局限性，顶层设计往往存在疏漏。

（1）容易脱离实际和群众的需要。"顶层设计"的制定者常常习惯于"唯上"，揣摩领导意图来起草方案，使此类设计在未实施前就已经有了强烈的目标导向和价值观偏向，要么容易发生"赶英超美"大跃进式的失败，要么由于脱离实际而误入歧途。尤其是数千年封建社会遗留的"为民做主"的传统思维方式，顶层设计者很容易轻视群众，忽视基层群众的诉求和经验。急功近利的心态作祟，使得"顶层设计"很容易犯下脱离实际、强行推进的错误。[①] 例如，某地投巨资，计划在短时间内培养出中国的乔布斯和乔布斯式的企业，这种计划和设计，出于一种主观的良好愿望，但脱离实际情况和忽视客观条件的制约性，不可能取得理想效果。

---

① 仇保兴：《如何使"顶层设计"获得成功？》，新华网，2015 年 4 月 24 日。

（2）"政府之手"过度干预

在我国改革和发展实践中，由部门主导编制的"顶层设计"是一种"自上而下"的实践方案制订模式，某种程度上隐含着计划经济的思维方式，极容易混淆市场与政府的界限，如果设计方案中的重大政策变项又未经过基层较长时间的有效的试点验证，在推行后常常会产生事与愿违的结果。合理的顶层设计应注意防止"政府之手"过度干扰市场和百姓自主的生产与生活方式。① 我国政府近年来一直强力倡导和促进"大众创业、万众创新"，就是意识到主要依靠政府的"顶层设计"和"政府之手"的效果不佳，转型、改革和发展的根基还是在社会、在民间、在千千万万的普通百姓，他们的实践摸索是创新驱动发展的源泉。

（3）专家的局限性

有不少"顶层设计"方案是委托于"学院派"专家编制完成的，负责编制的学者易受某一学术流派的影响，或先入为主脱离基层实际和历史背景，或盲目套用西方国家的治理模式。正如美国经济学家索维尔（Thomas Sowell）指出的："学院派知识分子可能给世界带来灾难是基于他们的'圣化构想'（the vision of the anointed），这是与强调经验和审慎的实践派学者的'悲观构想'相对立的，它是一种偏激的乌托邦图景，常常自以为能提供完美的出路和解决方案。"而且，有人认为，"学院派"专家不属于任何利益集团，能站在公正的立场进行改革和转型设计。但事实早已证明，市场从来就不是真空的，某些受雇于利益集团的专家在撰写设计报告时，可能会比注重自身声望和独立地位的机构更要罔顾事实。②

（4）利益集团的干扰

强势利益集团在话语权上占据优势，他们善于利用这一优势操控舆论，使得政府制定的政策向自己的利益倾斜。此类顶层设计往往未经任何有效的试点验证，甚至钻了某些决策程序的空子。一旦那些包含利益集团利益的顶层设计草率付诸实施，其结果往往是除了浪费财

---

① 仇保兴：《如何使"顶层设计"获得成功?》，新华网，2015 年 4 月 24 日。
② 仇保兴：《如何使"顶层设计"获得成功?》，新华网，2015 年 4 月 24 日。

力物力之外，并不能真正解决问题，反倒恶化社会公平，损害社会和谐和转型发展。这里的难题是，人们难以区别哪些是代表少数人的利益集团，哪些是诺贝尔经济学奖获得者斯蒂格里茨所说的"被捕获"的智囊团队。从经济史的角度看，那些容易接触到最高掌权者的利益集团往往拥有更大的政策影响力，一旦涉足垄断性领域就容易导致相关政策法规的扭曲。①

（5）因"过度瘦身"而失效

某些原本基于解决基层实际问题、充分吸收基层成功经验的顶层设计，其初衷和改革方案可能都是好的，但由于涉及原有利益格局的调整，各部门在审查会签的过程中讨价还价，能解决问题的部分内容逐渐消失了，最终使顶层设计蜕变为一个不能解决任何实际问题的妥协方案。改革方案还可能因触及部分人的既得利益而受到抵制、无法实施。其中尤其需要警惕的是，基层弱势群体因改革受损的利益常常未得到合理补偿，由于他们的反弹，转型政策措施往往无法落地生根。②

第二节　合理的转型路径："摸着石头过河"与"顶层设计"有机结合

通过上述分析可见，"摸着石头过河"与"顶层设计"这两种实践模式各有千秋，各有自己的优缺点。"摸着石头过河"这种问题导向式和经验导向式的实践模式虽然"接地气"，但易就事论事、易犯"一叶障目"式错误，实践背景条件的变化常会导致经验的失效。"顶层设计"作为一种理论导向式的实践模式，虽然逻辑严明、体系完整，但也可能会因为脱离实际、被强势利益集团操控等问题造成缺乏操作性和社会认同，从而导致实践效果不佳，甚至目标落空。因此，将"摸着石头过河"与"顶层设计"有机结合起来，是明智的选择。正如习近平总书记在深入推进改革开放会议上所指出的那样：

---

① 仇保兴：《如何使"顶层设计"获得成功？》，新华网，2015 年 4 月 24 日。
② 仇保兴：《如何使"顶层设计"获得成功？》，新华网，2015 年 4 月 24 日。

"摸着石头过河，是富有中国特色、符合中国国情的改革方法。摸着石头过河就是摸规律，从实践中获得真知。摸着石头过河和加强顶层设计是辩证统一的，推进局部的阶段性改革开放要在加强顶层设计的前提下进行，加强顶层设计要在推进局部的阶段性改革开放的基础上来谋划。"①

简言之，"顶层设计"是针对宏观层面政府而言的，而"摸着石头过河"则更多地体现在微观实践层面上，宏观方面力求稳健即"步子要稳"，微观层面鼓励多样化的自主探索与创新，前者为后者提供保障，后者为前者提供经验和宏观制度变迁的路径参考。两者的辩证统一，改革和转型才能奏出美妙的乐章。

下面我们从哲学层面进一步深入思考"摸着石头过河"与"顶层设计"有机结合的根据和内在逻辑，以加深对"摸着石头过河"与"顶层设计"有机结合的转型模式的理解，并对我国今后的改革和发展转型思路提出原则建议。

笔者在《论发展方式转型规律》一文中有一段精彩的论述②：人类文明是人创造的，人类通过理性建构和实践摸索的结合进行这种创造。在理性没有规划或没有完善的规划的情形下，人们会自发地进行实践摸索，但生活实践尤其是较大的社会工程和社会运动，不能总是停留于摸索的状态，而要争取做到在合理的理性规划下行动。马克思说："最蹩脚的建筑师从一开始就比最灵巧的蜜蜂高明的地方，是他在用蜂蜡建筑蜂房以前，已经在自己的头脑中把它建成了。"③ 这是人类高于动物的地方，是人类主体能动性的重要体现。这说明理性建构主义有其合理性因素。然而，理性主义却夸大了理性的能力，形成理性至上的信条，以为只要把理性的演绎和逻辑建构加于现实生活，就会使现实生活按照理性的规划运行。相反地，哈耶克从理性的局限性出发，否定理性在推进人类社会发展过程中的主动建构功能，认为

---

① 习近平：《摸着石头过河是符合中国国情的改革方法》，中国新闻网，2013 年 1 月 1日。

② 詹宏伟：《论发展方式转型规律——一种哲学的分析》，《广西社会科学》2015 年第 1 期。

③ 《资本论》第 1 卷，人民出版社 2004 年版，第 207—208 页。

社会发展就是一种自生自发的过程。这是两个极端的错误。人有理性的思维和建构能力，人的行为一般是在理性的规划下展开的，但理性有其局限性，理性的规划可能不符合实际生活的规律，并误导生活实践。因此，理性要随时反躬自问：理性规划是否适当，是否误导生活实践，等等。这样才能保证人们的实践摸索得到合理的理性规划的引导。发展方式转型也需要坚持"摸着石头过河"与"顶层设计"有机结合的原则。发展方式转型不是一开始就预定好一切方案了，也不是一切问题和细节都认识清楚了，而是需要各地和各经济主体继续在实践中进行摸索，要鼓励和尊重这种摸索；但摸索到了一定程度，积累了一定的经验，把握到了本质和规律，就应及时"锁定"探索成果，适时推出转变发展方式的"顶层设计"，明确转型的方向和步骤，用以指导和推动转型实践，突破转型的僵持和徘徊状态，不断推动发展方式转型取得全局性的、实质性的成果。

"摸着石头过河"与"顶层设计"这两种转型实践模式有明显的差别，甚至是相反的，它们之间的对立性是明显的。但如果将它们僵硬地对立起来，或者简单地用一方否定和取代另一方，都无助于我们优化转型的实践模式。其实，相反相成、对立统一，"摸着石头过河"和"顶层设计"是辩证统一的。通过"顶层设计"，能够增强转型实践的系统性、整体性和协同性，为"摸着石头过河"提供更多的科学依据，尽量减少"摸着石头过河"的盲目性；而"摸着石头过河"是做好"顶层设计"的实践基础，没有在实践中的艰苦摸索和经验总结，"顶层设计"很可能会走弯路甚至步入歧途，很有可能沦为空想。

马克思主义认识论主张理论与实践的互动和有机结合，"摸着石头过河"与"顶层设计"的有机结合体现的就是理论与实践的有机结合。毛泽东在《实践论》中指出的："通过实践而发现真理，又通过实践而证实真理和发展真理。从感性认识而能动地发展到理性认识，又从理性认识而能动地指导革命实践，改造主观世界和客观世界。实践、认识、再实践、再认识，这种形式，循环往复以至无穷，而实践和认识之每一循环的内容，都比较地进到了高一级的程度。这就是辩证唯物论的全部认识论,这就是辩证唯物论的知行统一观。"①
"摸着石头过河"与"顶层设计"也形成这样一种循环:相互支持、相互促进、有机统一、不断上升到新的层次和境界。这种实践模式是效果最佳的。中国的改革和发展实践充分证明了这一点。正如著名学者胡鞍钢指出的那样:摸着石头过河与顶层设计不是互相排斥的关系,而是相互结合的。我国在实际改革中将国家指导与地方创新有机结合起来。将顶层设计与"摸着石头过河"的试错法有机结合起来,这是中国改革的一个突出特点。②

我国今后的改革和发展转型,仍然要坚持"摸着石头过河"与"顶层设计"相结合的实践模式。一方面,自改革开放以来,我们在实践中不断开拓与创新,总结形成了大量宝贵的实践经验,为"顶层设计"打下了坚实的基础;另一方面,我国改革、发展和转型任务仍然异常复杂和艰巨,未知的领域和风险仍然大量存在,仍然需要"摸着石头过河",仍然需要不断地摸索前进,如果否定了"摸着石头过河"的意义,不注重实践经验的概括总结,那么"顶层设计"便会脱离实际、脱离国情、脱离群众,从而导致实践的失败;"摸着石头过河"是面向未知领域的一种积极的实践,是对规律的探索,只要我们没有穷尽未知领域,就必须坚持这种实践模式。同时,"顶层设计"是在一定成熟的理论的指导下进行的实践模式,是理论指导实践的体现,它可以使得我们的实践更具规律性和自觉性,增强实践的预见性和实效性。因此,我们在"摸着石头过河"的同时也要高度重视"顶层设计";在"摸着石头过河"的同时,要注意积极总结经验,努力上升到理论高度,并用之指导下一步的"摸着石头过河"的实践。长期没有"顶层设计"引导和规范的"摸着石头过河",会迷失方向;没有"摸着石头过河"支持的"顶层设计",可能沦为空中楼阁。正确的做法是要把二者有机结合起来,形成相互配合、相互促进的关系。

联系目前阶段的改革和发展转型实际,我国要进一步加强改革和

① 《毛泽东选集》第1卷,人民教育出版社1991年版,第296—297页。
② 胡鞍钢:《顶层设计与"摸着石头过河"》,《人民论坛》2012年9月。

发展方式转型的顶层设计，这是破解目前发展方式转型困局的迫切需要。经历了改革和发展转型早期阶段的"摸着石头过河"，尤其是"九五"计划、"十五"计划、"十一五"计划和"十二五"计划以来的探索和推进，我国的改革和发展转型实践积累了丰富的经验教训，我们现在对发展方式转型的本质、意义和规律的认识要比15—20年前深刻得多、丰富得多，这些认识都是付出了宝贵学费的，应该倍加珍惜，进行深入的总结和提炼，上升到理性认识的高度，并用于指导今后发展方式转型顶层设计方案的制订。

"摸着石头过河"是富有中国智慧的改革和发展模式，加强"顶层设计"是提高改革和发展转型决策科学性的必然要求，"摸着石头过河"与"顶层设计"的有机结合，是我国全面深化改革和推动发展转型的有效模式。改革和发展转型对于我国而言是一场深刻而广泛的革命，它涉及各方面体制机制的完善、涉及重大利益关系的调整。中国的改革和发展转型已经进入了深水区，在越来越深的水中前行必然会遇到更多的阻力和不确定性。这就要求我们的改革和发展转型采取更加科学合理的实践模式，把"摸着石头过河"与"顶层设计"真正有机结合起来：一方面，认真总结转型实践的经验教训，把握规律性，形成改革发展的统筹谋划和总体布局，明确改革和发展转型的战略目标、战略重点、主攻方向、推进方式，增强改革和转型方案的科学性；另一方面，仍然要在实践中不断"摸着石头过河"，不断发现新问题，不断总结新经验，不断深化认识，不断对"实践—认识—再实践—再认识"的方法进行循环，不断完善和丰富、升级既有的"顶层设计"。这样，就一定可以不断地把改革和发展转型推向前进，把中国经济社会发展提升到一个全新的境界。

第八章　新矛盾观视野中的
发展方式转型*

在唯物辩证法看来，发展是新事物对旧事物的否定，是矛盾的解决，即新矛盾体对旧矛盾体的替代。这种否定和替代是矛盾体内部既对立又同一的两个方面相互作用引起和推动的。对于矛盾的解决和事物的发展而言，矛盾的斗争性和同一性都是不可或缺的，但它们的地位和作用都不是绝对的，而应具体分析。"并非在任何矛盾中、在事物发展的任何一个阶段上，同一性和斗争性都处于同等重要的地位，起着同等重要的作用，更不像有的同志所说的，斗争性始终起着主要的、决定性的作用，同一性始终是次要的。"① 具体来说，有些事物或矛盾，矛盾的斗争性占主导地位；另一些事物或矛盾，矛盾的同一性占主导地位。不同的矛盾需要用不同的方式解决，从而形成两种不同的发展方式。促进事物发展就是要促进矛盾的解决。但解决矛盾的方式即推动事物发展的方式必须遵循矛盾和事物发展的客观逻辑，只有主观逻辑符合客观逻辑，主体的实践才有利于矛盾的解决和促进事物的发展。

第一节　两种解决矛盾的方式与两种发展方式

一　一种新的分类：两种矛盾

学者陆剑杰认为，"我们可以找到区分矛盾类型的不同视角或标

---

*　本章主要内容发表于《江汉论坛》2011 年第 8 期。
①　姚伯茂：《对立统一学说新论》，浙江人民出版社 1995 年版，第 26 页。

准，从而认识到矛盾类型划分的多样性"①。学者姚伯茂在《对立统一学说新论》一书中提出，"除了可以把矛盾划分为对抗性矛盾和非对抗性矛盾等以外，我们还可以把矛盾分为以斗争性为主的矛盾和以同一性为主的矛盾两种基本类型"②。这是从矛盾的本质规定，即矛盾的同一性和斗争性的关系的独特视角出发区分矛盾的类型。即根据矛盾体中同一性和斗争性的地位和作用的不同，可以把矛盾划分为两类：其一，在矛盾体中，斗争性的地位和作用超过同一性而居主导地位，这类矛盾我们可以称之为斗争性为主的矛盾；其二，在矛盾体中，同一性的地位和作用超过斗争性而居主导地位，这类矛盾我们可以称之为同一性为主的矛盾。③

这一矛盾分类法有很强的现实意义。在我国经济社会发展面临的诸多矛盾中，不同阶层和群体之间的矛盾属于人民内部矛盾；城乡之间的矛盾就是城乡居民之间的矛盾，区域矛盾就是不同区域人们之间的矛盾，它们也都是人民内部矛盾。但像人与自然的矛盾这类矛盾，矛盾的主体并非都是人，显然不是"人民内部矛盾"的外延所能涵盖的。但人民内部矛盾和人与自然的矛盾有一个本质的共同点：都不宜归结为斗争性为主的矛盾，而是同一性为主的矛盾。笔者认为，需要用"同一性为主的矛盾"这一范畴来拓展"人民内部矛盾"范畴，两者是属种关系，后者是前者的种概念，其逻辑图式如下图2所示。

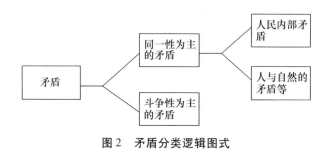

图2　矛盾分类逻辑图式

①　陆剑杰：《实践问题和矛盾问题新论》，人民出版社2002年版，第419页。
②　姚伯茂：《对立统一学说新论》，浙江人民出版社1995年版，第22页。
③　姚伯茂：《对立统一学说新论》，浙江人民出版社1995年版，第22—63页。

二　两种解决矛盾的方式

根据唯物辩证法，不同类型和性质的矛盾的解决方式不同，因此上述两种不同的矛盾应以两种不同的方式解决。

斗争性为主的矛盾一般以零和方式得以解决。解决这类矛盾的方法是一方克服另一方，就是通常说的一方"吃掉"另一方，甚至矛盾双方同归于尽。最后，旧矛盾关系被解构，形成新的矛盾关系和新的矛盾双方。以斗争性为主的矛盾"代表新事物的一方要求得发展，就必须最终破坏这种结合（指矛盾双方的相互依赖和相互结合——引者注），代表新事物的一方的存在虽以对方的存在为前提，却以对方的消灭为归宿，否则就不能推动事物的发展"[1]。这类矛盾的解决，一方所得即另一方所失，博弈论所说的"零和博弈"即属于此类，战争是典型的一例。极端地，在矛盾双方同归于尽的情形下，双方的最终所得都为零。解决这类矛盾或者这种解决矛盾的方法付出的代价是极其高昂的。

同一性为主的矛盾需要采取共赢方式加以解决。"这类矛盾一方的利益根植于另一方，矛盾双方其中任何一方的发展都要依靠对方的发展，对立面中的任何一方，其存在和发展不仅以对方的存在为前提，而且也以对方的存在和发展为归宿，因此，对立面双方要发展自己，就必须支持对方的发展，巩固和发展矛盾双方的结合、合作，而不能破坏这种结合。矛盾双方只有长期共存、互相合作，才有利于事物的发展。"[2] 解决这类矛盾必需充分发挥同一性的作用，通过矛盾双方互相促进，互相利用，互相吸收有利于自己的因素，实现双方共同发展。对于同一性为主的矛盾，旧矛盾体解体、新矛盾体生成并不意味着原有矛盾双方"离婚"、一方消灭另一方、双方"同归于尽"，而是在不消灭原有矛盾双方任何一方的前提下，矛盾双方在相互作用过程中相互"刷新"对方，通过矛盾双方共存、共融、共进、共赢的方式推动矛盾体（事物）上新台阶——产生新的矛盾体，使既有的

---

[1]　姚伯茂：《对立统一学说新论》，浙江人民出版社1995年版，第31页。
[2]　姚伯茂：《对立统一学说新论》，浙江人民出版社1995年版，第31页。

矛盾双方以新的面貌出现，并在一个新的、更高的平台上展开新的相互关系的运演。"双赢博弈""共赢博弈"理论的哲学含义就在于揭示了同一性为主的矛盾的特点及其解决的方法。

随着历史的发展和时代的变化，对于当今人类社会来说，同一性为主的矛盾逐渐增多，在数量和影响上日益超过斗争性为主的矛盾。我们应该自觉地把同一性为主的矛盾与斗争性为主的矛盾区别开来，并采取正确的方法加以解决。

当代人类发展中，人与自然的矛盾越来越凸显，但我们不能把人与自然之间的矛盾视为斗争性为主的矛盾，不能用解决斗争性为主的矛盾的方法即零和方法解决这一矛盾。人与自然的矛盾属于同一性为主的矛盾，只能采取双方共存共赢共进的方式加以解决，而永远不能取消或消灭双方中的任何一方，不可能一方"吃掉"另一方。因为很明显，人永远离不开自然，同时自然离开了人也没有独立的意义（因此"自然中心主义"或"生态中心主义"是不对的）。如果人类违背矛盾的客观逻辑，在理论上把人与自然的矛盾视为斗争性为主的矛盾，在实践中采取零和的方式即一方征服另一方的方式解决这一矛盾，那么结果要么是人类肆意宰制自然，最后遭到自然的报复，危及人类生存发展；要么是人类一味屈从自然，最后取消人类的发展权乃至生存权。正确的做法是，以共赢的方式解决人与自然的矛盾；结果是：人与自然共存共赢共进——人与自然不断地在新的水平和新的平台上达到新的更高层次的均衡和统一。

在社会主义市场经济条件下，在公有制为主体和多种所有制经济共同发展的基本经济制度下，利益呈多元化趋势，不同阶层和群体之间出现分歧和矛盾是必然的和正常的。关键是要正确认识这种矛盾的性质，并采取正确的方法加以解决。我国不同阶层和群体之间的矛盾属于人民内部矛盾，也是同一性为主的矛盾，是根本利益一致的矛盾，是同一性大于斗争性的矛盾，或者说是共同利益大于利益分歧的矛盾，需要积极采取共赢的方式加以解决。要避免这类矛盾演化为斗争性为主的矛盾，否则，各方和整个社会将会付出沉重的代价。尤其矛盾强势的一方要避免通过损害另一方利益来扩张自己的利益，相反，应该通过扩大另一方的利益来发展自己的利益。

全球化历史条件下，各国之间相互依赖的关系日益深化，国与国之间矛盾的性质日益转化为同一性为主的矛盾。在这种情势下，矛盾强势的一方或主导的一方，即发达国家，不仅不能通过损害发展中国家的利益来扩张自己的利益，而且只能通过帮助发展中国家的发展来进一步发展自己，发展中国家不发展会制约发达国家的发展。这种新思维，邓小平在 20 世纪 80 年代就清楚地看出来了："南方要改变贫穷落后，北方也需要南方发展。南方不发展，北方还有什么市场？资本主义发达国家遇到的最大问题是发展速度问题，再发展问题。"①

各国只有顺应矛盾性质的这种客观转变，放弃零和思维，积极用共赢的方式解决彼此间的分歧和矛盾，才能生存和发展。中国解决与其他国家间的矛盾，主张求同存异、互利共赢、加强合作。这一主张实质上就是要发现、发展不同国家之间相互利益的交汇点，就是积极发挥主体能动性，创造条件，推动矛盾性质的转换，避免矛盾向斗争性为主的矛盾演化，努力形成同一性为主的矛盾，然后通过共赢的方式加以解决。

同理，生产与需求的矛盾、内需与外需的矛盾、经济与社会的矛盾都是同一性为主的矛盾，这些矛盾的双方都不可能一方吃掉另一方，只能采取共存共赢共进的方式加以解决——即生产与需求、内需与外需、经济与社会分别实现协调发展。资本主义采取对抗方式解决生产与需求的矛盾，即通过破坏生产来实现生产与需求的平衡，这实质上是一种解决矛盾的零和方式，不是共赢共进的方式。由于违背这类矛盾的客观逻辑，"过剩"的经济危机成为资本主义经济的顽症。中国发展社会主义市场经济也面临生产与需求的矛盾，但解决方式不同于资本主义，我们通过扩大内需使落后于生产的需求跟上来，从而实现生产与需求的再平衡——准确地说是一种更高水平上的平衡，这实质上是一种解决矛盾的共赢方式，是符合这类矛盾客观逻辑的解决方式，因而保持了经济长期快速发展。这是中国模式的优势，应该继续坚持。中国解决内需与外需的矛盾不是把外需绝对地压下来，更不是否定外需的重要性，而是促进内需更快更大的发展，从而实现内外

① 《邓小平文选》第 3 卷，人民出版社 1993 年版，第 96 页。

需协调发展。经济发展一腿长、社会发展一腿短的矛盾也应采取共赢方式解决，即不是人为地阻止经济继续发展，而是在继续保持经济发展的同时，使用更大的精力和更多的资源促进社会事业更快更大地发展，从而使得经济与社会协调发展。

再比如，精神文明与物质文明的矛盾、四项基本原则与改革开放的矛盾、改革与稳定的矛盾、主观能动性与客观规律性的矛盾、民主与集中的矛盾、自由与纪律的矛盾、理论与实践的矛盾等，都不能采取一方克服另一方的对抗方式加以解决，而必须采取统筹兼顾、相互促进、相互合作的和谐方式加以解决，解决的结果是矛盾双方的共赢共进，双方对立统一的平台不断提升，不断地进入一个更高更新的境界。

总之，以共赢方式解决同一性为主的矛盾的精髓是"补短"与合作："补短"，即把矛盾双方中弱的一方"补"起来，因为在能够结成矛盾关系的双方关系中，尤其在同一性为主的矛盾关系中，对方发展不够正是己方发展的"瓶颈"，只有对方发展起来了自己才能进一步发展，即对方的发展是己方发展的条件；合作，即要求矛盾双方相互合作，以利于相互促进和互利共赢，从而推动这类矛盾的解决和这类事物的发展。

三 两种发展方式

从哲学上看，解决矛盾的方式与事物发展的方式是一致的，解决矛盾就是推动事物发展。因此，两种不同的解决矛盾的方式对应两种不同的发展方式。

一类事物或矛盾体，斗争性占主导地位，一般以零和方式解决矛盾，这类事物一般采取对抗方式实现发展，这种发展方式即对抗发展；另一类事物或矛盾体，同一性占主导地位，需要以共赢方式解决矛盾，这类事物需要采取和谐方式实现发展，这种发展方式即和谐发展。

对于人类社会的发展来说，无论何时，矛盾的斗争性和同一性都是同时起作用的，因为社会发展和其他事物的发展一样，其本身就是由矛盾双方又对立又统一的相互作用引起的。但是，在一定历史阶段和历史条件下，斗争性为主的矛盾占统治地位，则发展主要采取对抗的方式推动；在另一历史阶段和历史条件下，同一性为主的矛盾占统治地位，则发展主要通过和谐的方式推进。

纵观人类发展史，我们发现：人类社会经历了漫长的对抗式发展阶段；但当代人类正在向和谐发展方式转型。

第二节　一部人类史：在对抗中发展的历史

迄今为止的人类发展史主要是一部对抗发展的历史，对抗发展方式有其相应的历史条件和历史背景。

马克思、恩格斯认为，原始社会解体以来的人类历史是阶级斗争的历史，阶级斗争是由于生产力有了一定的发展但又发展得不能满足全社会需求的产物。人类曾长期处于生产力水平极度低下的阶段，这种状况产生了两个方面的深刻后果。第一，人与自然的关系紧张对抗。生产力低下说明人类从自然界谋取物质生活资料的能力低下，"自然界起初是作为一种完全异己的、有无限威力的和不可制服的力量与人们对立的……人们就像牲畜一样慑服于自然界"①。在这种历史条件下，人类要生存和发展就必须与自然界抗争，人征服自然的能力的大小成为生产力水平高低的标志。这就是传统生产力观的历史背景。这样，人与自然的关系当然就处于紧张的对抗之中。第二，人与人的关系紧张对抗。生产力低下即人们谋取物资生活资料的能力低下，导致食物匮乏、社会普遍贫穷，使得不同阶级争夺有限利益的斗争与阶级矛盾一直十分激烈，对立各方共同的利益很少，相互妥协的余地十分有限，从而只有通过一方"吃掉"另一方的方式解决矛盾，统治阶级的发展是以牺牲被统治阶级的发展为代价的。从博弈论的思想来看，这属于"零和博弈"。人类进入现代社会后，这一状况并没有发生改变。西方现代化的发端、资本的原始积累，充满了血与火；资本主义制度确立后，资产阶级和工人阶级的对立日益明显化和尖锐化，加上资本主义列强对落后国家和地区进行无情的殖民压迫和剥

---

① 《马克思恩格斯选集》第 1 卷，人民出版社 1995 年版，第 81 页。

削，以及民族和国家间的领土争端、宗教信仰的分歧等，使得在全世界范围内不同国家和民族间的矛盾突出，冲突不断。马克思尖锐地指出，在阶级社会尤其在资本主义时代，人类的发展像可怕的异教神怪那样，只有用被杀害者的头颅做酒杯才能喝下甜美的酒浆。①

　　社会存在决定社会意识，上述历史情形鲜明地反映在思想家们的理论中。赫拉克利特说"一切都是通过斗争而产生的"②。马克思对人类文明史进行了深入研究，揭示了其特点和规律，认为迄今为止的人类文明史就是对立和对抗的历史，阶级社会发展的过程就是在生产力和生产关系的矛盾所引发的一系列对立和冲突中度过的。他说，"当文明一开始的时候，生产就开始建立在级别、等级和阶级的对抗上，最后建立在积累的劳动和直接的劳动的对抗上。没有对抗就没有进步。这是文明直到今天所遵循的规律"③。毛泽东也曾对人类的斗争史有过生动地描述："有人说我们党的哲学叫'斗争哲学'……我说'你讲对了'。自从有了奴隶主、封建主、资本家，他们就向被压迫的人民进行斗争，'斗争哲学'是他们先发明的。被压迫人民的'斗争哲学'出来得比较晚，那是斗争了几千年，才有了马克思主义。"④ 对于当代人类社会来说，直到 20 世纪中期，战争与革命还是时代的主题。列宁和毛泽东十分重视矛盾的斗争性，这与当时的历史背景，与他们领导进行无产阶级革命和战争的实践是密切相关的。

　　在上述历史条件下，人类的发展只能在对立与对抗的环境中展开，人类不得不主要以对抗的方式实现发展，阶级斗争、战争充斥整个人类历史的发展过程。

第三节　发展方式的当代转型：转向和谐发展

　　经历了几千年对抗发展后，当代人类的历史条件发生着深刻的变

---

① 《马克思恩格斯选集》第 1 卷，人民出版社 1995 年版，第 77 页。
② 北京大学哲学系外国哲学史教研室编译：《西方哲学原著选读》（上卷），商务印书馆 1981 年版，第 23 页。
③ 《马克思恩格斯全集》第 4 卷，人民出版社 1958 年版，第 104 页。
④ 《毛泽东在七大的报告和讲话集》，中央文献出版社 1995 年版，第 118—119 页。

化。随着全球化的深入发展及全球性问题的日益突出，人类整体联系的密切性和彼此利益的相关性，从来没有发展到今天这样的程度；随着时代主题由战争与革命转变为和平与发展；随着中国共产党由革命党转变为执政党，党的任务由革命战争转变为和平建设……社会发展方式急需转型，从对抗发展转向和谐发展。

首先，现代性问题日益突出，呼唤着人类更新发展方式。

西方现代化过程的经验教训十分深刻，它把发展简单地视为征服自然的能力的增强和单纯的经济增长。在这种发展观支配下的"发展"不但忽视人和环境的协调，造成人与自然关系紧张，生态环境日益恶化，发展的可持续性受到严重威胁；而且还使经济的发展失去人文导向，忘记了经济发展的目的，忽视社会公平，两极分化加剧，造成人与人、人与社会之间的关系紧张，公平正义问题突出。不幸的是，我国现代化进程中相当程度重复着西方现代化过程中类似的问题，不解决这些问题发展就会中止。这样，"科学发展观"与和谐社会理念就呼之而出了。中国共产党提出"科学发展观"和构建社会主义和谐社会的思想，就是要解决中国现代化过程中出现的各种矛盾加剧造成的危机，是超越传统现代化模式，开创新型的和谐现代化道路的理论和实践努力。

其次，经济全球化的深入发展内在地要求我们转换解决矛盾的方式和发展方式。

在当代，全球化使得各国经济联系越来越紧密，国家之间的相互依赖关系不断加深，世界各国之间形成了"你中有我，我中有你"的利益格局。在这样的历史条件下，如果企图以零和与对抗的方式解决不同国家和民族之间的矛盾，结局一定是俱损俱伤。

这一点，在中美关系上表现得尤为突出。经济全球化使得中国与美国形成了"利益共同体"或"利害共同体"关系，损害对方利益的行为同时也会损害自己的利益，而和平、合作的发展才会导致互利、互赢。这就使得现存大国很难用传统的办法来解决双方间的矛盾和分歧。就像一些美国战略专家所说的，全球化时代已经没有零和游戏；如果美国同中国冲突，美国自己也会受伤，这是两败俱伤的游戏。美国同中国合作，客观上有助于中国发展，但美国自己也受益，这是双赢游戏。①

最后，对于中国而言，更重要、更直接的原因是，中国共产党历史地位、历史环境和历史任务的变化促使其不断创新矛盾理论，转变发展方式。

以毛泽东为主的中国共产党人，有过转变解决矛盾方式和发展方式的努力，并取得了很大的成效。在理论上，在"两论"（《矛盾论》《实践论》）之后，毛泽东发展了列宁在《哲学笔记》和他自己在《矛盾论》中的思想，对矛盾的同一性有了新的认识，他指出"依一时说，统一是绝对的，斗争是相对的；依永久说，统一是相对的，斗争是绝对的"②。这一思想其实开始打破人们把斗争性绝对化的思维惯性。他还写出了《论十大关系》和《关于正确处理人民内部矛盾的问题》这样的光辉著作，突出了矛盾同一性的重要性，探索了解决矛盾的新方式，《论十大关系》的最大思想贡献之一是凸显了统筹兼顾的思维，《关于正确处理人民内部矛盾的问题》实质上提出了以和谐方式解决人民内部矛盾的思想。在实践上，抗日民族统一战线客观上要求重视矛盾的同一性的作用，提出了有理、有利、有节的斗争原则，力求"斗而不破"，即使发生了"皖南事变"这样严重的事件也没有放弃这一斗争策略；社会主义改造时期，我党根据中国的实际情况，采取了不同于苏联那样的强制性暴力性措施，而是采取"典型示范""逐步过渡"和"赎买"等和平措施，平稳实现了私有制向公有制的历史转变，取得了巨大的历史性成功；和平共处五项原则的提出与实践，也体现了和平与和谐的思维方式。但是，应该看到，以毛泽东为主的中国共产党人上述转变还不是根本性的和全局性的，还很不巩固，具有浓厚的策略性。从总体上看，新中国成立后很长一段时间内，中国共产党还没有完成从革命党到执政党的转变，"毛泽东在《论十大关系》这部著作中开创了社会主义建设的辩证法。但是，在他的晚年又脱离社会主义建设的实际，返回到革命辩证法。"③ 长期

① 刘建飞：《大博弈——中国的"太极"与美国的"拳击"》，浙江人民出版社2005年版，第167页。

② 《毛泽东哲学批注集》，中央文献出版社1988年版，第374页。

③ 《实践问题和矛盾问题新论》，人民出版社2002年版，第78页。

革命战争实践铸就的思维定势和思维惯性仍然支配着人们的大脑，对抗的思维方式并没有发生根本的转变，习惯于用对抗的方式促发展：频繁开展大规模的政治运动，迷恋阶级斗争，以阶级斗争为纲，抓革命、促生产，阶级斗争不断被扩大化，直至发生"文化大革命"这样全面的内乱，付出了巨大的代价。

以邓小平为代表的中国共产党人深刻反思极"左"思维和实践造成的危机，痛定思痛，开始从根本上转变思维方式和发展方式。抛弃了以阶级斗争为纲的理论，把工作重心转移到建设上来；提出了一系列的"两手抓、两手硬"的治国方略；制定了共同富裕的发展目标；提出了"两个大局"的思想；高度重视协调好改革、发展、稳定三者之间的关系，在改革模式上，避免"休克疗法"，采取"摸着石头过河"的渐进改革策略……此外，从邓小平的实践智慧中还可以发掘他对矛盾理论的诸多重要贡献。"他用正确的政策设计成功地解决了一些本来是对抗性的矛盾，证明对抗性矛盾的诸方面在一定条件下也能够协调。"[1] 例如，"一国两制、和平统一"思想就突破了资本主义和社会主义不相容的观点，两种制度不仅在全球而且在一国之内可以和平共处。更值得一提的范例是，邓小平自觉顺应和平与发展这一时代主题，在处理国家关系上体现了"双赢"和"多赢"的和谐思维方式，为我国改革开放和现代化建设争取到了相对和平的外部环境，为世界和平与发展事业做出了贡献。如：与苏联的关系，要"结束过去，开辟未来"；与周边一些国家存在领土争端，邓小平不主张简单地诉诸武力，而是提出"搁置争议、共同开发"的方针，创造条件化解矛盾；邓小平放弃了发达国家和发展中国家之间矛盾不可调和的观点，认为发达国家和发展中国家之间存在共同利益，需要加强合作，谋求共同发展：发展中国家需要发达国家的资金和技术，发达国家进一步发展，面临市场扩大问题，发展中国家的发展有利于解决发达国家进一步发展的市场制约问题。由于邓小平顺应时代的要求，更新了思维方式和发展方式，才带领中国走出了徘徊不前的发展局面，开创了中国特色的社会主义道路。

---

[1]　陆剑杰：《实践问题和矛盾问题新论》，人民出版社 2002 年版，第 211 页。

邓小平之后，中国共产党紧紧围绕中国继续发展过程中面临的问题，从理论和实践两个方面，继续推动发展观念和发展方式的转换，取得了新的伟大成就。

以江泽民为代表的第三代领导集体，更加明确提出来"双赢"和"多赢"思想，"互惠互利"成为我国加入世贸组织、参与经济全球化和处理国与国关系的重要指导思想。江泽民的《正确处理社会主义现代化建设中的若干重大关系》被称为"论十二大关系"，它是社会主义建设辩证法在中国的新发展的标志，江泽民在分析和处理这十二对矛盾时，贯穿了一条重要的原则，那就是"相互协调、相互促进，实现对立面的统一"。新时期我国社会关系发生了重大变化，形成了阶级、阶层多样化的新格局，如何处理社会多元格局下的矛盾？和谐发展要求协调利益、实现团结、促进和谐、调动各方面的积极性，以实现"全体人民各尽其能、各得其所而又和谐相处的局面"①。

以胡锦涛为总书记的中央领导集体，明确提出了科学发展观、构建和谐社会和建立和谐世界的思想，深刻体现了和谐思维和和谐发展理念。今天的中国，无论城乡矛盾、区域矛盾、对内发展与对外发展的矛盾、不同人群和阶层之间的矛盾，还是人与自然之间的矛盾，都必须采取"统筹兼顾"的方法予以解决，而不能采取一方"吃掉"另一方的极端方式。中国共产党对内提出了建设社会主义和谐社会的目标，并把社会和谐上升到社会主义本质属性的高度②，这是继邓小平之后对社会主义本质论的又一大创新，把对社会主义本质的认识提高到了新的境界，是我党社会主义观的又一重大发展。中国共产党对外提出了建设和谐世界的理念，这是对和平共处五项原则的发展和提升，切中了时代的脉搏，反映了世界各国人民的愿望。在一系列理论创新的基础上，我们党向世人鲜明地提出了和平崛起、和平发展与和谐发展的新观念，其实质就是要摈弃过去对抗的发展方式，转向和谐发展方式，走出一条新的发展道路。

---

① 江泽民：《全面建设小康社会，开创中国特色社会主义事业新局面》，人民出版社2002年版，第15页。

② 胡锦涛：《高举中国特色社会主义伟大旗帜，为夺取全面建设小康社会新胜利而奋斗》，人民出版社2007年版，第17页。

以习近平同志为核心的党中央继承和丰富了合作共赢的理念，明确反对所谓的"修昔底德陷阱"理论，不认同"国强必霸"的逻辑，创造性地提出了人类命运共同体的新理念。这些思想主张对引领当今人类和平发展和合作发展具有重大意义。在第七十届联合国大会一般性辩论时的讲话中，他指出："要奉行双赢、多赢、共赢的新理念，扔掉我赢你输、赢者通吃的旧思维。协商是民主的重要形式，也应该成为现代国际治理的重要方法，要倡导以对话解争端、以协商化分歧。我们要在国际和区域层面建设全球伙伴关系，走出一条'对话而不对抗，结伴而不结盟'的国与国交往新路。大国之间相处，要不冲突、不对抗、相互尊重、合作共赢。大国与小国相处，要平等相待，践行正确义利观，义利相兼，义重于利。"① 这段讲话不仅高举合作共赢的大旗，深化和丰富了合作共赢的理念，而且提出了实现合作共赢的可行路径，对于人类的和谐发展、和平发展具有重要的指导意义。

总之，时代的发展、历史条件的变化，要求转换解决矛盾的方式和发展的方式——以共赢方式取代零和方式，以和谐方式替代对抗方式。这种替代当然不会一帆风顺，还会有各种反复。在社会历史领域，客观规律和趋势的实现从来不是自动和自发的，人的主体能动性的正确和充分发挥是规律发挥作用的必要条件。我们只有充分发挥主体能动性，正确认识和牢牢把握当今人类历史发展的新规律和新趋势，并通过锲而不舍的实践努力，才能把和谐社会与和谐世界的理想变为现实。

但不管怎样，当今人类，走和谐、和平、合作、互利共赢的发展道路，是当代中国和全人类走出生存和发展危机、实现持续健康发展的必由之路。② 科学发展观、构建社会主义和谐社会、建立和谐世界的理论和实践是中国对人类和谐发展新趋势的自觉把握和主动顺应，必将走出具有示范效应的发展道路和发展模式。

---

① 习近平：《携手构建合作共赢新伙伴同心打造人类命运共同体——在第七十届联合国大会一般性辩论时的讲话》，新华网，2015 年 9 月 29 日。

② 张涛：《和谐教育：概念的流变与分析》，《贵州社会科学》2009 年第 8 期。

运用新矛盾观不仅可以科学分析国际关系和人类宏观发展问题，而且可以启发我们破解一系列发展难题。这一点，在下一章中有充分的、具体的展现。

第九章　经济增长与环境保护
二律背反及其破解
——以渝东北为样本

本章是对上一章新矛盾观的具体运用。本章尝试把哲学思维和经济学工具结合起来，探寻破解经济增长与环境保护二律背反的思路和对策。①

发展经济和保护环境各自都有其充分的合理性和必要性，都是发展中国家和后发地区的迫切要求，但二者往往相互冲突，从而构成了经济增长与环境保护的二律背反。这是当代人类，尤其是落后地区面临的严峻困境。走出这一困境的正确选择是实现经济增长与环境保护的双赢，这已经成为大多数人的共识。但是，在实际的发展实践中，尤其欠发达地区的发展实际中，增长导致环境污染的现象仍然比较普遍。其中一个症结在于：没有真正找到破解增长与环保二律背反、实现两者双赢的科学思路和可行路径。本章遵循新矛盾观指引的思路，以渝东北地区为样本，借用经济学工具，在扎实调研的基础上深入分析实证材料，提出了破解二律背反、实现经济增长与环境保护双赢的思路和方案。

第一节　现代人类发展面临的困境：经济增长
　　　　与环境保护的二律背反

一　二律背反

二律背反（antimomies）是 18 世纪德国古典哲学家康德提出的哲

---

① 关于哲学和经济学结合的研究方法，请见本书的导论部分。

学基本概念，指双方各自依据普遍承认的原则建立起来的、公认为正确的两个命题之间的矛盾冲突。或者说，二律背反指对同一个对象或者问题所形成的两种理论或学说虽然各自成立但却相互矛盾的现象，又译作二律背驰，相互冲突或自相矛盾。①

二律背反现象具体表现在许多方面。现代人类发展就面临经济增长与环境保护的二律背反：经济增长和环境保护各自有各自的道理，都有必要性与合理性，但是二者之间常常发生冲突，即经济增长往往导致环境破坏，而保护环境往往要求减少甚至停止自然资源开发和经济增长。具体地说，一方面，发展不足仍然是当今人类面临的重大而严峻的问题，当今世界不发达人口占了绝大部分，脱贫致富和过上美好的生活是他们的权利和迫切愿望，也是社会进步与和谐的必要条件，这对经济增长提出了强烈吁求；另一方面，经济增长必然会强化对自然资源的开发利用，常常损害生态环境；而当今中国乃至世界，环境污染问题都十分严峻，到了不解决就可能会危及人类生存和发展的地步。

二 先发现代化国家的经济增长代价②

环境问题已成为全球性问题，防治环境污染是令各国政府头疼的一件大事。也许今天我们羡慕欧美日的美丽环境，但在工业化时期，这些先发现代化国家在发展经济的同时也同样发生过严重的环境污染。让我们回顾先发现代化国家所经历的这一过程。

清华大学梅雪芹教授对发达国家现代化、工业化造成的环境破坏有详细研究和论述。下面概述的是梅雪芹教授的研究成果。

环境污染由来已久。早在14世纪初，英国就注意到了煤烟污染；17世纪伦敦煤烟污染加重时，有人著文提出改善大气品质的方案。不过那时，污染只在少数地方存在，污染物也较少，依靠大自然的自净能力，尚不至于造成重大危害。

环境污染发生质的变化并演变成一种威胁人类生存与发展的全球性危机，则始于18世纪末兴起的工业革命。

---

① 见康德《纯粹理性批判》。
② 参见梅雪芹《发达国家环境污染的前车之鉴》，观察者网，2014年1月9日。

从 18 世纪下半叶起到 20 世纪初，首先是英国，而后是欧洲其他国家、美国及日本相继经历和实现了工业革命。在这些国家，伴随煤炭、冶金、化学等重工业的建立和发展，以及城市化的推进，出现了烟雾腾腾的城镇，发生了烟雾中毒事件，河流等水体也严重污染。

英国作为最早实现工业革命的国家，其煤烟污染最为严重；水体污染亦十分普遍。除英国外，在 19 世纪末期和 20 世纪初期，美国的工业中心城市，如芝加哥、匹茨堡、圣路易斯和辛辛那提等，煤烟污染也相当严重。至于后来居上的德意志帝国，其环境污染也不落人后。

19 世纪和 20 世纪之交，德国工业中心的上空长期为灰黄色的烟幕所笼罩，时人抱怨说，严重的煤烟造成植物枯死，晾晒的衣服变黑，即使在白昼也需要人工照明。并且，就在空气中弥漫着有害烟雾的时候，德国工业区的河流也变成了污水沟。如德累斯顿附近穆格利兹河，因玻璃制造厂所排放污水的污染而变成了"红河"；哈茨地区的另一条河流则因铅氧化物的污染毒死了所有的鱼类，饮用该河水的陆上动物亦中毒死亡。

到 20 世纪初，那些对污水特别敏感的鱼类在一些河流中几乎绝迹，譬如鲟鱼和鲑鱼。1892 年，汉堡还因水污染而导致霍乱流行，使 7500 余人丧生。在明治时期的日本，因开采铜矿所排出的毒屑、毒水，危害了农田、森林，并酿成田园荒芜、几十万人流离失所的足尾事件。

尽管如此，这一时期的环境污染尚处于初发阶段，污染源相对较少，污染范围不广，污染事件只是局部性的、或某些国家的事情。

随着工业化的扩展和科学技术的进步，西方国家煤的产量和消耗量逐年上升。据估算，在 20 世纪 40 年代初期，世界范围内工业生产和家庭燃烧所释放的二氧化硫每年高达几千万吨，其中 2/3 是由燃煤产生的，因而煤烟和二氧化硫的污染程度和范围较之前一时期有了进一步的发展，由此酿成多起严重的燃煤大气污染公害事件。

如比利时的马斯河谷事件和美国的多诺拉事件。1930 年 12 月4—5 日，在比利时的重工业区马斯河谷，由于气候反常，工厂排出的二氧化硫等有害气体凝聚在靠近地表的浓雾中，经久不散而酿成大祸，致使大批家禽死亡，几千人中毒，60 人丧命。当时，西方世界正陷于 20 世纪 30 年代经济大崩溃的恐慌之中，人们也就无暇顾及比利时的灾难。

1948 年 10 月 27 日晨，在美国宾夕法尼亚州西部山区工业小镇多诺拉的上空，因逆温层的封锁，污染物久久无法扩散，整个城镇被烟雾所笼罩。直到第 6 天，一场降雨才将烟雾驱散。这次事件造成 20 人死亡，6000 人患病，患病者差不多占全镇居民（14000 人）的 43%。该事件还影响了当年哈里·杜鲁门和托马斯·杜威之间的总统竞选激战。

到这时，内燃机经过不断的改进，发展成为比较完善的动力机械，在工业生产中广泛替代了蒸汽机。因而，在 20 世纪 30 年代前后，以内燃机为动力机的汽车、拖拉机和机车等在世界先进国家普遍地发展起来。

"建立在汽车轮子上的"美国后来居上，成为头号资本主义工业强国，其原油产量在世界上遥遥领先，1930 年时就多达 12311 万吨；汽车拥有量在 1938 年时达到 2944.3 万辆。

1943 年，洛杉矶首次发生光化学烟雾事件，造成人眼痛、头痛、呼吸困难甚至死亡，家畜犯病，植物枯萎坏死，橡胶制品老化龟裂以及建筑物被腐蚀损坏等。这一事件第一次显示了汽车内燃机所排放气体造成的污染与危害的严重性。

显然，到这一阶段，在旧有污染范围扩大、危害程度加重的情况下，随着汽车工业和石油与有机化工的发展，污染源增加，新的更为复杂的污染形式出现，因而公害事故增多，公害病患者和死亡人数扩大，人们称之为"公害发展期"。这体现出西方国家环境污染危机愈加明显和深重。

20 世纪 50 年代起，世界经济由战后恢复转入发展时期。西方大国竞相发展经济，工业化和城市化进程加快，经济持续高速增长。但在这种增长的背后，却隐藏着破坏和污染环境的巨大危机。

因为工业化与城市化的推进，一方面带来了资源和原料的大量需求和消耗；另一方面使得工业生产和城市生活的大量废弃物排向土壤、河流和大气之中，最终造成环境污染的大爆发，使世界环境污染危机进一步加重。发达国家的环境污染公害事件层出不穷，按其发生缘由，可分为几类：

第一，因工业生产将大量化学物质排入水体而造成的水体污染事件。最典型的是 1953—1965 年日本水俣病事件。1953 年，水俣湾附近渔村流行一种原因不明的中枢神经系统疾病，称为"水俣病"。1965 年，日本新潟县阿贺野川地区也发生水俣病。日本政府于 1968 年 9 月确认，水俣病是人们长期食用受富含甲基汞的工业废水毒害的水产品造成的。

第二，因煤和石油燃烧排放的污染物而造成的大气污染事件。如 1952 年 12 月 5—8 日的伦敦烟雾事件，即著名的"烟雾杀手"，导致 4000 多人死亡。1952 年的洛杉矶光化学烟雾事件也造成近 400 名老人死亡。此外，1961 年日本东海岸的四日市也发生了严重的大气污染事件。

第三，因工业废水、废渣排入土壤而造成的土壤污染事件，如 1955—1972 年日本富山县神通川流域的痛痛病事件。1972 年，名古屋高等法院作出判决，确认痛痛病的病源是神冈矿山的含镉废水。

第四，因有毒化学物质和致病生物等进入食品而造成的食品污染公害事件，如 1968 年日本的米糠油事件。日本北九州的一家食用油加工厂用有毒的多氯联苯作脱臭工艺中的热载体，因管理不善，毒物渗入米糠油中。同年 3 月，成千上万只鸡因吃了米糠油中的黑油而突然死亡。不久，人也因食用米糠油而受害。至七八月份，患病者超过 5000 人，共有 16 人死亡。一时间，恐慌混乱笼罩着日本西部。

第五，在沿岸海域发生的海洋污染和海洋生态被破坏，成为海洋环境面临的最重大问题。还有，新污染源——放射性污染的出现，不仅加重了已有环境污染危机的程度，而且使环境污染危机向着更加复杂而多样化的方向转化。放射性污染因利用原子能和发展核电厂而产生。战后日本的原子病，以及美国的"三英里岛（Three‐Mile Island）事件"就是典型例证。

总之，到这时，环境污染已成为西方国家一个重大的社会问题，公害事故频繁发生，公害病患者和死亡人数大幅度上升，被称为"公害泛滥期"。

从梅雪芹教授上述研究成果我们可以看到，发达国家在发展过程中曾经造成了巨大的环境破坏和环境危机。他们后来被迫采取了改善环境的有效措施，今天的环境状况已大为好转。可见，他们走的是一条

"先污染，后治理"的道路，而不是环境与经济增长双赢的道路。而且，需要特别指出来的是，虽然发达国家自身的环境大大改善了，但是仍然付出了巨大代价：第一，对于现今地球上污染物存量尤其碳排放存量而言，发达国家仍然是主要的"贡献者"或责任者；第二，发达国家自身环境改善的一个重要原因是把污染产业和产品转移到了发展中国家去了；第三，发达国家的消费能力比发展中国家强大很多（其中包括石油等自然资源的消费），这种巨大的消费刺激了大量的生产、自然资源的开发、污染物的排放、温室气体的排放。因此，总体来说，因发达国家的发展，不仅发达国家自身而且整个地球都付出了巨大的代价。

三 中国经济增长的代价

中国的经济自改革开放以来一直在飞速地增长，国内生产总值（GDP）是一个国家经济发展水平体现的重要指标，根据国家统计局的调查显示，1978 年，我国的国内生产总值为 3645.22 亿元，人均国内生产总值为 381.23 元，而到了 2013 年，我国的国内生产总值为 568845.21 亿元，人均国内生产总值为 41907.59 元[①]，35 年的时间里，GDP 翻了一百多倍，根据国际货币基金组织 IMF 的调查数据，1978 年我国的 GDP 总量只排在世界的第十五位，而 2014 年根据购买力评价（PPP）我国的 GDP 总量已经超过了美国，成为全球第一大经济体。从这个数据我们不难看出中国经济的发展速度是有多么快。然而，在这一串串令人惊叹的"中国怎么这么厉害"的数据背后也隐藏着巨大的问题，这个问题就是中国飞速发展经济所付出的严重代价，有些几乎是不可挽回的代价——这个巨大的问题就是环境污染。

下面具体分析中国经济发展所付出的环境代价：

1. 不可再生资源稀土的不合理利用与浪费[②]

我国的资源储量，特别是不可再生资源储量与其他国家相比，总量较大，且品种多样。我国目前已发现的矿产资源有 171 种，其中 158 种资源已经查明储量。在已查明储量的矿产资源中，包括石油、

---

① 该数据来源于国家统计局官方网站。
② 国务院新闻办公室：《中国的矿产资源政策》，《国土资源通讯》2014 年第 1 期。

天然气、煤、地热等能源矿产，铁、铝、铅、锌、锰、铜等金属矿产，磷、硫、石墨、钾盐等非金属矿产，地下水、矿泉水等水汽矿产。其中，绝大部分探明储量的矿产资源都属于不可再生资源。

稀土是指包括 15 种镧系元素氧化物，以及与镧系元素化学性质相似的钪（Sc）和钇（Y）共 17 种元素的氧化物。中国的稀土资源曾非常丰富，邓小平曾说过："中东有石油，中国有稀土"，中国的稀土储量曾占了世界的 90%，这曾是中华民族的骄傲。中国从 1958 年就开始开采稀土出口了，然而现在，经过了几十年的无节制开采、不合理利用，中国的稀土储量已下降到不到世界的 23%，中国在过去 50 年的时间里，向全世界供应了 90% 以上的稀土。稀土的不合理利用给我们带来的不仅仅是稀土资源的流失，在稀土开采过程中产生的废渣、废水、废气给中国的环境也带来了巨大的破坏，同样拥有丰富稀土资源的美国等西方国家很早就看到了稀土大量开采所带来的严重的环境污染问题，因此他们早就停止了稀土的开采，转而买入中国的廉价稀土。稀土是当代世界高新技术的有力助推器之一，可以说，全球近年来的高新技术的飞快发展，中国有着不可磨灭的巨大贡献。然而，几十年的廉价稀土出售，中国已经伤痕累累。

2. 我国水污染严重[①]

水安全问题正在成为中华民族的"心腹之患"。全国十大水系中水质污染的占一半；国家重点湖泊中水质污染的占四成；31 个大型淡水湖泊中水质污染的有 17 个；9 个重要海湾中，辽东湾、渤海湾和胶州湾水质差，长江口、杭州湾、闽江口和珠江口水质极差……伴随人口增加、经济发展和城市化进程加快，水资源短缺、水环境污染、水生态受损情况触目惊心，水安全正在成为新时期经济社会发展的基础性、全局性和战略性问题。

全国六成地下水水质较差、极差，京津冀如此，全国亦然。《2013 中国环境状况公报》显示，全国地表水总体轻度污染，其中黄河、淮河、海河、辽河、松花江五大水系水质污染，全国 4778 个地下水监测点中，约六成水质较差和极差。

---

① 《叩问水危机——中国水安全问题调查》，新华网，2014 年 11 月 18 日。

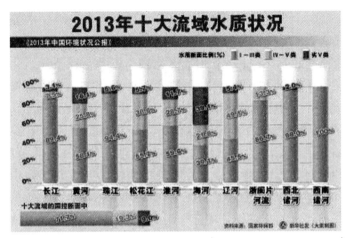

图3　2013 年十大流域水质状况图

再看湖泊。同一份公报显示，国家重点湖泊中，水质为污染级的占 39.3%。31 个大型淡水湖泊中，17 个为中度污染或轻度污染，白洋淀、阳澄湖、鄱阳湖、洞庭湖、镜泊湖赫然在列，滇池水质重度污染。而且，大量天然湖泊消失或大面积缩减，"第一大淡水湖"鄱阳湖和"气蒸云梦泽"的洞庭湖湖面大幅缩小，"水情即省情"的湖北湖泊面积锐减、湿地萎缩。

现实是沉重的——全国 657 个城市中，有 300 多个属于联合国人居住评价标准的"严重缺水"和"缺水"城市。

趋势是严峻的——水污染已由支流向主干延伸，由城市向农村漫延，由地表水向地下水渗透，由陆地向海域发展。

水利部水资源管理司副司长陈明说："目前，全国年用水总量近6200 亿立方米，正常年份缺水 500 多亿立方米。随着经济社会发展和全球气候变化影响加剧，水资源供需矛盾将更加尖锐。"世界银行在一份报告中发出警告：用水需求与有限供给之间差距的扩大，以及大面积污染造成的水质恶化，有可能在中国引发一场严重的缺水危机。这一警告，绝非危言耸听，它正在变成现实威胁。

湖北经济学院院长吕忠梅，从事环境法研究 30 多年。她一针见血地指出："雾霾大范围发生，人们经常碰到，因此被称作国家的

'心肺之患'。而水安全问题，正在构成中华民族的'心腹之患'。"

3. 雾霾给中国敲响警钟[①]

2014年10月11日，气象监测显示，从10月7日开始，北京、天津、河北、山西、山东、河南、陕西关中7省市出现持续性雾霾天气，8日以来，北京、天津、河北中南部和东北部、山西南部、陕西关中等地的部分地区持续出现中度至重度霾。

雾霾号称中国的"心肺之患"，如今，"心肺之患"正肆虐华北，2014年的首场雾霾，甫一出现就态势严重。北京市气象局从9日开始，将霾黄色预警升级为橙色，并预计重雾霾天将持续至10月11日晚上，直到冷空气来临才能缓解。在北京市环保监测中心收集到的数据中，部分地区的PM2.5浓度突破400微克/立方米，而在环保部的分级方法中，只要数据达到300以上就是六级严重污染。本应秋高气爽的季节，华北地区的"霾伏"让街头戴口罩的行人明显增多。在微博上、微信朋友圈里，如何防雾霾，以及雾霾造成的景象变化，都成了热点。重雾霾之下，应急预案纷纷"发威"。根据《空气重污染应急工业分预案》，10月9日，北京市有109家企业被列入应急停限产名单，其中35家企业停产。[②]

中国近年来的雾霾问题相当突出。中国经历了30多年的经济高速增长，而经济的增长离不开能源的大量利用，煤炭在中国的储量非常大，且作为一次性能源，占我国能源消费总量的70%，我国目前的能源结构想要快速改变是不现实的，我们只能循序渐进，慢慢减少化石能源的使用，逐步发展新能源，使用清洁能源。这个过程将需要几十年漫长的时间。

何树春在《论经济增长与环境保护的和谐发展》一文中指出，"传统观点认为，经济发展必然要导致污染，要发展经济就必须承受环境污染的代价，否则经济就失去了发展空间，在经济增长成为各国重要宏观经济目标的条件下，这种观点一度成为破坏环境的正当理

---

① 《"心肺之患"肆虐华北雾霾给中国再敲警钟》，光明网，2014年10月11日。

② 刘少华：《雾霾给中国再敲警钟》，人民网—《人民日报》（海外版）2014年10月11日。

由。许多国家，尤其是部分发达国家的经济发展历程似乎也印证了这一点，几乎都采取了先发展经济，后治理环境的方法。但这并不能成为后起国家借鉴的样板"①。世界经济强国美国走的也是这条路，环境的保护问题一直是美国经济发展的重要问题之一，在美国经济发展的历程中同样有如同"北京雾霾"甚至更加严重的环境污染问题的发生。这是否意味着中国也要走这样的道路呢？答案当然是否定的。首先美国和中国的具体国情存在很大的差别，其次美国当时所处的世界环境也和现在不一样。如果中国固执的坚持美国那样的"先发展经济，后治理环境"的路线，在当今中国和世界资源环境瓶颈趋紧、大众环保意识觉醒和环保伦理形成的约束下，是完全行不通的。

在今后的发展中，中国的发展要把经济增长与环境保护兼顾起来，走可持续发展路线，坚持以人为本，树立全面、协调、可持续的发展观，坚持绿色发展，促进经济社会和人的全面发展。中国已经进入了总体的小康社会，正在向全面小康社会迈进，在这一过程中，不仅要保持经济的较快增长，环境保护也是主要任务之一。

四　经济增长与环境保护二律背反是当代人类面临的难题

从上面的分析可以看到，经济增长与环境保护的二律背反是人类启动现代化以来尤其是当代人类面临的突出难题。

一方面，传统发展观和发展方式，实现了经济增长，但是严重破坏了环境，先发现代化国家就付出过惨重的环境代价，是当今人类环境污染存量的主要"贡献"者。作为后发现代化国家的中国和其他新兴经济体，在取得巨大经济成就的同时也造成了严重的环境问题，亟待解决。

另一方面，如何解决严峻的环境问题？一种理论是生态中心主义和零增长理论，要求停止经济增长以解决环境危机。但是面对急需摆脱落后、贫穷的国家和地区，面对嗷嗷待哺的饥饿人群，生态中心主义和零增长理论显得极其苍白和不合时宜。另一种理论是不可调和论，例如环境库兹涅兹曲线理论就认为在中低收入阶段环境污染不可

---

① 何树春：《论经济增长与环境保护的和谐发展》，《合作经济与科技》2013 年 12 月号下（总第 479 期）。

避免，其实质就是主张，在摆脱贫穷和不发达状态的过程中，在到达高收入行列之前，一个国家或地区经济的增长必然导致环境污染，等到进入高收入和发达阶段，环境污染自然就化解了。按照这种观点，我们只有容忍污染，并等待将来转机的到来。环境库兹涅兹曲线理论也许对先发现代化国家有一定的解释力，因为当时绝大多数国家处于沉睡状态，环境容量不是问题，资源瓶颈远未显现。但问题是，当今人类总体的环境污染已经十分严重，资源瓶颈的制约日益突出，地球已经无法承受进一步的严重污染，环境承载力已经接近极限，再进一步不顾污染的发展，极有可能导致人类的崩溃、自我毁灭。如果认真考虑地球大气对碳排放的容纳极限，就不会觉得这是危言耸听。

第二节　二律背反在渝东北的具体表现

渝东北地区可以说是我国"西部的西部"，经济落后，环境脆弱，经济增长与环境保护二律背反的特点十分突出，也十分典型。因此，研究渝东北这一典型地区如何破解经济增长与环境保护的二律背反，对我国整个西部地区的发展具有重要的借鉴意义。

一　渝东北地区发展不足的表现

（一）经济总量和人均量均偏低

渝东北地区集中了重庆全市最多的贫困人口，在该区域的 11 个区县中，被列入国家扶贫工作开发重点县名单的就有 8 个，人均 GDP 仅为全市平均水平的 55.14%。根据 2015 年的最新数据显示，2015 年渝中区人均 GDP 超过 2 万美元，九龙坡区、渝北区、江北区、南岸区、沙坪坝区和涪陵区人均 GDP 都超过了 1 万美元。在渝东北 11 个区县中，仅万州区发展水平相对较高，其 GDP 总量在全市排名第四，人均 GDP 只有 8272.66 美元，排到了全市第 13 位。而渝东北的其他区县无论是在 GDP 总量还是在人均 GDP 上都在全市靠后，开县、城口、奉节、丰都、云阳、巫山、巫溪这些区县的人均 GDP 都排在全市倒数十名以内，最低的巫溪县只有 3014.00 美元，仅为全市人均 GDP 的 36.02%。（见下表）

2015 年重庆各区县 GDP 排名

（渝东北包括万州、梁平、城口、丰都、垫江、忠县、开州、云阳、奉节、巫山、巫溪等 11 区县）

GDP 排名	区县	2015 年GDP（亿元）	2015 年常住人口（万）	人均GDP（元）	人均GDP（美元）	人均GDP 排名
			2015 年重庆各区县 GDP 和人均 GDP 排名			
3	渝中区	958.17	64.95	147524.25	23685.74	1
2	九龙坡区	1003.57	118.69	84553.88	13575.54	2
7	江北区	687.31	84.98	80879.03	12985.52	3
8	南岸区	679.38	85.81	79172.59	12711.55	4
1	渝北区	1193.34	155.09	76945	12353.9	5
6	沙坪坝区	714.3	112.83	63307.63	10164.35	7
29	大渡口区	159.72	33.27	48007.21	7707.79	14
4	万州区	828.22	160.74	51525.44	8272.66	13
22	梁平县	242.33	66.4	36495.48	5859.53	22
23	垫江县	239.84	67.67	35442.59	5690.48	23
24	忠县	222.4	70.8	31412.43	5043.42	28
19	开州	325.98	117.07	27844.88	4470.63	30
26	奉节县	197.43	75.33	26208.68	4207.93	31
30	丰都县	150.19	59.56	25216.59	4048.65	32
38	城口县	42.54	18.63	22834.14	3666.13	34
27	云阳县	187.91	89.66	20958.06	3364.92	36
36	巫山县	89.66	46.23	19394.33	3113.85	37
37	巫溪县	73.4	39.1	18772.38	3014	38
	重庆全市	15719.72	3016.55	52111.58	8366.77	

数据来源：世界经济网

（二）交通基础设施不完善

渝东北地跨川、鄂、渝低山峡谷，盆东平行岭谷和低山丘陵区，这种特殊的地形地貌既使得人们的居住相对分散，又增加了道路建设的施工难度。渝东北整个交通设施呈现出"两低、两差、两不足"[①] 的状

――――――――――

① "两低"：一是路网密度低，二是通达水平低；"两差"：一是道路质量差，二是出海条件差；"两不足"：一是建设资金不足，二是自身发展能力不足。

况，一方面，道路的等级质量和通达水平低，阻碍了经济的发展。渝东北各区县之间的联系以县级公路为主，高速公路和铁路较少，甚至还有一些偏远的县城交通发严重滞后，比如城口县，全县尚无高速公路和铁路，与周边区县连接不通畅，且县内的各乡镇和街道之间交通联系也很落后，仍有少数行政村不通公路或未通水泥路。另一方面，建设的资金和自身发展能力不足。相对于地区的发展需要而言，整个渝东北地区的基础设施建设和投资仍嫌不足。由于渝东北地区自我发展内生能力不强，所以发展交通设施的自我投资能力明显不足，需要外力的支援。

（三）城乡发展差距较大

重庆市作为西部地区的唯一直辖市，城乡二元结构十分典型。渝东北地区虽然农村和城镇经济增长都在增长，但两者差距仍然十分明显。2016 年，本地区全年城镇居民人均家庭总收入 26850 元，其中人均可支配收入 25216 元，全年农村居民人均纯收入 8332 元，城镇人均收入是农村的三倍多（见图一、图二）。① 城乡差距不仅体现在经济上，在文化素质、受教育水平和身体健康等方面的差距更大，这些差距无法用精确数字表示，却是更根本性的差距。

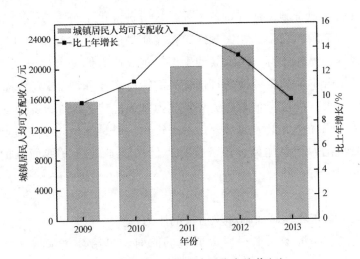

（图一：渝东北历年城镇居民人均收入）

---

① 数据来源：重庆市国民经济和社会发展统计公报。

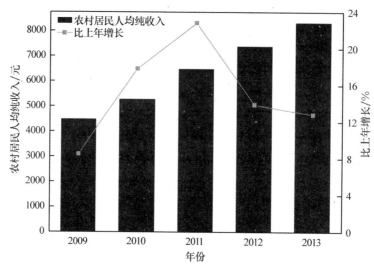

（图二：渝东北历年农村居民人均收入）

（四）优势资源未得到充分利用

渝东北地区不仅矿产资源丰富，如岩盐、锰等；而且因其山川秀美，自然景观奇异，地方特色浓郁，旅游资源也十分丰富，如丰都的名山、雪玉洞，云阳的龙岗景区、张飞庙景区，奉节的瞿塘峡、白帝城景区等，另外还有一些区县的生态景观农业。但是大部分区县还没有真正结合本地的资源优势打造优势的特色产业和产品，发展特色经济效果不大，尚没有把资源优势转化为发展优势。渝东北地区最大的优势是生态优势，最大的资源是生态资源。但是如何将生态优势、资源优势转化为产业优势、经济优势，仍然是本地区发展面临的重大课题。

二 渝东北地区面临环境污染的压力

我国在经济增长取得巨大成就的同时，也给环境造成了巨大破坏。2013 年 1 月 14 日，亚洲开发银行和清华大学共同发布《迈向环境可持续的未来——中华人民共和国国家分析》报告指出，尽管中国政府一直在积极地运用财政和行政手段治理大气污染，但世界上污染最严重的 10 个城市之中，仍有 7 个位于中国，重庆就是其中之一。根据我们调查研究发现，渝东北地区污染问题仍然较为突出。

（一）产业结构不适应三峡库区对环境保护的要求

渝东北地区是三峡库区所在地，三峡库区虽然地处渝东北，但其生态环境保护状况直接关系到长江中下游的生态和人民生活的安危。这一特殊性决定了渝东北地区具有保护好库区环境的重大责任，绝对不能因为经济增长而污染了三峡库区的水体。但是，现实情况是，渝东北地区产业结构发展存在着严重缺陷，极其不利于环境保护。根据最新数据，从 2016 年渝东北三大产业对比来看，第一产业增加值414.25 亿元，增长 5.3%；第二产业增加值 1333.72 亿元，增长13.3%，其中工业增加值 875.98 亿元，增长 10.3%；第三产业增加值 1286.72 亿元，增长 9.7%。总体来看，三大产业都在不断地发展，但第二产业仍然处于优势地位，第三产业的发展滞后。但渝东北地区第二产业并没有完成绿色化转型，对环境保护造成了巨大的压力。根据实地调查，梁平、万州、开州等地区传统工业和污染型产业仍然大量存在，如万州的科华水泥厂，梁平的造纸厂，开州的煤矿业等，虽然促进了当地 GDP 的扩张，但增长模式十分粗放，"三废"排放问题十分严重，给环境造成了巨大的损害。

习近平总书记的指示"共抓大保护，不搞大开发"是十分科学的，尤其适合渝东北地区的实际。渝东北产业结构仍然是第二产业主导，且大量污染产业和企业仍然未退出，这是必须尽快改变的局面。

（二）空气污染严重

渝东北地区空气污染较为严重。例如，万州区百安坝街道的科华水泥厂，规模较大，年销售收入达到 10 亿元，利税约 3 亿，既促进了万州区 GDP 和就业的增长，也带动了附近地区如开县、云阳水泥市场的发展，但也给当地环境和居民生活带来了极大的负面影响，主要是空气污染和粉尘污染严重。而且由于工厂规模较大，每天都有许多大卡车运输大量的矿石和产品，并经过住宅区，噪音和空气污染严重影响到当地居民的安居和健康，还破坏了当地的道路及相关设施。我们实地调查发现，科华水泥厂周边居民普遍反映严重的空气污染导致各种疾病多发，有的居民无奈地说道"科华给我们最大的祸害就是癌症"。当地居民反映,当初科华水泥厂建厂时宣传"可以穿着皮鞋上班",但结果是,从该厂建设到现在,粉尘污染一直十分严重,附近的植被、农作物和居民家家户户的房屋都被粉尘厚厚地覆盖着,危害巨大!

再如万州五桥地区,化工厂集中,这些化工厂还经常偷排,造成严重的空气污染,其中重庆三峡学院两万余师生是严重的受害者,令人窒息的空气常常到了令人无法忍受的地步。

(三)水污染严重

位于渝东北的三峡库区,由于地理条件得天独厚,水资源较为丰富。但随着近工农业经济发展和城市建设的发展,水污染范围也不断扩大。垫江、梁平、万州和云阳大量的化工厂、造纸厂、印染厂和制药厂产生大量工业污水,许多生产生活污水未经处理就直接排到长江及其支流里。污水横流、河流严重污染是我们实地调查亲眼所见,令人触目惊心!这不仅制约了三峡工程功能的发挥,还损害了三峡库区生态优势。另外,水源污染侵害了农产品,不利于本地生态农业的发展。

(四)保持生态优势面临考验

在许多经济较为发达的地区,生态环境破坏也较为严重,而一些贫穷落后的地区,生态环境尚没有破坏,生态优势明显。不过,贫困地区脱贫过程会不会毁掉这种生态优势?是一个严峻的问题。例如,距重庆主城400多公里的城口县,大山阻隔,闭塞落后,是出了名的穷县,2013年城口县生产总值为44.9亿元,在重庆排名靠后,是有名的国家级贫困县。但是城口县生态环境良好,2013年城口被中国气象学会授予"中国生态气候明珠",是全国唯一获此殊荣的县级单位。但令我们忧虑的是,"中国生态气候明珠"能否保持下去?在贫困的压力下,当地民众和地方政府摆脱贫困、加快发展的愿望十分强烈。如果按照传统增长方式进行开发和发展,就会毁掉这颗明珠。类似的教训太多了!我国大部分发达地区在发展经济、推进城市化建设的过程中,过度开发资源,破坏了原有的生态和当地的自然环境。渝东北地区的发展能否避免这种命运?考验是十分严峻的。

综上可见，一方面，发展不足是渝东北地区面临的严峻问题，因而经济增长有其合理性和紧迫性，但经济增长很大程度上损害了生态环境；另一方面，环境污染也是渝东北地区面临的严峻问题，防止环境污染问题进一步恶化，切实保护和改善环境是当务之急，这就要求限制开发，结果是制约经济的增长。面对渝东北地区经济增长与环境保护的二律背反，我们可能动辄得咎——为了保护和改善生态环境而放慢经济增长速度，那么落后面貌无法尽快改观，失业会增加，民众生活难以改善，会引起群众不满；为了经济增长而不顾生态环境，则无异于饮鸩止渴，不利于渝东北地区的可持续发展。渝东北地区遭遇到令人纠结的经济增长与环境保护的二律背反！

第三节　新矛盾观对破解二律背反的启发

一　对待经济增长与环境保护二律背反的三种理论

如何对待经济增长与环境保护的二律背反呢？现有的理论可以概括为三种思路：

第一种理论是生态中心主义和零增长理论，要求停止经济增长以解决环境危机。但是面对急需摆脱落后、贫穷的国家和地区，面对嗷嗷待哺的饥饿人群，生态中心主义和零增长理论显得极其苍白和不合时宜。

第二种理论是不可调和论，例如环境库兹涅兹曲线理论就认为在中低收入阶段环境污染不可避免，其实质就是主张，在摆脱贫穷和不发达状态的过程中，在到达高收入行列之前，一个国家或地区经济的增长必然导致环境污染，等到进入高收入和发达阶段，环境污染自然就化解了。按照这种观点，我们只有容忍污染，并等待将来转机的到来。环境库兹涅兹曲线理论也许对先发现代化国家有一定的解释力，因为当时绝大多数国家处于沉睡状态，环境容量不是问题，资源瓶颈远未显现。但问题是，当今人类总体的环境污染已经十分严重，资源瓶颈的制约日益突出，地球已经无法承受进一步的严重污染，环境承载力已经接近极限，再进一步不顾污染的发展，极有可能导致人类的崩溃、自我毁灭。如果认真考虑地球大气对碳排放的容纳极限，就不会觉得这是危言耸听。

第三种思路是，寻找环境保护与经济增长双赢，就是使得二者相互促进、共同发展的思路。

显然，第三种思路是可欲的、合理的，关键是如何实现的问题。

二　新矛盾观

学者姚伯茂和陆剑杰分别在《对立统一新论》和《实践问题和矛盾问题新论》两本著作中提出了新矛盾观，笔者在这两位学者研究成果的基础上，联系当代人类发展最新实际，具体运用和深化了两位学者的思想，提出了新矛盾观概念和和谐发展方式的观点。[①]

除了可以把矛盾划分为对抗性矛盾和非对抗性矛盾等以外，我们还可以把矛盾分为以斗争性为主的矛盾和以同一性为主的矛盾这两种基本类型。[②] 斗争性和同一性是矛盾的两个基本属性。"斗争性是绝对的，同一性是相对的"这一观点需要与时俱进，其实，斗争性和同一性都是相对的。有一种矛盾，斗争性的地位和作用超过同一性而居主导地位，这种矛盾就是斗争性为主的矛盾；有另一种矛盾，同一性的地位和作用超过斗争性而居主导地位，这种矛盾就是同一性为主的矛盾。

根据唯物辩证法，发展就是矛盾的解决，那么，解决矛盾的方式不同就形成不同的发展方式和发展思路；同样根据唯物辩证法，不同性质的矛盾需要采取不同的解决方式。斗争性为主的矛盾一般是通过一方克服或"吃掉"另一方的方式加以解决，相应的事物发展方式是对抗发展，其发展思路是"零和"或者说"赢者通吃"，结果是一方的所得就是另一方的所失；同一性为主的矛盾则需要采取合作共赢的方式加以解决，对应的发展方式是和谐发展，其发展思路是促进矛盾双方"双赢"或"共赢"，结果是矛盾双方双赢共进。

三　哲学分析：经济增长与环境保护二律背反的症结

经济增长与环境保护的关系本质上是一种矛盾关系，那么，这种

[①]　参见詹宏伟《解决矛盾的两种方式与发展方式转型》，《江汉论坛》2011 年第 8 期；亦可以参见上一章。

[②]　姚伯茂：《对立统一新论》，浙江人民出版社 1995 年版，第 22 页。

矛盾的性质是什么呢？

在很长一段历史时期内，尤其是西方率先启动的现代化以来，经济增长与环境保护之间的矛盾属于斗争性为主的矛盾，所谓的经济增长与环境保护二律背反实质上是指二者结成的矛盾属于斗争性为主的矛盾。这是由人类发展阶段的客观制约性和资本逻辑、资本主义制度的局限性决定的，传统矛盾观本质上就是对这一客观情形的反映。

但是，随着客观情势的变化（包括经济增长导致的环境危机危及人类的生存，科技进步改变了人类改造自然的方式等），经济增长与环境保护之间构成的矛盾的性质逐渐发生改变，由二律背反，即斗争性为主的矛盾演变为同一性为主的矛盾。

然而，相当一部分人的思维并没有做到与时俱进，仍然把经济增长与环境保护之间的矛盾视为斗争性为主的矛盾，例如，我国著名经济学家林毅夫的观点本质上就是如此[①]；还有，西方人提出的环境库兹涅茨曲线理论在我国仍然有一定的市场，先污染后治理的观点仍然潜藏在许多人内心深处。这说明，许多人实际上仍认为，即使在今天，经济增长与环境保护的二律背反依然是不可避免的。

更多的人嘴巴上承认环保的重要性，也赞成增长与环保的双赢，但是，实际上，在发展经济的实践中，他们切切实实地在损害环境！言行背反的原因有二：第一是有些人在内心深处认定，经济增长与环境保护的双赢只是美好的愿望，喊喊口号可以，但根本不可能真正实现，发展经济必然要付出环境代价；第二是有些人既希望也相信增长与环保可以双赢，但苦于找不到实现双赢的科学思路和可行路径，只好在发展经济的过程中继续损害着生态环境。

零增长理论和生态中心主义的主张是对环境污染不可避免论的反

[①]　著名经济学家林毅夫仍然认为经济增长导致环境污染不可避免，并拿欧美早期现代化国家为例佐证自己的观点。2015 年 3 月 14 日，在"中国经济观察"10 周年论坛上，林毅夫说："因为中等发展中国家都是在制造业为主的发展阶段。我们知道制造业对能源的使用密度高，排放密度也高，那环境相对于农业社会，或者是相对于高收入国家，像中国以制造业为主的国家环境自然差。老工业化国家，英国、德国、美国在制造业阶段的时候环境也差，这是共同的，除非你不要制造业阶段。"凤凰大学问，2015 年 3 月 18 日。

动，但这两种不同观点的思维却是相同的：都把经济增长与环境保护视为二律背反的关系、把二者的矛盾视为对立性为主的矛盾。

可见，虽然时代早已经进入了 21 世纪，但从哲学思维上看，许多人实际上仍然把经济增长与环境保护视为斗争性为主的矛盾，仍然没有突破经济增长与环境保护二律背反的思维和思路。尤其可惜的是，苦于找不到实现双赢的科学思路和可行路径，那些重视环保和主张增长与环保双赢的人们，被迫在现实的经济发展中继续损害着生态环境！这不能不说是我们时代的悲哀，是发展哲学贫困的表现。

四　新矛盾观对破解二律背反、实现双赢的启发

习近平总书记指出："绿水青山和金山银山绝不是对立的，关键在人，关键在思路。"① 突破经济增长与环境保护二律背反、实现两者双赢，关键在于找准发展的思路和路径。新矛盾观对此的启发意义巨大。

经济增长与环境保护是一对永恒的矛盾，但是，历史发展到今天，这一对矛盾的性质已经由斗争性为主的矛盾转化为同一性为主的矛盾了。②

同一性为主的矛盾需要采取合作共赢的方式加以解决。"这类矛盾一方的利益根植于另一方，矛盾双方其中任何一方的发展都要依靠对方的发展，对立面中的任何一方，其存在和发展不仅以对方的存在为前提，而且也以对方的存在和发展为归宿，因此，对立面双方要发展自己，就必须支持对方的发展，巩固和发展矛盾双方的结合、合作，而不能破坏这种结合。矛盾双方只有长期共存、互相合作，才有利于事物的发展"。③

经济增长与环境保护这对同一性为主的矛盾，就应该采取上述的合作共赢方式加以解决。处理经济增长与环境保护的关系，有三种对策组合：第一是经济增长伤害生态环境；第二是为保护环境而

---

① 《习近平参加贵州团审议》，新华网，2014 年 3 月 7 日。
② 参见詹宏伟《解决矛盾的两种方式与发展方式转型》，《江汉论坛》2011 年第 8 期。
③ 姚伯茂：《对立统一新论》，浙江人民出版社 1995 年版，第 31 页。

牺牲经济增长乃至零增长；第三是经济增长和环境保护双赢——既增长经济又保护环境，双方实现了相互促进。不用说，第一种对策组合是下策，要坚决舍弃；第二种对策组合也是下策，一般也要避免，尤其是发展不足的落后地区要避免这种对策组合；只有第三种对策组合是上策，其具体思路是：经济增长至少不损害生态环境，这是底线；同时，努力通过经济增长促进环境保护、通过保护环境促进经济增长，这就要求积极寻找、挖掘和创造经济增长和环境保护的交叉点。

五　哲学与经济学的结合

哲学提供了上述科学的理念和破解二律背反、实现双赢的思路，但如何落实，如何转化为切实可行的实践方案，就需要借助经济学工具的帮助，而经济学工具是为贯彻上述哲学理念和思路服务的。哲学理念离开经济工具的支持就会沦为空洞，显得苍白乏力；经济学工具离开哲学理念的导向就会盲目作为或为虎作伥，西方经济学日益忘却初心，古典经济学的伦理维度、哲学维度乃至政治维度不断被抽干，剩下干巴巴的、冰冷的经济学教条，这种狭隘的见物不见人的经济学要为当今人类的发展困境承担应有的责任。

"通过经济增长促进环境保护，通过保护环境促进经济增长，积极寻找、挖掘和创造经济增长和环境保护的交叉点。"这是哲学提供给我们的理念和思路。我们在这一理念和思路支配下设计在渝东北调查研究的方案，在这一理念和思路指导下深刻认识渝东北的真实现状，在这一理念和思路启发下寻找、挖掘渝东北地区经济增长与环境保护的交叉点，从而找到渝东北地区破解经济增长与环境保护二律背反、实现双赢的可行路径。

第四节　双赢之路：渝东北地区破解
二律背反的路径

面对渝东北地区经济增长与环境保护的二律背反，我们可能动辄得咎——为了保护生态环境放慢经济增长速度，那么落后面貌无法改观，失业会剧增，民众生活无法改善，会失去民心；为了经济增长而不顾生态环境，则无异于饮鸩止渴，怎么办？

根据前面的哲学理念和思维的启示，我们对渝东北地区的发展提出这样的具体思路："经济增长至少不损害环境，这是底线；同时，力求经济增长促进环境保护、环境保护促进经济增长的理想效果；这就需要积极寻找、挖掘和创造经济增长和环境保护的交叉点。"我们在这一理念和思维指导下，在大量扎实而深入的调查研究基础上，在经济学分析工具的帮助下，对渝东北地区如何突破二律背反、实现经济增长与环境保护双赢，提出如下具体对策建议。

一　在确保环保技术过关的前提下，积极开发渝东北地区的各种资源，把资源优势转化为经济优势

渝东北地区各种资源非常丰富，但很多资源没有得到有效开发，资源优势尚未转化为经济优势，导致"守着金饭碗讨饭"的尴尬局面。其原因有：一是缺乏技术，包括环保技术和开发技术，因担心污染环境而不敢开发是一个普遍的制约；二是资金匮乏；三是基础设施落后；四是观念滞后，思路打不开，找不到可行的路径。

我们通过调研，发现上述困难是可以克服的。下面以巫溪县尖山镇五氧化二钒开发为例，说明如何克服资源开发中遇到的困难，如何改变"守着金饭碗讨饭"的尴尬局面。

尖山镇是国家级贫困县巫溪县下的一个乡镇，贫穷落后是其面临的主要问题。这里拥有丰富的五氧化二钒矿藏资源，年产量可达到3000吨，但其开发处于停滞状态，主要是环保技术不过关，开发会产生污染物，还有资金困难，交通困难等。其实，完全可以做到在不污染环境的前提下开发五氧化二钒，并带来巨大的经济社会发展效应，极大地促进尖山镇的发展。我们提出的解决方案如下：

（一）实行股份制，资源所有者、技术所有者和资金所有者三方入股，按股分红。具体来说就是，以三方入股形式来开办五氧化二钒提炼厂，尖山政府以资源和土地入股，有条件的技术开发团队或企业

进行技术入股，拥有资金的投资人或投资公司以资金入股。入股比例可以按照4:3:3安排，政府以土地和矿产资源占4成，而技术和资金各占3成。

（二）寻求技术支撑，以技术入股。尖山镇政府和当地企业在开发五氧化二钒方面极其缺乏可靠技术，无法解决开发中的开采技术、矿山提炼技术和环保技术问题。但可以向外界寻求技术上的支持。我国目前这方面发展的比较好的有龙头企业攀钢集团和承德新钒钛股份有限公司。攀钢集团作为世界上第二大钒生产企业（世界钒生产厂商前三分别是：南非第二大钢铁公司Highveld、中国攀钢集团以及瑞士矿业巨头Xstrat AGX），五氧化二钒年生产量达1.5万吨，占国内市场份额的80%以上，占国际市场的15%，在开发五氧化二钒方面拥有雄厚的技术和经验。承德新钒钛股份有限公司作为我国第二大钒生产商，年生产五氧化二钒可达4220.57吨，在开发和环保技术上也拥有多年的经验。除此之外，国内也有许多研究机构在这方面做了大量研究，例如湖南有色金属研究院冶金所，它是国内进行石煤提钒工艺研究最早的科研单位之一，并找到了一条比较环保的提炼工艺：氧化焙烧—碱浸—离子交换工艺。尖山镇政府可以和这些企业和科研单位合作，比如让他们以技术入股，联合开采尖山开发五氧化二钒。

（三）寻求资金入股，获得资金支持。在资金方面，除利用这个项目积极向县市财政争取支持、银行贷款支持外，主要的思路是招商引资，吸引有资金实力的个人或者企业进行资金入股，按股分红。尖山镇政府可以通过建立网上投资平台对外进行宣传吸引有实力的个人或投资企业进行投资。尖山镇政府在政策上要给予优惠，投资初期要在税收政策和贷款政策上给予支持。可以向社会集资，吸纳社会闲散资金，允许企业员工持股，形成资本所有者和本企业劳动者的利益共同体，尽最大可能调动各方面的积极因素。

（四）完善基础设施，为开发提供保障。开发五氧化二钒提炼厂还得需要配套的基础设施。就尖山镇现状来看，主要欠缺的基础设施有：第一、交通设施。境内主要以陆路运输为主，而且只有唯一一条省道过境。搞开发和建设必须先解决交通问题，方便大型设施设备和制成品的运输。第二、兴建水利设施。尖山镇平均海拔在 900 米以上，山间盆地地形，冬天气温比较低，容易结冰，水资源比较缺乏，冬季长期缺水，工业用水问题需要解决，也要保证居民生活用水。为此，必须要修建水库，开凿几条引水渠道供给尖山的生活用水和工业用水。第三、兴建电力设施。靠近尖山镇附近的几个乡镇拥有充足的水力资源，尤其是湾滩河水流落差大，水力资源丰富，目前建有大小水电站共 6 座，总装机量可达 8000 千瓦以上，为满足开发用电需求，还可以新建水电站。

如果按照上述方案成功开发巫溪县尖山镇五氧化二钒资源，效益是巨大的，将会在不污染环境的前提下，极大促进尖山镇的经济社会发展。下面是开发的效益评估：

开发巫溪县尖山镇五氧化二钒的收益分析

尖山镇五氧化二钒可年产量 3000 吨，按照 7 万元/吨来算，年总经济收入 2.1 亿元；开发过程中的成本：第一年总成本预计 1 亿元，经我们核算，购买机器设备 8000 万元，职工规模 500 人，年工资总额 2000 万元；利润按照 4∶3∶3 的比例在尖山镇政府、技术供给方、资金供给方三方之间进行分配；而且由于第一年完成固定资本投资，从第二年开始，投资成本显著减少，第二年及其以后，成本将主要来自工资。

1. 收益分析

年毛收入：尖山镇五氧化二钒年产量 3000 吨，按照 7 万元/吨价格计算，每年总毛收入 2.1 亿元。

第一年开发成本 = 8000 万 + 2000 万 = 10000 万元。

第一年的经济效益：21000 万 – 8000 万 – 2000 万 = 11000 万元。

第二年以后的经济效益：21000 万 – 2000 万 = 19000 万元。

可知：第一年便可把开发成本全部收回并有盈利，第二年有更大的盈利，假设开发规模保持第一年的不变，以后每年都有固定收入

19000 万元，若干年累计收入惊人，下图表明：6 年内的累积利润总额将达到 10 亿元，相当可观，见图 6。

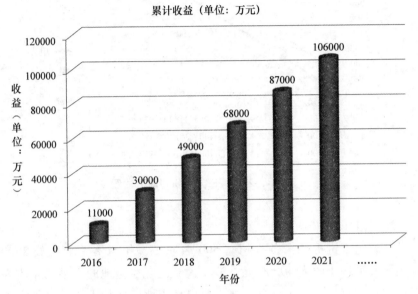

图 6　建厂累计收益毛估图

2. 收益分享分析

入股方分为甲方（巫溪尖山镇政府）、乙方（技术提供方）、丙方（资金提供方）。利润分享：甲乙丙可以按照 4∶3∶3 的比例进行分红，政府以土地和矿产资源获得 4 成，而技术和资金各占 3 成。

第一年：21000 万（收入）－10000 万（开发成本）＝11000 万，按照 4∶3∶3 的份额分红，甲方可获得 4400 万收益，乙丙各可获得3300 万收益；

第二年及以后的年份：21000 万（收入）－2000 万（工资）＝19000 万，按照 4∶3∶3 的份额分红，甲方可获得 7600 万元的收益，乙丙各可获得 5700 万元的收益。若干年累积，各方的所得利润累积量十分可观和喜人，参见图 7。

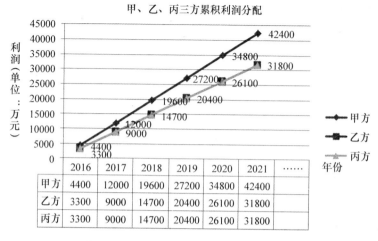

图7 甲、乙、丙三方累积利润毛估图

3. 职工收入

五氧化二钒提炼厂预计招聘 500 名职工，年工资总额发放 2000 万元，人平均年收入 40000 元，该收入要比现在当地的人平均年收入高很多。五氧化二钒提炼厂的建立对提高当地居民的人均年收入有很大的作用。

4. 外溢效益

假设 500 名职工主要是本地居民，他们每年的 2000 万元收入，用于购买房产支出，以及其他方面的改善生活的支出，可促进尖山镇房地产业和第三产业的发展繁荣，带动更多的人就业，增加他们的收入，由此又产生更多的消费……如此循环。这样，五氧化二钒的开发将形成乘数效应，撬动尖山镇经济社会的发展，而因为开发的环保技术过关，开发不会损害环境。于是，尖山镇可以实现习近平总书记的愿望：既要金山银山，又要绿水青山！

二 大力发展特色绿色种植业

绿色农产品具有无毒、无残留、无公害的特征，市场需求量大，发展前景广阔。大力发展特色绿色农产品，可以实现农业经济生态化发展。渝东北地区特殊的地理和气候，造就了许多富有特色的绿色农产品，如大米、马铃薯、血橙、万县红橘、奉节脐橙、中育 7 号甜橙等，它们大都生长于为开发地区，尚未被污染，是典型的特色绿色农产品。大力发展这些产业，将其产业化，是渝东北发展的一条重要途径。具体措施如下：

（一）培养和壮大龙头企业。发展公司加农户的发展模式，改变传统的分散模式。这需要因势利导，推动农地承包经营权的适度集中。

（二）大力推行精品果业发展计划，打造品牌扩大知名度。

（三）培养特色绿色农产品基地种植，形成规模效益。

（四）重视科学种植。改变传统靠经验种植的生产方式，把先进的科学技术应用到农业生产中，引进先进品种，提高农业产量和劳动生产率。

（五）提高和保证农产品质量。对农产品要进行严格的质量检查，杜绝在各种植环节使用农药。

（六）重视市场营销，让当地特色绿色产品走向全国和世界市场，同时引导有实力的种植企业运用互联网营销特色绿色农产品。

（七）充分发挥政府的作用，突破发展瓶颈。政府可以起引导作用，并提供必要的服务。但一定要注意，政府不能成为一个市场主体，不能越俎代庖。正确的做法是充分发挥市场的决定性作用。但是，发挥市场的决定性作用的最重要前提是拥有大量合格的市场主体，主要是种植大户、公司或企业。需要强调的是，渝东北地区发展最大的发展瓶颈之一是缺乏合格的市场主体，因此，大力扶持和培养市场主体，促进有实力的特色绿色农产品大户、公司或企业的产生，是政府最基础和最关键的工作。

三　大力发展特色养殖业

渝东北地区养殖资源优势明显，适合养殖业的发展。必须紧紧抓住这一特色和优势，大力发展特色养殖业，促进渝东北地区农业结构调整和农民增收。

巫溪县上磺镇的山羊养殖业具有特色和优势，可将上磺镇打造成巫溪县首个具有集山羊育肥、交易、美食、赛羊等四大功能的山羊交易市场，进一步规范山羊市场，促进山羊产业发展。丰都县高山牧场具有饲养肉牛的优势和传统，需要进一步挖掘和充分利用其肉牛养殖业优势，将其进一步产业化，做大做强。目前丰都肉牛养殖规模在重庆市名列前茅，成为西南地区肉牛产业第一县，2011 年，肉牛产业带动 7.2 万户农户，覆盖 100% 的贫困村，推动全县农民人均收入增幅达到 25.7%；2016 年实现肉牛加工销售收入 100 亿元，70% 的贫困农户参与肉牛产业，丰都已经成为名副其实的"中国肉牛之都"。

渝东北地区类似于丰都和巫溪这种具有特色的养殖业还有很多，养殖业的发展使得很多居民脱贫致富，同时也带动了相关产业和整个渝东北地区的发展。但是，在养殖业迅速发展的同时，也存在着一系列问题，需要我们从以下几个方面来解决：

（一）培养和壮大龙头企业。龙头企业是产业发展的"火车头"，丰都县充分利用政策、区位、资源等优势，先后引进了恒都、鑫犇、光明、绿牧等龙头企业，但是其作用还不明显，还有待完善体制机制。以重庆恒都农业开发有限公司为代表的国家级龙头企业，虽然形成了自己的发展思路和发展模式，但并没有真正把农民养殖肉牛的风险和利益紧密结合起来，还是一种松散型的合作模式。丰都今后需要大力发展和完善体制机制，建立起公司和农户风险共担、利益共享的利益联结机制，提升农户养殖水平和规模，加快推进肉牛产业的规模化、组织化、精细化、集约化，形成"公司＋养殖小区＋养殖大户＋能繁母牛户"的新的产业生产模式。

（二）转变养殖模式，从散养转向圈养。以巫溪上磺镇为例，虽然该镇山羊产业具有一定规模，且农民养殖山羊传统悠久，但一直采用的都是"夏饱、秋肥、冬瘦、春死"的自然淘汰法则和"天亮赶羊出圈，天黑赶羊入栏"的粗放式的饲养模式，这种传统的散养方式不仅对高山生态造成了一定负面影响，而且山羊的增肥较慢，致使山羊养殖业对农民致富的带动能力十分有限。因此，必须转变养殖模式，推动农户从以往的散养模式逐渐向"散养＋圈养"模式转变，合理利用包括农作物秸秆在内的草资源和有限的土地资源，促使养羊业向标准化、规模化方向发展。

（三）实施品牌战略，提升经济效益。"品牌就是竞争力，就是生命力"，而这恰恰一直都是渝东北很多区县养殖业发展的一个短板，由于养殖方式比较落后，没有加强与区域和国际间的联系，也没有形成自己的品牌，因此销量和知名度都较小。为了促进渝东北地区的养殖业进一步发展，提高其市场竞争力，必须全力实施品牌战略，打造知名品牌，积极挖掘相关产业的品牌文化、品种样式与风味，努力扩大品牌的影响力与市场占有率，走品牌文化发展战略。这方面，渝东北有成功的案例，例如丰都建立起从养殖到餐桌全过程可追溯的质量管理体系，开发高档优质牛肉和相关产品100余个，其国家级龙头企业恒都公司牛肉产品通过 ISO 9001、ISO 22000、HACCP、QS、清真食品、绿色食品、供港冰鲜牛肉等认证，进入国家储备牛肉库，获得出口备案证明。而且，通过农商对接、节会推介、网络促销等方式，丰都优质牛肉产品成功进入家乐福、沃尔玛等12家大型连锁超市，远销韩国、中东等国家和地区，大大提高了丰都肉牛的知名度和影响力，经济效益显著。丰都的做法和经验值得在整个渝东北推广。

（四）加快形成和延长产业链。传统单纯养殖业获利有限，必须发展深加工，延长产业链，开发高附加值产品。如丰都县形成的集牧草种植、饲料加工、品种繁育、肉牛育肥、活牛交易、电子交易、肉牛屠宰、精深加工、市场销售、粪污利用、科技研发于一体的肉牛全产业链条。这种延长了的、完整的产业链，不仅能够获得更多附加值、降低成本，而且能够带动相关产业的发展，增强抗风险的能力。渝东北其他区县应该学习丰都延长产业链的做法和经验，促进整个地区养殖业的发展，将这一产业打造成农民增收致富的一个支柱产业。

四　大力发展高山特色旅游产业

旅游产业是典型的绿色而高效的产业，旅游产业是经济增长与环境保护二者兼得的优秀产业。渝东北地区山多、地理独特、森林覆盖率高、负氧离子浓度高、未开发因而未被污染地区多，推动建设渝东北生态涵养区，开发渝东北地区的特色旅游业资源，不仅是渝东北经济结构调整和新的经济增长点开拓的最佳选择，也是经济发展思想观念的一次深刻变革。

（一）打造特色旅游产业。渝东北地区多山多水，植被覆盖面积广，长江横贯其间，旅游资源优势显著。因此，选择零污染的旅游业是首选。渝东北生态涵养区定位为国家重点生态功能区和农产品主产区，长江流域重要生态屏障和长江上游特色经济走廊，长江三峡国际黄金旅游带和特色资源加工基地。重点发展城口、云阳、巫溪、巫山、奉节等国家重点生态功能县，提升生态产品供给能力，构建奉节—巫山—巫溪—城口特色旅游经济带。

（二）主要开发难度。渝东北地区多山，有著名的大巴山、巫山等山脉，而且多喀斯特地貌、资金和技术投入要求大。由于经济条件的制约，没有实力进行整合资源，构建旅游经济带，因此该地区的旅游资源开发严重不足。同时，待开发地区广，巫溪、巫山、奉节等地拥有悠久的历史，被誉为"巫文化"圣地，但是巫溪、巫山、奉节、城口的经济发展都比较落后，还是典型的国家级贫困县，基础设施也不健全，尤其是交通设施是主要制约。"要想富，先修路"，没有完善、便利的交通设施，再好的旅游资源也不会产生太大的经济价值。

（三）不可忽视环保。虽然旅游产业号称"无烟工业"，但如果粗放发展，监督和管理缺失，仍然会对环境造成破坏。一些地区，盲目地开发旅游资源，造成诸多问题。大量游客涌入带来的生活垃圾难以及时有效处理；热点旅游区不节制发展，游客人数超出环境承载力；旅游开发建设项目与旅游区整体环境不协调等问题，严重制约旅游业可持续发展。因此，渝东北地区在大力发展旅游等第三产业的同时，要避免粗放发展，高度重视发展的可持续性。

（四）开发路径。（1）建设旅游产业链。旅游业涉及吃、住、行、游、购、娱六大要素及社会生活的各个方面，牵动范围广，但是决不能把旅游业简单地等同于一般意义上的、自然状态的吃喝游乐，要具有超前意识，看到人们消费心理，消费取向的变化，顺势而谋，把旅游业真正作为新的经济增长点来培植，把旅游业打造成一个加长的产业链。（2）带动关联产业。从传统习惯的角度看，旅游业是第三产业的一个子产业，从规模、效益等方面衡量具有从属性。随着产业和经济结构的升级，旅游业在第三产业中从属地位有了根本性变化，相对独立性更为充分地显现，已日益成为一个关联度大、带动性强的综合性产业。因此，从思想上应当把渝东北旅游业当作一个综合性的大产业，发挥其优势和辐射带动作用，不仅要让旅游充当龙头，带动第三产业的繁荣，而且要渗透、刺激、促动第一、二产业的发展。(3) 利用市场的方法克服困难。大力培育旅游市场主体，主要是旅游公司或企业，鼓励其健康发展。采用股份制形式，以资源入股、资金入股等方式解决发展旅游产业资金不足的制约。例如，较为成功的巫溪县红池坝旅游景区，就是通过招商引资以资金入股和政府的资源入股形式进行开发的典范。

五　搬迁和聚集现有工业企业

渝东北地区第二产业如何发展呢？根据"点上开发、面上保护"的原则，要防止第二产业遍地开花式的发展，其中一个可行的做法是将企业尤其是污染性企业搬离人口集聚区，进入企业园区，园区距离人口集聚区要适中，工人在园区上班，在人口集聚区生活。此措施可产生一举多得的效果：人口集聚区人气集聚，可促进房地产业和第三产业繁荣。企业集中在园区可产生聚集效应，逐步形成产业集群；还便于污染集中处理，提高污染处理效率，降低污染治理成本；又便于政府集中监管，提高监管效率和改进监管效果。

六　把重庆三峡学院的发展列入渝东北地区发展的战略重点

重庆三峡学院是渝东北地区唯一的一所综合性、应用型本科院校，无论着眼于现实需要还是着眼于知识经济的主流发展趋势，都应该振兴重庆三峡学院，将其打造为渝东北地区的智库中心、适用技术开发中心（打通产学研壁垒）、较高素质实用型人才培育中心。如果重庆三峡学院这些功能得到充分发挥，就会对渝东北地区发展的转型升级产生强大的综合拉动效应。

但是重庆三峡学院的发展面临的困难很多，新区建设拖了十年多，至今尚在缓慢建设之中，严重制约了该校的发展，严重制约了其对区域发展的促进作用和服务能力。需要政府和各方面重视，协力解决重庆三峡学院发展面临的现实困难。

第三篇

主体性视野中的发展方式
转型规律与途径研究

本篇从主体性的视角研究发展方式转型问题。事在人为，人是发展和发展转型的主体，人的意识、人的能力是促进发展和发展转型的能动因素，也是关键因素。因此，充分发挥人在发展转型过程中的主体性，是研究发展转型规律和途径的重要考量。本篇从人民群众主体性和个人主体性两个视角研究主体性与发展方式转型的关联问题。

第十章　人民群众主体性发挥与发展方式转型[*]

由于缺乏建设社会主义的经验，新中国成立初期，我国不得不仿效苏联建立了高度集中的计划经济体制。后来虽然有所改变，但总体来看并没有走出高度集中计划经济体制的藩篱。实事求是地看，计划经济体制有其历史合理性和历史功绩，但不能否认，这种体制越到后来弊端越明显，其中一个根本缺陷是忽视甚至压制人民群众的主体性。

今天，我国原有的高度集中的计划体制有了很大的改变，但是我国的体制转轨任务尚未完全完成，过去计划经济体制残余及相应的思维方式、行为方式，仍然在不同领域中不同程度地发挥着影响力，制约着人民群众主体性的发挥，阻滞经济社会的发展和发展方式的转型。因此，对苏联计划经济体制及其哲学基础进行深入的剖析，显然有利于明晰我国深化经济体制改革的方向，有助于深刻理解"市场在资源配置中起决定性作用"这一新思想的深刻含义和重大意义，有助于启发我们寻找促进发展方式转型的有效措施。

第一节　苏联计划经济体制及其缺陷

一　苏联计划经济体制的形成

"计划经济体制"是对"自由放任"的资本主义制度的批判和

参见詹宏伟《对前苏联计划经济体制及其哲学辩护的批判性反思——兼论中国经济政治体制改革与人民群众主体性的发挥》，《中南大学学报》（社会科学版）2015年4月。

---

* 参见詹宏伟《对前苏联计划经济体制及其哲学辩护的批判性反思——兼论中国经济政治体制改革与人民群众主体性的发挥》，《中南大学学报》（社会科学版）2015年4月。

否定的产物。

马克思和恩格斯针对资本主义"自由放任"制度的严重后果，最早提出了有计划发展经济的思想。他们认为："一旦社会占有了生产资料，商品生产就将被消除，而产品对生产者的统治也将随之消除。社会生产内部的无政府状态将为有计划的自觉的组织所代替。"① 列宁接过这种设想，他明确指出，要把全部国家经济机构变成一整架大机器，变成一个使几百万人都遵守一个计划的经济机体。斯大林把这种思想发展为国家全面控制经济的具体做法，从而为苏联模式规定了范式。他曾说："商品流通是和从社会主义过渡到共产主义的前途不相容的"，因而应该用"产品交换"来代替"商品交换"，在苏联取消"商品经济"。② 他还说："我们的计划原则与资本主义诸国不同，它的范围，并不仅以各托拉斯和辛迪加为限，而是要扩及整个工业和农业、财政、运输、国内外贸易之间的相互关系。""我们的计划不是臆想的计划，不是想当然的计划，而是指令性计划。这种计划各领导机关都必须执行。这种计划能决定我国经济在全国范围内将来发展的方向。"③

十月革命胜利后，迫于国内外严峻的形势，列宁曾实行过"战时共产主义"，这是一种军事化的体制，取消商品货币，实行实物配给制，是应对战争的严酷形势所采取的一项特殊的体制。但是"战时共产主义"体制也造成了深重的经济政治危机，主要是严重挫伤了人民群众的积极性，遭到工人、农民的反对。列宁的可贵之处是，勇于自我批评和自我否定，他不是从书本而是从实际出发，很快发现原来的想法是不切实际的，并迅速作了理论和政策的调整，提出并推行"新经济政策"，承认商品货币关系的客观存在，恢复并利用商品货币关系为经济建设服务。针对当时流行的把商品生产看作历史倒退的观点，列宁曾严厉批评道："我们应当认识到，我们还退得不够，必须再退，再后退，从国家资本主义转到由国家调节买卖和货币流通。商

① 《马克思恩格斯选集》第 3 卷，人民出版社 1995 年版，第 633 页。
② 《斯大林选集》下卷，人民出版社 1979 年版，第 609、611 页。
③ 《斯大林全集》第 10 卷，人民出版社 1954 年版，第 280 页。

品交换没有得到丝毫结果，私人市场比我们强大，通常的买卖、贸易代替了商品交换。"① 列宁实际上提出了利用有国家调节的商品经济建设社会主义的光辉思想。可惜，伟人过早离世，"新经济政策"及相应的思想没有得到坚持和发展。

斯大林掌权后，放弃了列宁的"新经济政策"，很快把苏联引上了全面执行计划经济的道路，此后直到苏联解体，70 余年时间中，苏联一直实行高度集中的计划经济体制，没有多大改动。这一体制有其历史功绩，迅速把苏联由一个落后的农业国变为一个工业国。但随着经济形势的变化，这种模式越到后来越显得僵化。

在这种体制下，除在所有制方面实行单一的公有制外，在经济运行方面，国家通过计划的制订和贯彻，实现对经济生活的全面参与和控制。计划是指令性的，就是行政命令，计划具有法律一样的效力和强制力。计划体制对经济发展采取一种类似于军队的组织和管理方式，完全否定了基层、群众和个体的自主性和能动性。

苏联有一个编制计划的最高职能机关——国家计划委员会，并在各级政府中都设立有分支机构，便于从上到下的控制。计划委员会不仅制订经济发展的宏观计划，而且为成千上万的国营工厂、集体农庄制订具体的生产计划，以实现对全社会生产和消费的控制。在这种机制下，企业的人、财、物和产、供、销完全由国家计划规定，"企业的年度、季度甚至月度计划都要由中央审批，甚至每一千块砖头、每一双皮鞋或每一件内衣，都要由中央调配"②。计划在国家经济中无所不在、无所不包，正如苏联领导人古比雪夫说的："在我们的计划体制中，我们已经走得这样远，这样深，以至于我们确实没有任何经济、文化或科学研究部门还在计划之外和计划工作之外。"③

二　苏联计划经济体制的缺陷：主体性的丧失与活力的衰减

在计划经济体制下，政府对经济发展采取行政命令的管理方式，

---

① 《列宁全集》第 42 卷，人民出版社 1987 年版，第 228 页。
② 刘克明：《苏联政治经济体制七十年》，中国社会科学出版社 1990 年版，第 352 页。
③ 转引自刘克明《苏联政治经济体制七十年》，中国社会科学出版社 1990 年版，第 354 页。

政府计划不仅大包大揽，管得太细、太多、太死，而且忽视劳动者物质利益，实行平均主义的分配方式，劳动者个人在生产过程中缺乏积极性和主动性，劳动生产率十分低下，经济失去活力和动力。

在农业方面，自20世纪20年代末期，苏联过早推行了全盘农业集体化，这不但妨碍了农村经济的正常发展，而且极大地挫伤了劳动者的生产积极性。在集体农庄内，由于吃"大锅饭"，干好干坏一个样，所以在相当长的一段时间内，农民消极怠工，纪律涣散，对此，苏联官方也不得不承认："集体农庄的劳动还组织得不好，劳动纪律松弛"；"常有这样的时候，懒汉竟比埋头苦干不耍滑头的庄员分的粮食还多。……庄员们对工作的切身利害感降低了，许多人甚至在大忙季节也不出工，一部分集体农庄庄稼直到下雪时还没有收割，并且收也收得不细，糟蹋得厉害"①。

工业生产部门的情况也大致如此。由于管得太死，一切指标措施都由指令性计划规定，加上生产过程中缺乏激励机制，劳动与报酬脱钩，因此企业中劳动者缺乏积极性与主动性。1938年联共（布）中央通过的整顿劳动纪律的决议指出："企业中不安心工作者、懒汉、旷工者和贪图私利的人……给工业、运输业和整个国民经济带来巨大的损失……他们常常只工作4～5小时，白白浪费其余2～3小时的工作时间，国家和人民因此常常每年损失几百万个工作日和几十亿卢布。"②

高度集中的计划体制严重束缚了劳动者的积极性和创造性，也不利于新科技在生产中的应用。国营企业的产品不进入市场，没有竞争压力，因而企业不会为降低生产成本或提高生产率而冒采用新技术的风险，产品规格几十年如一日，造成技术水平长期落后。无论在工业还是在农业方面，苏联的劳动生产率都远远低于西方发达国家。苏联与美国比较，工业劳动生产率仅为美国的25%，农业劳动生产率仅

---

① 《联共（布）党史简明教程》，人民出版社1975年版，第348页。

② 《苏联党和政府关于经济问题指示汇编》第2卷，第655—676页；转引自刘克明《苏联政治经济体制七十年》，中国社会科学出版社1990年版，第405页。

为美国的 9%。[①]

　　苏联模式极端缺乏后劲和活力，后果严重。撇开经济效益和劳动生产率不说（这方面问题更大），单看增长速度，20 世纪 70 年代末之后，苏联经济的增长速度开始急剧下降，1976—1980 年降为3.7%；1981—1985 年持平；1986—1990 年为 2.5%，1990 年首次为－2%。[②] 这样，计划经济体制粗放的增长方式唯一的"优势"——高速度增长也维持不住了，因为这种体制严重窒息了劳动者主体性或主人翁感，动力不断递减，不可能维持长期的高增长。根据马克思唯物史观，劳动者是生产力的首要因素，是经济发展的首要要素，它的主体性、积极性、活力被窒息了，生产力和经济发展就失去了源头活水，这是苏联计划体制后来日益走下坡路乃至苏联巨变的一个根本原因。

　　苏联计划体制越到后来弊端越明显：经济体制高度集中，排斥市场经济，妨碍了人们在社会主义经济建设中积极性、主动性的发挥，以及竞争意识、开放意识、现代民主法制意识的形成和增强；政治上存在一个不受制约的绝对权力，形成了整个社会对政治权力的金字塔式的依附，个人崇拜之风盛行，人们崇拜"救世主"的封建主义思想意识继续蔓延，不仅导致了斯大林严重践踏社会主义民主和法制的悲剧，而且在整个社会的政治文化、政治心理中，封建主义政治影响得不到有效消除，成为人们产生、形成现代民主法制意识的严重深层障碍。

　　总之，在苏联高度集中的计划体制下，不可能有个人和民众的主体地位，不可能发挥个人和民众的主体性。

第二节　苏联教科书哲学的缺陷：忽视和贬抑人的主体性

　　作为为斯大林模式社会主义辩护的苏联教科书哲学是计划经济体

---

　　① 转引自江流、陈之骅《苏联演变的历史思考》，中国社会科学出版社 1994 年版，第 95 页。

　　② 转引自钱乘旦、刘金源《寰球透视：现代化的迷途》，浙江人民出版社 1999 年版，第 169 页。

制的哲学基础。① 因此，有必要充分揭示苏联教科书哲学及与之类似的"马克思主义哲学"的一个突出特点——贬损人的主体性（包括个人主体性、民众的主体性）。

马克思的历史理论完整地将社会发展的主体性和客观制约性统一起来了，既高扬人类主体在历史发展过程中的能动性，又坚持了社会历史发展的客观制约性，是由肯定人类主体作用的历史辩证法与坚持从现实物质生产出发的历史唯物主义的完整统一，把人们既当成他们本身的历史的"剧中的人物"也当成其中的"剧作者"。

但为了破除统治人类几千年的唯心主义历史观，加之为了论战的需要②，马克思、恩格斯把自己理论阐述的侧重点放在社会发展的客观制约性和规律性方面。可是，在传播过程中，马克思哲学多次遭到歪曲，其理论的完整性多次遭到割裂，突出的表现是，用历史发展的客观制约性和规律性去否定或贬低人在社会发展过程中的主体性地位和作用，致使马克思哲学历史主体性思想一再被遮蔽，人在社会发展中"剧作者"的地位被忽视甚至取消。有代表性的理论和思想有：第二国际理论家、西方马克思主义中的科学主义派别、苏联教科书哲学等。其中，由于苏联是第一个社会主义国家，其社会主义阵营的领导地位决定了苏联教科书哲学的影响深远。

一　第二国际

在第二国际之前，最早将马克思的社会历史理论歪曲为经济决定论的是德国资产阶级学者保尔·巴尔特，他认为马克思的历史理论不重视人，唯物史观把人看作是受经济摆布的机器，把思想看作是纯粹

---

① 苏联官方哲学家米丁"将斯大林关于马克思主义哲学的主张系统化并提升为特定的研究模式：意识形态先行，哲学为政治服务。具体讲，即先有某种理论，再按理论制定方案，如'集体农庄'蓝图，然后进行思想发动，组织人民向计划的蓝图迈进。这里，意识形态走在一切社会变革之先，全部实践依计划进行。不允许一切有悖于此的做法，无所谓自由可言"。参见郭凤海《自由的歧路——"苏联哲学"的历史命运及启示》，《理论探讨》2007 年第 3 期。

② 恩格斯说，"我们在反驳我们的论敌时，常常不得不强调被他们否认的主要原则，并且不是始终都有时间、地点和机会来给其他参与相互作用的因素以应有的重视"。《马克思恩格斯选集》第 4 卷，人民出版社 1995 年版，第 698 页。

消极的形式和外衣。以保尔·恩斯特为首的德国社会民主党内的"青年派"，也对唯物史观进行了歪曲，"青年派"认为，"在马克思那里历史是完全自动地形成的，丝毫没有（正是创造历史的）人的参与，并且说什么经济关系（但是它们本身就是人创造的！）就像玩弄棋子一样地玩弄这些人"①。这样，马克思对客观经济因素的重要性的强调被误认为只承认经济因素的决定作用，唯物史观歪曲为"庸俗经济决定论"，人被视为经济必然性的奴隶。

可见，经济决定论的始作俑者并不是第二国际，但在马克思主义发展史中，最早将马克思的社会发展理论解读为经济决定论的是恩格斯逝世后第二国际的一些主要理论家们，其中最重要的代表是考茨基。"经济决定论是这样一种历史哲学，它把全部社会历史发展理解为自发形成的自然过程，在其中经济关系起着唯一决定性的作用。因此，经济决定论将全部社会历史关系不由分说地统统还原为经济关系，历史变成了由人之外的经济力量决定的宿命。"② 第二国际经济决定论的历史观，要害在于取消了社会发展过程中主体的作用，似乎人类社会的发展像抽象的自然一样，其运动、变化完全与人无关，社会历史发展的实践辩证法变形为实证主义和经济主义的自然发生学。在考茨基等人那里，人类历史成了自然历史的一个附属物，社会的发展规律不过是生物规律的一种表现形态而已。在社会历史的发展过程中，人只能站在这一客观进程旁边消极地观望。人类社会历史的发展似乎是一个离开人而独立运动的自然而然的客观物质进程，马克思的《资本论》仿佛就是一个铁的历史时刻表，物质生产力的生长自动产生着经济进程的变动，再由此发生全部社会上层建筑的改变。这样，资本主义的崩溃和灭亡将是科学定律式的"不可避免"，革命在一定的物质条件下自然而然要发生，无产阶级在一定的时刻也自然而然会成为自觉的革命力量，人们要做的事情只是等待客观物质条件的成熟。这是第二国际理论家与列宁致力于发挥无产阶级革命能动性的实

---

① 《马克思恩格斯全集》第 22 卷，人民出版社 1965 年版，第 97—98 页。
② 张一兵、胡大平：《西方马克思主义哲学的历史逻辑》，南京大学出版社 2003 年版，第 28 页。

践发生冲突的根本原因。19世纪初的俄国处于资本主义发展的初期，根据第二国际的经济决定论，俄国根本没有资格进行无产阶级革命。①

二　"西马"科学主义流派

针对第二国际否定人在社会发展过程中的主体性的错误，早期西方马克思主义和人本学的西方马克思主义在突出人在社会发展中的作用和地位的同时，走向了夸大主体能动性和主体地位，抛弃马克思历史理论科学性的另一个极端。西方马克思主义内部的科学主义流派（科学的马克思主义）不满意这种对马克思理论的曲解，其主要代表人物有阿尔都塞。但阿尔都塞却走向了另一个极端。他认为，"马克思主义是理论上的反人本主义"，1845年后，马克思主义哲学的科学世界观产生之后，马克思就抛弃了社会历史主体论，确立了一个新的从客观社会历史规律出发的"无主体过程"论。"历史是无主体的过程，在历史中起作用的辩证法不是任何主体的作用，无论这种主体是绝对的（神）还是仅仅是人类的，历史的本原意义已经被推到了历史以前，因此历史既没有哲学上的来源，也没有哲学上的主体。"②与阿尔都塞持相近的科学主义观点的德拉－沃尔佩和克莱蒂认为，马克思主义实际上是一种科学辩证法。在阿尔都塞的弟子普兰查斯那里，以及一直到后来的"分析的马克思主义"那里，我们同样找不到"人"的影子。③

张一兵先生对阿尔都塞等人的评价是十分中肯的，他说："阿尔都塞等人的这种理论倾向与我们的传统哲学解释框架的思路是十分接近的。④ 他们都仅仅抓住了马克思主义科学历史观中的客观逻辑，并将这种客观描述社会历史进程的观点与历史唯物主义狭义理解中经济力量占主导的观点混淆起来，再将其导入一种实证的层面，使之成为一种片面的形而上学怪物。这样，社会历史成了反人的非主体的客体

---

① 张一兵：《马克思历史辩证法的主体向度》，南京大学出版社2002年版，第315页。
② 阿尔都塞：《列宁在黑格尔面前》，《马列研究资料》1984年第5期，第233页。
③ 张一兵：《马克思历史辩证法的主体向度》，南京大学出版社2002年版，第326页。
④ "我们的传统哲学解释框架"即苏联模式的马克思主义或苏联教科书哲学的解释框架。

运转，人类主体被实际地否定了，历史进程成为一种在人之外运转的机械决定论。""在一定意义上，这种观点是第二国际'科学的'马克思主义和传统哲学解释框架的一种更精致的漫画式的表述，它无非是以当代西方科学哲学（结构主义、实证主义）的形式重新出现罢了。"①

三　苏联教科书哲学

苏联建立的高度集中的计划经济体制的哲学基础是苏联教科书哲学。因此有必要深入分析苏联教科书哲学的特点。反思马克思主义发展史可以发现，从理论上看，苏联教科书哲学是理论上曲解和肢解马克思哲学的产物。

苏联教科书哲学是苏联模式马克思主义哲学的简称，它以斯大林对马克思主义哲学的理解为主导，以教科书的形式系统化，并加以推广普及的一种马克思主义哲学。由于苏联在社会主义阵营中的领导地位，这种模式的马克思主义哲学的影响亦十分大。

苏联教科书哲学，一方面片面强调马克思哲学的科学性和逻辑性，从而在一定程度上忽略了马克思哲学中主体的存在；另一方面把马克思哲学等同于一般唯物主义，因此，它不是从现实的人的实际生活出发，从"从事实际活动的人"出发来理解人和人类历史，而是着重强调物质本体论，从"世界统一于物质"这一基本命题出发去理解马克思哲学。在这种本体论的还原式理解模式中，人与其他存在物一样受制于物质本体，人变成了与其他存在物一样的存在，人成了物质的一种表现形式，现实的活生生的人消失了，人类历史在实际上被解释成一种几乎与历史的真实主体（人）无缘的东西。② 研究苏联教科书哲学随处可以发现，喋喋不休地论证和强调物质性、客观性、规律性，把人及其社会与一般的物质的差别磨平，为了反对唯心主义，反复强调的是人、社会与无生命的物质世界的共同点或共性——

---

① 张一兵：《马克思历史辩证法的主体向度》，南京大学出版社2002年版，第327页。
② 旷三平、常晋芳：《唯物史观前沿问题研究》，中国社会科学出版社2004年版，第105页。

物质性、客观性，并牢牢抓住这个共性大做文章，大肆演绎——由这一共性出发构建了教科书哲学的逻辑框架和理论大厦。这种哲学给人带来的是灰色、死气沉沉、无活力无生气之感，这与叔本华、尼采等人反对的黑格尔哲学殊途同归——打压人的主体性，贬抑人的尊严和价值。这种唯物主义哲学与黑格尔客观唯心主义哲学同样走上了"杀人"的道路！

在这种模式的马克思主义哲学的解释框架中，马克思的历史唯物主义被解释成一种几乎与历史真实主体（人）无关的东西。无限丰富的人类社会存在，在这一解释体系中变成了三种物质实体的简单相加：与人无关的地理环境，被视为自然数量的人口，加上似乎与人无关的物质生产方式。社会运动中的生产力与生产关系、经济基础与上层建筑的基本矛盾及其"辩证运动"，也仿佛是离开人而运转的客体过程。还需要特别指出来的是，马克思关于在一定历史阶段上，经济力量成为支配人类主体的主导力量的理论，被放大为整个人类社会历史的一般状况，无论过去还是未来都是如此，由此把人类社会历史发展过程解释为一个不以人的主体意志为转移的、臣服于社会中"自然规律"的"自然历史过程"。由此看来，传统苏联教科书哲学框架为了坚持社会历史发展中的唯物主义原则，为了突出历史唯物主义的科学认识论和方法论特征，为了彻底革除唯心主义历史观的根源，付出了昂贵的代价，社会发展的总体辩证法和主体性在这个体系中被完全"蒸发"了；马克思的"历史什么也没做"，人类主体实践历史地、具体地、现实地创造着人类社会历史，从低级走向高级，从必然王国走向自由王国等人文思想，都被选择性地"遗忘"了。于是，社会历史中的人的主体能动性仅仅停留在社会意识的反作用上，类似于物体机械的作用和反作用原理，人的主体性和能动性逐渐萎缩、枯干。最后的结果是，马克思历史观又退化成了对"历史是在人之外"发生的客观进程之黑格尔式的论说。①

---

① 参见张一兵《马克思历史辩证法的主体向度·自序》，南京大学出版社 2002 年版，第 2—3 页。

鲁品越教授在《生产关系理论的主体性复归》一文中，① 深刻地分析了苏联教科书哲学体系的生产关系理论的缺陷，那就是，忽视生产关系形成和发展过程中人的主体作用和价值，对马克思的生产关系理论进行了机械唯物主义的曲解。具体而言：第一，关于生产关系的定义问题。苏联教科书哲学全力排除生产关系中人的利益欲望、情感意志等主体性因素，形成类似于"分工""协作"这样纯粹的物质的、技术的、与人无关的生产关系定义，从而奠定了其社会历史理论的机械唯物主义基调。第二，关于"生产力决定生产关系"原理的机械性理解问题。总体看，苏联教科书哲学对这一原理做了机械决定论式的曲解。在苏联教科书哲学那里，生产力与生产关系的关系，不仅被抽象为脱离人类主体的"物质内容与物质形式"的关系，而且被进一步抽象为离开人类主体利益的作为抽象事物的"内容与形式"的关系，接着，根据"内容决定形式"的一般性、普遍性原理演绎出结论：生产力决定生产关系。可以发现，苏联教科书哲学的生产关系理论完全否认了生产力与生产关系矛盾中人的因素，即人的主体性、人的意志激情、人的利益等因素完全被排除在这一理论的视野之外。进行毫无生气的抽象的理论推演，是苏联教科书哲学的主要构建和演绎方式。第三，关于阶级和阶级斗争理论的机械性理解问题。苏联教科书哲学对唯物史观的阶级理论也进行了机械唯物主义的、抽象的解读。苏联马克思主义教科书哲学体系抽象化阶级主体的具体特征，得到了作为纯粹客体的"抽象阶级"，世界上不同民族和国家、历史上不同历史阶段、各民族不同文化背景的丰富复杂的人，被这种哲学简单地归结为清一色的几大阶级。西方哲学史上费尔巴哈等人的抽象人性论把具体的、现实的人抽象为全人类统一的抽象的"一般的人"，而苏联教科书哲学则将现实生活中的、具体的、活生生的人抽象为几种简单类型的"阶级的人"。相对于抽象人性论，苏联教科书哲学还是有所进步，它毕竟使人的概念相对地具体化了一些，在"人性一般"外，看到了人的阶级性。但是，人性不仅仅是阶级性所能够涵盖的，只有阶级性规定的人性还是遗漏掉了活生生的人的民族性、

---

① 参见鲁品越《生产关系理论的主体性复归》，《教学与研究》2002 年第 2 期。

时代性、理性、非理性等特征。这还是类似于马克思在《关于费尔巴哈的提纲》一文中批判过的缺陷：把社会中某一类型的人的本质理解为"类"，理解为一种内在的、无声的、把这部分人联系起来的共同性。结果竟是，各个具体的阶级的民族性及其历史环境特征、它的社会生活组织形式的特征等活生生的特殊性统统被抽象化了，生动的具体的国情也被抽象化了，人类各个民族的活生生的历史被理解为机械的模式化的几种类型的抽象阶级之间的斗争史。可见这一理论体系的抽象性和非现实性到了何种程度！其关于阶级和阶级斗争的理论内涵是多么贫乏、苍白！这样，其解释力和指导力严重不足也就不足为怪了。第四，关于经济基础与上层建筑关系原理的机械论理解问题。苏联教科书哲学对上层建筑反作用于经济基础原理也进行了机械性的理解。由于苏联教科书哲学关于生产力与生产关系的机械关系理论，明显与历史事实和现实生活相违背，教科书的作者们只好进行了一些弥补，即被迫用"反作用论"进行弥补。但是，这种所谓反作用的含义是什么呢？是被抽象为无主体的抽象的客观事物之间的相互作用，类似于机械运动的作用力与反作用力。上层建筑被抽象为脱离活生生人类的具体主体的几种类型，它们分别与历史上几个不同的阶级相对应；同样，经济基础也被机械地划分为几种类型；这样，经济基础与上层建筑之间的相互作用完全是外在的机械的相互作用——维护和巩固自己的经济基础，破坏和阻碍异己的经济基础。

总之，对生产力和生产关系、经济基础与上层建筑、阶级与阶级斗争这些最基本的活生生的事物以及它们之间的活生生的有机关系，苏联教科书哲学的基本逻辑理路是：首先，把它们从活生生的人的主体活动中抽象出来；然后，定型为某种独立的、脱离具体活生生的实践过程的、脱离具体主体的客观事物（即几种类型的生产力、生产关系、阶级和上层建筑）；接着，再分析这些事物之间的相互关系——机械的对应关系、机械的作用与反作用关系——如"对应""决定""维护""阻碍"等；进而，抽象地将这种机械的作用与反作用模式推广为放之四海而皆准的教条，机械地套用到一切具体社会当中，去解释一切、说明一切。苏联教科书哲学作者们就是不懂得：生产力与生产关系的相互作用，上层建筑与经济基础（生产关系）的作用与反作用，不是无生命的抽象事物之间的相互作用，不是与人无关的天体之间的作用与反作用，而是通过活生生的人类主体力量结构，在具体的、活生生的人类主体的实践活动中，用丰富复杂的具体形式来实现的。

苏联教科书哲学是苏联模式社会主义即高度集中的计划经济体制的哲学基础，归结起来，从哲学的高度看，这种体制犯了两个错误：一是把社会发展看作一个机械的无主体的过程，滑向了机械决定论和机械唯物主义；二是把社会发展交给了少数计划制订者，普通个人和民众只是被动的，消极的，只要服从计划就行了。这两种错误实质上是蔑视人民群众力量的英雄史观的变种。

第三节　中国改革与转型：吸取苏联教训，充分发挥人民群众的主体性

由上文分析可见，苏联计划经济体制及其哲学基础，严重忽视乃至贬抑和窒息人民群众的主体性。历史唯物主义主张群众史观，人民群众是历史的主体，是历史的创造者。如果压制和窒息人民群众的主体性，那么结果一定是经济社会发展活力枯竭和动力的衰减，社会发展必然停滞不前。这是苏联解体的根本原因之一。

改革开放前的中国，经济体制具有与苏联相似的特点和缺点。幸运的是，我们在 20 世纪 70 年代末着手改革自己的经济体制，重新焕发了社会主义在中国的活力。中国的经济体制改革吸取了自己和苏联计划经济体制的深刻教训，从哲学上看，改革的根本措施就是逐步建立了尊重人民群众主体地位和弘扬人民群众主体性的富有生机和活力的经济体制，即社会主义市场经济体制。

但是，计划经济思维仍然在制约着我们的发展思想和思路，在如何推动发展方式转型问题上表现较突出。在发展方式转型问题上，也需要摒弃计划经济和全能政府的思维，探索如何发挥广大人民群众的主体性。

一　邓小平改革的实质就是激发和发挥中国人民的主体性

邓小平是我国改革开放的总设计师，是改革的主要创导者、启动者、推动者和领导者。邓小平倡导和推动的改革，实质上就是把人民群众的主体性从高度集中的计划体制下解放出来。

首先，邓小平倡导思想解放，使人民群众冲破了思想牢笼，成了具有独立自主意识的主体。解放思想是实事求是的前提条件，也是人们发挥主体性的前提，是中国改革发展不断取得成功的法宝。

其次，邓小平极力推行经济体制改革，冲破了计划经济对人民群众的束缚，并逐步走向市场取向的改革，将人民群众推向市场，使其成为生产经营主体、经济活动的主体。改革开放以来，通过打破旧的计划经济体制的束缚，使得人民群众置身于市场经济大潮中，成为经济社会发展的主体。邓小平推行和启动的经济体制改革，其实质和核心是下放权力，让人民群众自己拥有经济发展权利，自主地生产和经营，走自己致富并最终达到共同富裕的道路。

第三，在政治方面，邓小平力主政治体制改革，其用意在于精兵简政，扩大民主，调动人民群众当家作主的积极性，使人民群众的民主权利得到切实实现。

第四，在科教建设方面，提出了"科学技术是第一生产力"的新思想，确认"知识分子是工人阶级的一部分"，切实落实知识分子政策，使知识分子大胆地工作，以主人翁精神去创造和奉献，极大地推动了我们科技和教育事业的发展。

第五，在外交方面，坚持独立自主的和平外交政策，从不屈服于外来压力，从不看别人的眼色行事，依靠本国的经济发展和社会进步，维护世界和平，反对霸权主义，坚决捍卫国家主权。在处理与其他国家关系时，主张和平共处五项原则。

第六，在中国发展问题上，他主张独立自主，自力更生，走自己的路。依靠中国人民自己的聪明才智和自主创造精神不仅可能，而且完全可以建设好自己的国家，当然不排斥外援，但却不能依赖外援。在发展道路问题上，主张走自己的路，建设有中国特色的社会主义。

二 农村和企业改革激发了人民群众的主体性

农村改革是从推行家庭联产承包责任制开始的。1978 年安徽的一些地方的农民率先实行"包产到户"，开始冲破人民公社体制。"包产到户"遭到了许多的责难和强大的阻力，但逐渐获得越来越多的肯定和支持，逐渐合法化，并迅速在全国推开。家庭承包制把经营土地的权利交给了农民，使劳动效果与劳动报酬直接挂钩，农民有了经营的自主权，自主经营、自负盈亏，成了独立的商品生产者，成了独立的微观经济主体，总之，农民的主体地位得到恢复，从而极大调动了农民的生产积极性，农业生产力跳跃式提高，很快改变了农产品供应短缺的局面，迅速解决了长期困扰中国人民的温饱问题。

企业改革最先做的是开展多种形式的国有企业放权让利和其他扩大自主权试点；为了进一步调动企业和职工的积极性，受农村改革的启发，在国有企业普遍实行了承包制。这些改革探索在一定程度上调动了企业的生产积极性，促进了工业生产的发展。企业改革始终是沿着调动企业的主体性这一正确方向前进的。但由于人的认识的深化有一个过程，加之企业改革问题的复杂性，因此，如何确立国有企业主体地位，如何激发国有企业及其员工的主体性，如何找到体现和确保国有企业主体性的形式，需要一个艰巨的探索过程。我国企业改革也一直未中断这种探索，并且在不断取得成效。例如，经过长期探索，我国最终确立了按现代企业制度改革国有企业的方向，即把国有企业改革成"产权清晰、责权明确、政企分开、管理科学"的现代企业，以使国有企业成为真正的市场主体，充分发挥企业及其人员的主体性；再如，大力推行股份制，大力发展民营企业等也具有激发各方面积极性的效果。

三 "市场的决定作用"、人民群众的主体性与发展方式转型

当前，我国面临发展转型的严峻挑战。我国早在二十年前就提出了发展方式转型的目标，但是效果一直不佳。原因在哪里呢？除了发展阶段的客观制约和认识水平的主观制约外，一个重要原因就是计划经济体制残余及其相应的思维方式对人民群众主体性的束缚和伤害，

没有找到调动人民群众在发展转型中主体性的途径和方法。须知，完成发展方式转型决不仅仅是少数精英的事情，决不仅仅是政府能够完成的，其根本力量在于人民群众。调动千千万万人民群众的主体性、积极性和创造性，是我国实现发展方式转型的治本之策，表现在经济体制上就是让市场在转型中发挥基础性作用甚至决定性作用（包括市场机制的作用、作为经济主体和经济细胞的企业的作用）。

重复地说，我国原有的高度集中的计划体制有了很大的改变，但是我们的体制转轨任务尚未完全完成，过去计划经济体制残余及相应的思维方式、行为方式，仍然在不同领域中不同程度地发挥着影响力，制约着人民群众主体性的发挥，阻滞经济社会的发展及其转型升级。例如，政府主导的经济发展模式，在改革启动和初期是必不可少的，但这不是长久之计，而只是一种过渡之计。我国社会主义市场经济体制面临的一个重要问题是，政府直接配置资源的比重过大，政府对微观经济活动干预过多，严重制约了市场作用的发挥和人民群众主体性的发挥，不利于发挥市场在发展转型升级中的重大作用。邓小平早就说过，"领导就是服务"，政府在经济社会发展中的主要作用就是服务，即为人民群众在经济社会发展中发挥主体性创造良好的环境，而不要"越俎代庖"。因此，应该加快改革步伐，推进发展方式转型，从政府驱动型和主导型的发展方式向市场驱动和民众主导型的发展方式转变。

市场经济的威力在于它的充分发挥民众在经济活动和经济发展中的主体性，它大大优于"官僚"经济。第一，关于海量信息与及时决策问题。现代社会的经济生活异常复杂，海量的信息是任何政府机构在决策前无法完全准确地收集和及时处理的，导致政府决策的准确性、实效性根本无法保证。如果让千千万万的民众自主地参与经济活动，他们在相互关联的频繁的经济活动中会逐渐自动形成"默会知识"，从而确保与他们自己个人有关的经济决策的正确性和时效性，而高度集中的计划体制下的计划官员要想做到这一点，那是不可能的。第二，高度集中的计划体制下，只是少数人发挥主体性，大多数人是消极被动的。生产什么、生产多少、怎么生产，都由政府或计划者决定，民众的角色只是服从者。只有社会统一利益，忽视甚至取消民众个人和单位的具体利益，人民群众"社会主人"的地位是虚置的，主体地位是抽象的，从而无法发挥主体性，从而必然导致经济社会发展的活力和动力严重不足。在当下的发展转型过程中，计划体制的思维仍然发挥着作用，发展转型方向、转型措施等，不少是由政府包办的，一定程度上轻视了企业和民众的主体性作用。

人民群众是历史的创作者，是真正的英雄，如果窒息了广大民众的主体性、积极性和创造性，经济社会发展、包括发展的转型升级，就缺乏根本的动力和源泉；反之，如果恢复和尊重民众的主体地位，充分发挥他们的主体性，那么经济社会的发展及其转型升级就获得了无尽的源头活水。学者们在探讨没有资源优势的浙江创造经济奇迹的原因时发现，浙江经济的秘诀是民办、民营经济发达，其实质是民众经济，千千万万老百姓成为经济活动的主体，经营的主体，创业的主体，产权的主体，创造财富的主体。人民群众都积极兴业创业，每个社会成员的主体性和积极性都充分地调动起来了，自主自觉自律地追求自己的经济利益，其动力和活力是习惯于躺在国家怀抱里的老工业基地集中的地区无法比拟的。党的十八届三中全会强调，"让一切劳动、知识、技术、管理、资本的活力竞相迸发，让一切创造财富的源泉充分涌流"，其实质就是要充分调动各阶层和各部分人民群众的主体性、积极性和创造性，尽力调动一切积极因素促进中国的发展。

经济学对社会主义市场经济的优势有具体的分析，但都没有历史唯物主义的分析深刻。在历史唯物主义的群众史观看来，任何制度或体制，只有激发人民群众的主体性、积极性和创造性，才是富有生机和活力的，才能促进经济社会的发展；反之，凡是挫伤人民群众积极性和创造性、压制人民群众主体性的制度和体制，一定是缺乏生机和活力的，一定会成为经济社会发展的障碍。

正确处理政府与市场的关系是社会主义市场经济条件下贯彻马克思主义人民群众主体论的新方式。中国共产党十八届三中全会关于政府与市场关系的新论断可以概括为：市场在资源配置中起决定作用，同时有效发挥政府的必要作用。"市场在资源配置中起决定作用"的实质是什么？就是在推动经济发展过程中，充分尊重人民群众的主体地位，充分发挥人民群众的积极性、创造性，充分相信和发挥人民群众的聪明才智。这是经济发展的源头活水，发展转型也因此具备了根本的动力。市场经济就是民众经济，经济生活就是人民群众的日常生活，他们根据市场价格、供求的变化，自主决策，自动调整和协调自己的经济活动，使千千万万种产品的生产和供给不断趋近于符合市场需求，避免过剩与不足，这是任何计划官员都无法胜任的；同时，千千万万的人民群众在价值规律的作用下，进行公平竞争，优胜劣汰，自主、自动地分配和协调利益，自主地改进技术提高效率，自主自觉地根据市场需要和追求经济效益的目标进行有效的创新，这样，集万众之力、之智，发展的转型升级就是水到渠成的事情。马克思说，商品是天生的平等派。众多市场主体或人民群众在价值规律支配下的竞争，是公平的、平等的竞争，是市场经济活力的源泉，是发展转型升级的源泉。"市场在资源配置中起决定作用"是马克思主义人民主体论在市场经济条件下的实现形式。

那么，政府的作用是什么呢？此处不打算全面探讨这个问题，但有两点需要强调。首先，政府不要越俎代庖，即不要代替市场配置资源，不要代替众多经济主体选择发展转型的具体方向和具体做法，那不仅容易导致资源错配和决策失误，而且很容易窒息大众在发展和发展转型中的主体性；其次，提供服务。一是弥补市场失灵。如基本公共服务和基本社会保障要由政府提供；二是制定和维护市场公平竞争的规则，加强监管，防止市场主体破坏公平竞争原则和不正当得利，保证市场机制有效发挥，亦即保证人民群众主体性的充分发挥。总之，政府在经济发展和转型升级中的作用就是服务，为市场发挥决定性作用创造条件、提供服务，本质上就是为人民群众发挥主体性创造条件、提供服务。这是中国共产党在社会主义市场经济条件下实现自己的宗旨和贯彻群众路线的新方式。

第四节　坚持人民主体论是中国共产党
永保成功的秘诀
——兼论对发展方式转型的启示

历史唯物主义是观察和分析社会历史问题的有效武器，只有坚持历史唯物主义的基本立场和基本观点，运用历史唯物主义的基本方法，才能科学地揭示中国道路成功的秘诀。人民主体论是历史唯物主义最基本的观点之一，是分析中国共产党成功奥秘的有效理论武器。今天，发展方式转型面临的重重险阻，中国共产党要继续坚持人民主体论，并与时俱进，探索市场经济条件下和发展方式转型的新时期贯彻人民主体论的新方式。

一 人民主体论的形成发展与主要内容

马克思和恩格斯的一个伟大贡献是创立了人民主体论。人民主体论是马克思主义政党的强大思想武器，是共产党人根本的世界观和方法论。

马克思主义群众史观坚持人民主体论，尊重人民群众的历史主体地位，相信人民群众的伟大力量，认为人民群众是历史的创造者，颠覆了历史唯心主义的英雄史观，把颠倒的历史又颠倒过来，恢复了历史的本来面目。

唯物史观与人民主体论之间存在内在的联系。唯物史观认为，人类要生存和发展，首先必须获得物资生活资料，因而物质资料的生产是人类社会的基础，是决定其他一切活动的活动，生产力是人类社会发展的决定性力量，人类历史发展过程本质上是生产劳动的发展过程，而不是什么精神的发展过程或帝王将相建功立业的过程。而生产劳动的主体是谁？不是帝王将相或才子佳人等所谓的"精英"，而是千千万万的普通劳动者，是劳动人民。因而，人民群众是历史的创造者，是历史发展的根本力量，是真正的英雄。

马克思主义诞生以前，唯心史观一直占据统治地位，这种历史观蔑视人民群众的历史作用，主张历史是少数英雄人物、帝王将相、思想精英、才子佳人创造的。而马克思、恩格斯创立的唯物史观打破了唯心史观在社会历史领域长期的统治地位，实现了人类社会历史理论的"哥白尼式革命"。与唯心史观针锋相对，唯物史观认为人民群众才是历史的创造者和历史的主体。马克思在《神圣家族》中深刻地批判了青年黑格尔派鲍威尔之流鄙视人民群众的英雄史观，指出"历史活动是群众的事业，随着历史活动的深入，必将是群众队伍的扩大"①。马克思、恩格斯在批判托马斯·卡莱尔的英雄史观时，再一次强调了他们的群众史观，"整个历史的过程""是由活生生的人民群众（他们自然为一定的、也在历史上产生和变化着的条件所左右）本身的发展所决定的"②。

马克思、恩格斯之后，列宁和毛泽东等马克思主义者继承和发展了马克思、恩格斯人民主体论。列宁认为决定历史结局的是广大群众，他说："群众生机勃勃的创造力是新社会的基本因素。""生机勃勃的创造性的社会主义是由人民群众自己创造的。"③毛泽东的一句至理名言是，"人民，只有人民，才是创造世界历史的动力"④。列宁和毛泽东不仅是马克思主义理论家，更是革命家和实践家，他们把马克思主义人民主体论思想付诸实践，深入发动人民群众，紧紧依靠人民群众，充分发挥人民群众的主体性，开创了人民当家作主的新时代，推动人类历史实现了跨越发展。

在政党观上，马克思主义认为，马克思主义政党的一个重要价值和功能就是唤醒人民群众的历史主体意识，组织人民群众自觉地为自己的利益而奋斗。邓小平指出，中国共产党"之所以能够领导人民群众，正因为，而且仅仅因为，它是人民群众的全心全意的服务者，它反映人民群众的利益和意志，并且努力帮助人民群众组织起来，为自己的利益和意志而斗争"⑤。

二 中国道路的成功奥秘：坚持人民主体论

90 余年来，中国共产党领导中国人民历经艰辛，创造了富有自己特色的、有效解决不同历史阶段问题的方法，不断从胜利走向胜利，分别成功走出了中国特色的民主革命道路、中国特色的社会主义改造道路、中国特色的改革发展道路、中国特色的社会主义道路。人

---

① 《马克思恩格斯全集》第 2 卷，人民出版社 1957 年版，第 104 页。
② 《马克思恩格斯全集》第 7 卷，人民出版社 1959 年版，第 306 页。
③ 《列宁全集》第 26 卷，人民出版社 1959 年版，第 269 页。
④ 《毛泽东选集》第 3 卷，人民出版社 1991 年版，第 1031 页。
⑤ 《邓小平文选》第 1 卷，人民出版社 1994 年版，第 218 页。

们不禁追问：中国共产党"为什么能"？

中国道路成功的秘诀有多种解读，原因是多样的，这里不一一列举，而是指出其中一个根本原因：中国共产党始终坚持并创造性地贯彻马克思主义人民主体论，始终用马克思主义人民主体论武装自己，并将这一理论贯彻到实践中去。翻开党的历史可以清晰地发现，在革命、建设、改革、发展的不同历史时期，面对不同的历史任务，中国共产党始终坚持和贯彻了人民主体论思想。以毛泽东为代表的中国共产党人提出并践行"全心全意为人民服务"宗旨，以邓小平为代表的中国共产党人提出并践行"人民高不高兴、答应不答应、满意不满意"准绳，以江泽民为代表的中国共产党人提出并践行"代表最广大人民群众根本利益"原则，以胡锦涛为代表的中国共产党人提出并践行"以人为本""立党为公、执政为民"思想，以习近平为代表的中国共产党人把"人民对美好生活的期待"当作自己的奋斗动力，历代中国共产党人都始终不渝地继承、坚持和践行马克思主义人民主体论，在这一思想理论指导下，90多年来，中国共产党战胜了各种困难，一路辉煌，创造了一个又一个奇迹。

在新民主主义革命时期，幼小的中国共产党是如何立住脚跟并发展壮大的呢？根本原因在于中国共产党真心为了人民群众，紧紧依靠人民群众，赢得了人民群众的衷心拥护，从小到大，由弱到强，成功走出了一条农村包围城市、武装夺取政权的中国式的民主革命道路或者说中国特色的民主革命道路，取得了新民主主义革命的胜利，创立了新中国。对比中国新旧民主革命的差别可以发现，中国共产党与国民党的最大区别之一是对人民群众的态度和看法不同。孙中山领导的辛亥革命之所以最终失败，一个根本原因在于孙中山等国民党人没有认识到人民群众的伟大力量，将革命的依靠力量局限于所谓的"上层"和"精英"，甚至寄希望于军阀，"占全国人口百分之九十以上的工农劳动群众还没有动员起来"，与广大的中下层社会阶层几无关联，无法形成雄厚的社会支持基础和民意基础，这是辛亥革命"上层革命"的历史局限所在。① 蒋介石集团统治时期的国民党甚至走向人

---

① 《确立推进发展的制度保障》，《人民日报》2011年10月15日。

民的对立面。而中国共产党真心为了人民、密切联系人民、充分发动人民、仅仅依靠人民。结果是："孙中山先生致力国民革命凡四十年，所要做而没有做到的事，农民在几个月内做到了。"① 陈毅元帅曾经说，淮海战役的胜利是人民群众用独轮车推出来的。貌似强大的蒋介石国民党统治集团被中国共产党领导的人民力量打倒了，压在中国人民头上的"三座大山"被推翻了。

在社会主义改造时期，我们党创造性地坚持和运用马克思主义人民主体论，完成了社会主义改造，建立了社会主义制度。我们党与苏联不一样，没有采取强迫、对抗方式进行社会主义改造，而是从自己的实际出发，充分尊重人民群众的愿望，注重保护和发展人民群众的利益，和平地、顺利地完成了对个体农业、个体手工业和资本主义工商业的社会主义改造，极大地激发了人民群众社会主义革命和社会主义建设的积极性和主体性，引导中国人民走上了社会主义之路，建立起一个社会主义国家，走通了一条辉煌的中国式的社会主义革命道路或者说中国特色的社会主义革命道路。

在改革开放的新历史时期，中国共产党人继续坚持并发展了马克思主义人民主体论，中国共产党始终坚定地相信：人民群众是历史的创造者，人民群众是中国特色社会主义的建设者。中国共产党从理论和实践两个方面不懈探索，成功地开拓了一条中国式的社会主义道路或者说中国特色社会主义道路，这条道路最大的特点和优势是注重调动广大人民群众和社会各方面的积极性、主动性、创造性，从而为我国改革发展注入了充分的源头活水。

邓小平是新的历史时期坚持、创造性运用和发展人民主体论的典范。他坚定地捍卫马克思主义的群众史观，始终坚持群众路线。他大力支持真理标准问题的讨论，大声疾呼"解放思想"，目的是解放人民群众的思想，唤醒人民群众的主体意识，调动人民群众的主体性。他积极倡导和推动改革开放，突破计划经济体制对人民群众主体性的束缚。他对脱离群众的官僚主义进行了尖锐的批评，对诸如"精英治国""精英政治""英雄创造历史"之类的新英雄史观进行了有力回

---

① 《毛泽东选集》第 1 卷，人民出版社 1991 年版，第 15 页。

击。邓小平指出："我们党提出的各项重大任务，没有一项不是依靠广大人民的艰苦努力来完成的。"① 他还说："群众是我们力量的源泉，群众路线和群众观点是我们的传家宝。"② 而且，他善于概括群众的经验和创造，热情地肯定和坚决地支持人民群众的主动性和创造性。他曾谈道："农村搞家庭联产承包，这个发明权是农民的。农村改革中的好多东西，都是基层创造出来的，我们把它拿来加工提高作为全国的指导。"③ 他在《一切从社会主义初级阶段的实际出发》一文中指出："乡镇企业容纳了百分之五十的农村剩余劳动力。那不是我们领导出的主意，而是基层农业单位和农民自己创造的。"④ 在谈到他个人在我国改革开放中的作用时，他说："我个人做了一点事，但不能说都是我发明的，其实很多事是别人发明的，群众发明的，我只不过把它们概括起来，提出了方针政策。"⑤

中国改革和向市场经济转轨过程也坚持了人民主体论的指导。俄罗斯迷信西方新自由主义经济理论教条，靠少数几个"英雄豪杰"（美国大学的几个经济学教授）制定了所谓的"休克疗法"，完全不考虑民众的要求和利益，不顾民众诉求，专断实行，结果付出了巨大代价。我们与俄罗斯不一样在于，我们始终坚持人民主体论，制定改革措施是从下到上、从上到下、上下结合，充分发挥基层和民众的首创精神和积极性，问计于民，集中民众的智慧，依靠民众的力量，成功走出了一条中国特色的改革发展和转轨、建设道路。

"三个代表"重要思想强调中国共产党始终要代表最广大人民群众的利益，要把实现人民愿望、满足人民需要、维护人民利益作为根本出发点和落脚点。"科学发展观"要求我们实现发展转型，走科学发展的道路，这条发展道路的核心是以人为本，即发展依靠人民，发展为了人民，发展成果由人民共享。习近平同志深情地说：人民对美好生活的向往，是我们奋斗的动力。党的十八届五中全会还明确提出

① 《邓小平文选》第 3 卷，人民出版社 1993 年版，第 4 页。
② 《邓小平文选》第 2 卷，人民出版社 1994 年版，第 368 页。
③ 《邓小平文选》第 3 卷，人民出版社 1993 年版，第 382 页。
④ 《邓小平文选》第 3 卷，人民出版社 1993 年版，第 252 页。
⑤ 《邓小平文选》第 3 卷，人民出版社 1993 年版，第 272 页。

了共享发展的理念，强调发展为了人民，发展成果为人民共享。"三个代表"重要思想、"科学发展观"以及习近平总书记以人民为中心的发展思想继承和发展了马克思主义人民主体论，进一步拓展了中国特色社会主义道路，把中国特色社会主义理论提升到了新的境界，促进中国社会主义现代化建设取得了新的历史性成就。

三　市场经济和发展方式转型的新时期如何发挥人民主体性

在人民群众业已当家作主、中国共产党由革命党转变为执政党、改革开放和发展社会主义市场经济的新时期，如何贯彻马克思主义人民主体论，是我们遇到的新问题。其中一个重要问题是如何协调人民群众中不同部分、不同阶层之间的利益关系。在革命时期，敌我阵线分明，敌我利益对立明显，人民群众内部的分歧很小，利益的一致性是主要的，而且这种一致性很明显，彼时，中国共产党只要站在人民利益立场上反对敌人就可以赢得人民的拥护，带领人民推翻压迫者。但是，"三座大山"被推翻了、人民当家作主后，人民内部的分歧和矛盾日益上升和凸显，尤其是市场经济深入发展的新时期，利益分化和多元化已经是十分显著的经验事实：劳动者与经营者和管理者、城市与乡村、东部地区人民与中西部地区人民、先富人民与后富人民等之间的利益差别、分歧和矛盾日益明显。如何协调这种利益差别和矛盾，是中国道路发展面临的一个十分棘手的问题，它的成功解决关系到人民主体性的调动和中国道路的发展与拓展。

其实，中国共产党执政后在这个问题上一直在探索，毛泽东《论十大关系》和《关于正确处理人民内部矛盾问题》等文献凝结着中国共产党人初步探索的成果。但毛泽东这一代中国共产党人尚没有完全摆脱革命思维和革命范式的制约，致使初期探索的成果没有坚持下去，甚至滑向用阶级斗争的方式解决人民内部利益矛盾的错误，付出了巨大代价。

改革开放以来，我们党更加自觉地提出和探索解决这个问题，提出了由革命党向执政党转型的思想；把个体工商户和民营企业主等新社会阶层视为新时期中国特色社会主义事业的建设者，视为人民群众的组成部分，从而丰富了人民群众概念的含义，实现了人民群众概念的与时俱进；提出了统筹兼顾人民群众不同部分和不同阶层之间的利益关系，努力形成使人民群众中不同群体和阶层各得其所、而又和谐相处的局面，进而调动全体人民群众建设中国特色社会主义现代化的积极性。

实践永无止境，探索未有穷期。今天，中国经济社会发展面临彻底解决发展不平衡、不协调和不可持续的紧迫问题。要解决这一问题，关键是转变发展方式和深化改革。但是，我们必须深刻地认识到，转变发展方式和深化改革的主体和决定力量是人民群众，执政党如何调动人民群众在转变发展方式和深化改革过程中的主体性、积极性、能动性，是执政兴国的一个根本着力点。这又涉及利益关系的调整问题。一定的发展方式对应于一定的利益格局，因此，发展方式转型必须调整利益格局，从而构建有利于科学发展的利益格局。① 例如，从非均衡发展转向均衡和协调的发展，就需要统筹城乡发展、区域发展，需要调整利益在城乡和地区之间的分配，其中，推进城乡一体化、公共服务城乡均等化，就涉及触动城市居民利益问题；收入分配改革是发展方式转型的重要内容，包括改变收入过多向资本、政府和垄断行业倾斜的利益格局，要求增加劳动、民众和低收入行业的利益；从"黑色发展"向绿色发展转型，就要压缩和取消"黑色发展"主体的利益，扩展绿色发展主体的利益，等等。

利益格局调整是深化改革的实质，必然遇到阻力。此时如果仅仅运用革命时期集体主义的话语和范式，仅仅强调局部服从整体的价值取向，是不够的。我们不能因为调动一部分人民群众的积极性而伤害另一部分人民群众的积极性，如为了调动普通劳动者的积极性，能否就不兼顾经营者和管理者的积极性呢？为了调动中西部人民群众的积极性可以忽视东部地区人民群众的积极性吗？显然不能。在利益分歧的背景下，如何调动人民群众不同部分和不同阶层的积极性？唯一的方法是坚持公平正义原则，构建基于权利公平、规则公平、机会公平的利益结构。只有这样才能有效回应不同部分人民群众的利益诉求，

① 詹宏伟、唐世刚：《利益格局调整与中国发展模式转型——历史唯物主义视野中的中国发展模式转型》，《人民论坛》2011 年第 2 期。

兼顾好平衡好各方面利益关系，使所有人都能通过自己的努力获得应有的利益，从而调动全体人民和各方面的积极性。而要实现良性的公平的利益分配格局，就必须在党的领导和协调下，实行协商民主，即不同利益群体之间的对话和协商，寻找利益交汇点和达成利益分配的共识，尽可能使得各方面人民群众的利益诉求都得到反映和相对满足，尽可能调动各方面的积极性以至于全体人民的积极性——这是我国经济社会发展的源头活水，是新时期发挥人民群众主体性的新方式。

在中国今后的改革和发展之路上，在中国道路的发展和拓展过程中，我们还会遇到各种艰难险阻，包括发展方式转型面临的重重困境。但是，只有始终毫不动摇地坚持人民主体论，并与时俱进地创新贯彻人民主体论的方式，才能充分调动人民群众的主体性，才能披荆斩棘、不断创造新的奇迹，才能使中国道路越走越宽广。正如党的十八大报告指出的那样，在新的历史条件下夺取中国特色社会主义新胜利，"必须坚持人民主体地位""要发挥人民主人翁精神"①。

习近平总书记在十九大报告中进一步强调："人民是历史的创造者，是决定党和国家前途命运的根本力量。必须坚持人民主体地位，坚持立党为公、执政为民，践行全心全意为人民服务的根本宗旨，把党的群众路线贯彻到治国理政全部活动之中，把人民对美好生活的向往作为奋斗目标，依靠人民创造历史伟业。"②

---

① 胡锦涛：《坚定不移沿着中国特色社会主义道路前进 为全面建成小康社会而奋斗——胡锦涛代表第十七届中央委员会向大会做的报告》，人民出版社 2012 年版，第 14 页。

② 近平：《决胜全面建成小康社会夺取新时代中国特色社会主义伟大胜利——在中国共产党第十九次全国代表大会上的报告》，新华网，2017 年 10 月 27 日。

第十一章 唯物史观的个人主体视野与创新驱动发展

第一节 问题的提出：个性与创新

发展方式转型就是从传统发展方式转向科学发展方式，这种转型的核心是转向创新驱动的发展。创新驱动发展是解决传统发展方式造成的众多难题的治本之策。中国共产党对此有越来越清醒的认识，党的十八届五中全会特别突出了创新发展的极端重要性，全会通过的第十三个五年规划的建议指出："创新是引领发展的第一动力。必须把创新摆在国家发展全局的核心位置，不断推进理论创新、制度创新、科技创新、文化创新等各方面创新，让创新贯穿党和国家一切工作，让创新在全社会蔚然成风。"[1] "在国际发展竞争日趋激烈和我国发展动力转换的形势下，必须把发展基点放在创新上，形成促进创新的体制架构，塑造更多依靠创新驱动、更多发挥先发优势的引领型发展。"[2]

创新如此重要，那么如何实现创新呢？一般的思路是从改革和优化体制机制上下功夫，就是改革不利于创新的体制机制，构建鼓励创新的体制机制，其实质是运用利益原则激励人们创新，建立创新与利益所得正相关的体制机制。如知识产权保护制度、产权清晰化、建立完善的公平的优胜劣汰的市场体制等，从而激活人们的创新动力、激

---

① 《中共中央关于制定国民经济和社会发展第十三个五年规划的建议》，《人民日报》2015 年 11 月 4 日第 1 版。

② 《中共中央关于制定国民经济和社会发展第十三个五年规划的建议》，《人民日报》2015 年 11 月 4 日第 1 版。

发人们的创新热情。

但是，我们应该追问一个问题：如果人们的创新意识和创新能力很弱，哪怕再强大的物质刺激，能够有多大效果呢？前两年，国内某地计划投巨资培养几个中国的乔布斯，就是物质刺激的思路，但并没有什么效果。再进一步分析：如今世界各国纷纷重视创新，并不断完善有利于创新的体制机制；设想大家的体制机制拉平了，都有利于创新了，那么来自制度的优劣差别就消失了，剩下的竞争是什么呢？当然是人的素质之间的竞争，即一个国家人们的创新意识和创新能力之间竞争。显然，在相同的制度环境下，创新意识和创新能力强的国家和民族，其创新成效更佳，竞争力更强，更有可能赢得发展的先机。

现在的问题是，如何提高人们的创新意识和创新能力？符合规律的教育、加强智力开发等当然重要，但是有一个维度往往是被人们所忽视的，那就是，个人主体的形成和个人主体性的充分发挥，是创新意识和创新能力的基础。那些缺乏独立人格、没有个性的人，怎么可能挑战权威和现成事物？怎么可能敢为天下先去提出和创造新理论、新制度、新科技、新思路、新文化、新做法呢？缺乏个性的人，缺乏独立人格和主体性的人，只会迷信和盲从，没有独立思考的勇气、信心、习惯和能力，不可能指望他们有什么创新。

本章从历史唯物主义的高度揭示个人主体与社会历史发展的内在关系，充分显示了个人主体和个人主体性对于人类社会发展的极端重要性。

第二节 个人主体与人类社会发展的内在关联

一 唯物史观的多重视野

人类社会是不同个人之间和不同人群之间交往而形成的一个有机的复杂整体，需要多维度、多视野透视才能把握其原貌和本质。唯物史观对人类社会历史的观察和研究的视野是多样的：不仅有客体视野，而且有主体视野；不仅有一般主体视野，而且有个人主体视野。苏联模式的马克思主义哲学着重从客体视野解读唯物史观，但忽视唯物史观的主体维度；改革开放以来我国马克思主义哲学研究着力开掘唯物史观的主体维度，深入阐发了唯物史观中包含的主体性和人学内涵，深化了对唯物史观的理解，但却忽视或回避唯物史观的个人主体视野，这种思想状况遮蔽了唯物史观的丰富性和深刻性。

二　客体视野与主体视野

马克思、恩格斯的哲学是一种唯物主义哲学，他们注重在客体视野下观察、理解和研究社会历史，把唯物史观界定为"关于人类社会发展规律的科学"，把人类社会的发展看成一个客观的、自然的过程，揭示了人类社会发展的客观规律和客观过程，彰显了唯物主义思维方式的威力，有效克服了唯心史观对人们思想的统治。

但如果对此作片面的理解就有可能曲解唯物史观，甚至将其歪曲为机械决定论。在马克思主义发展史上，唯物史观就曾被歪曲为"庸俗的经济决定论"和"自然决定论"等，人被视为客观必然性的奴隶，完全否定了人的历史主体性。造成这一重大理论失误的一个重要原因是忽视了马克思唯物史观的主体视野。

其实，马克思、恩格斯高度重视从主体视角观察和研究社会历史，并由此把唯物史观界定为"关于现实的人及其历史发展的科学"。历史规律无外乎人的活动的规律，马克思指出："历史什么事情也没有做，它'并不拥有任何无穷无尽的丰富性'，它并'没有在任何战斗中作战'！创造这一切、拥有这一切并为这一切而斗争的，不是'历史'，而正是人，现实的、活生生的人。'历史'并不是把人当作达到自己目的的工具来利用的某种特殊人格。历史不过是追求着自己目的的人的活动而已。"[1] 这不仅是对贬低主体（现实的人）的黑格尔客观唯心主义的批驳，也适用于批判贬低人的主体性的机械唯物主义。黑格尔的社会历史理论把抽象的"绝对精神"视为社会历史的主体，机械唯物主义把非人的物质、物体视为主体，它们都否定或贬低人在社会历史领域中的主体地位和主体性作用。改革开放以来，我国马克思主义哲学界兴起的实践唯物主义解读范式，凸显的就是马克思主义哲学以实践为基础的主体性内涵，深入论证和揭示了人

---

[1] 《马克思恩格斯全集》第2卷，人民出版社1957年版，第118—119页。

（主体）在自然面前和社会历史领域中的主体地位和主体性价值。

必须特别指出，唯物史观的客体视野和主体视野是有机统一的：其一，马克思、恩格斯无论在客体视野下还是在主体视野下观察和研究社会历史，目的都是为了找到人类解放和自由发展的现实道路与可行途径；其二，客体视野和主体视野总是相互嵌入的。客体视野下的理论探究并非完全自然科学式的，人文关怀和主体价值就贯穿其中；主体视野下的理论构建并非单单诉诸纯粹的价值理想和主体的自我演绎，而是立基于深厚的客观性"底板"。

三　个人主体视野

但是，马克思、恩格斯并没有将研究社会历史的主体视野停留在一般的"人"和笼统的主体的层面，而是把主体具体划分为群体主体和个人主体，并高度重视和再三强调观察和研究人类社会的个人主体视野，提出了许多重要观点：

"全部人类历史的第一个前提无疑是有生命的个人的存在。"[1] 共产主义制度"排除一切不依赖于个人而存在的东西，因为现存制度只不过是个人之间迄今所存在的交往的产物"[2]。"人们的社会历史始终只是他们的个体发展的历史，而不管他们是否意识到这一点。他们的物质关系形成他们的一切关系的基础。这种物质关系不过是他们的物质的和个体的活动所借以实现的必然形式罢了。"[3] "生产力与交往形式的关系就是交往形式与个人的行为或活动的关系"[4]，"以一定的方式进行生产活动的个人，发生一定的社会关系和政治关系"。"社会结构和国家总是从一定的个人的生活过程中产生的。"[5] "要不是每个人都得到解放，社会也得不到解放"[6]，等等。

需要特别重视的是，马克思从个人主体生成发展的角度深入揭示

①　《马克思恩格斯选集》第 1 卷，人民出版社 1995 年版，第 67 页。
②　《马克思恩格斯选集》第 1 卷，人民出版社 1995 年版，第 122 页。
③　《马克思恩格斯选集》第 4 卷，人民出版社 1995 年版，第 532 页。
④　《马克思恩格斯选集》第 1 卷，人民出版社 1995 年版，第 123 页。
⑤　《马克思恩格斯选集》第 1 卷，人民出版社 1995 年版，第 71 页。
⑥　《马克思恩格斯选集》第 3 卷，人民出版社 1995 年版，第 644 页。

了个人主体发展与人类社会发展的关系，进一步揭示了社会历史发展的客观过程和客观规律，也凸显了马克思社会历史理论的巨大魅力和浓厚的人文气息，极大丰富和深化了唯物史观的内容，有效充实和完善了唯物史观，并且能够有效化解对唯物史观的歪曲。①

四　个人主体发展与社会历史发展的关联

马克思、恩格斯个人主体视野下的社会历史理论博大精深，它深刻地揭示了个人主体发展与人类社会发展之间的密切联系。

（一）个人发展三阶段与社会发展三形态

在《德意志意识形态》中，马克思揭示了世界历史发展与个人（个人主体）发展的关联。个人发展的水平当然从根本上取决于生产力发展的水平，但直接取决于人与人之间社会关系的丰富程度，"人的本质是人的真正的社会联系"②，随着历史从民族的、地域性的历史向世界历史的转变，以及世界历史从资本主义世界历史向共产主义世界历史的转变，人与人之间的交往不断深化和扩大，人与人之间的联系不断克服片面性和狭隘性而变得日益丰富和全面，从而个人也不断得到发展：从"狭隘的地域性个人"发展到"偶然的个人"，再发展到"有个性的个人"。

在《1857—1858年经济学手稿》和《资本论》中，马克思进一步丰富和发展了上述理论。③

马克思从个人（个人主体）生成和发展的视角出发，揭示了人的历史发展的三大阶段和社会发展依次历经的三种形态，深入揭示了人的发展和社会发展的客观过程和客观规律。其主要理论内容综合概括如下：

第一，群体形态的个人与最初的社会形态（即前现代社会）。在

---

① 唯物史观从社会基本矛盾的视角研究和揭示人类社会发展的客观过程和客观规律，往往受到诟病，历史唯物主义被指责存在一个"人学空场"。这一方面表明唯物史观被严重误解和歪曲；另一方面也表明，过去我们对唯物史观主体视野尤其个人主体视野重视和研究不够。

② 《马克思恩格斯全集》第30卷，人民出版社1995年版，第200页。

③ 《马克思恩格斯全集》第46卷，人民出版社1979年版，第104页。

这一阶段，个人尚未从群体中分化出来，只是作为"共同体"的附属物而存在，并存在普遍的人身依附关系，个人主体尚未生成；与之相应，自然经济占统治地位，生产力极端低下。

第二，以物的依赖性为基础的独立个人是人发展的第二个历史阶段，与之对应的社会是第二大社会形态，即现代社会。随着生产力的发展和市场（商品）经济对自然经济的解构和替代，个人的力量不断增长，个人最终摆脱了共同体和群体的束缚，获得了独立，个人的主体地位得以确立，个人主体性得到发挥和张扬。但是，个人的独立性建立在对物（交换价值）的依赖的基础上，独立的个人之间，即不同个人主体间的纽带由血缘转变为物（交换价值），以人对物的依赖关系取代了人对人的依赖关系，导致了严重的异化，交换价值本来是由人创造的，但反过来却支配人，人变成了交换价值的奴隶。

第三，自由全面发展的个人是人发展的第三阶段，与之对应的社会是第三大社会形态，即自由人联合体的共产主义社会。在这一发展阶段，形成了建立在个人全面发展和他们共同的社会生产能力成为他们的社会财富这一基础上的自由个性，每个人都获得了主体性地位，但主体间的纽带不再是交换价值，每一个人的自由发展是其他人自由发展的条件，个体之间形成了互相促进、和谐共生的良性主体间关系；由于生产力的高度发达，人类在自然面前获得充分的自由；同时，人类在自己的社会关系面前也获得了自由，能够自觉地驾驭自己的社会关系，社会关系不再作为异己的力量支配个人，而是置于人们共同控制之下，资本、商品、货币退出历史舞台，每一个人都将在丰富、全面且自主控制的社会关系中获得自由全面的发展。

马克思特别对第二阶段和第二种社会形态的异化现象进行了深刻的批判，但他坚持辩证地、客观地、理性地看待这一问题。虽然独立个人是以物为媒介发生联系，并产生了物化和异化，但"这种物的联系比单个人之间没有联系好，或者比只是以自然血缘关系和统治服从关系为基础的地方性联系好"①。在这一阶段，人类社会才形成普遍的社会物质变换，全面的关系，多方面的需求以及全面的能力体系，

---

① 《马克思恩格斯全集》第 30 卷，人民出版社 1995 年版，第 111 页。

并且造成了前所未有的平等和自由，为人类社会历史进入第三阶段创造历史条件。不经过第二阶段和第二种社会形态的充分发展，人的发展不可能进到第三阶段，人类社会不可能跃入第三种社会形态。

有的论者受后现代主义思维的影响，认为马克思上述理论是一种宏大叙事，甚至认为是强加给历史的逻辑。这是对马克思的误解。低估甚至否定马克思这一理论的价值是十分错误的。其实，马克思进行理论活动不像黑格尔那样沉迷于抽象的逻辑推演，而是深入历史本身，在大量参考历史材料的基础上作出理论概括。我们知道，从莱茵报时期之后直到晚年的人类学笔记时期，马克思终身重视历史材料的收集和历史研究，可以说，马克思就是一位历史学家，他的重大理论结论都是基于丰富的历史资料，而不是单纯的逻辑推演。例如，他关于人的发展三阶段和社会发展三形态理论，关于第一阶段和第一种社会形态的内容是马克思大量历史研究后的结论，是对已经真实发生的历史事实的理论概括；关于第二阶段和第二种社会形态的内容是对历史材料和社会现实的理论概括；第三阶段和第三种社会形态尚未真实存在，但也不是纯粹逻辑推演的结论，而是在"批判旧世界"的基础上发现的"新世界"。因此，我们不能否认马克思这一理论的真理性，不能忽视其对解决当今人类发展问题的重要指导意义。

还需要指出来的是，不能把马克思个人主体视野下的社会历史理论与西方人本主义相混淆。马克思分析人的发展绝不是仅仅从"应然"出发，而是注重对人的发展的客观条件的分析，尤其重视人的发展的生产力条件和经济条件，使自己的价值理想立基于科学的分析之上。马克思关于人的理论与西方各种人本主义有着本质的区别，其理论深度是后者无法比拟的。

（二）个人主体与市场经济的关联

现代社会（即马克思所指称的与人的发展第二阶段相对应的第二种社会形态）的经济形式是市场经济，同时，现代社会也是个人主体生成和确立的社会，这两者的关系是怎样的呢？马克思深刻地揭示了个人主体与市场（商品）经济之间本质的、内在的联系，这一内在联系反映了人的发展的规律和市场经济运行和发展的规律。

首先，个人主体的确立是市场交换的前提条件，从而是市场经济形成和发展的前提条件。

马克思指出，"资产阶级在它已经取得了统治的地方把一切封建的、宗法的和田园诗般的关系都破坏了。它无情地斩断了把人们束缚于天然尊长的形形色色的封建羁绊"①，从而形成普遍的商品货币关系，"在货币关系中，在发达的交换制度中，人的依赖纽带、血统差别、教养差别等事实上都被打破了，被粉碎了（一切人身纽带至少都表现为人的关系）"②。事实上，破除传统社会等级的、宗法的关系对个体的束缚，确立个体主体地位及个人之间平等自由的关系，是市场（商品）经济生成和运行的前提条件。

个人之间只有确立平等的关系才能使商品交易成为可能。商品是天生的平等派。"对卖者来说，一个用 3 先令购买商品的工人和一个用 3 先令购买商品的国王，两者职能相同，地位平等——都表现为 3 先令的形式。他们之间的一切差别都消失了。卖者作为卖者只表现为一个价格 3 先令的商品的所有者，所以双方完全平等。"③

在市场经济中不存在主奴之间的依附关系，只存在交换者之间的等价交换关系，这种交换关系必然要求交换者之间的主体性自由和平等。这种所谓的"主体性自由与平等"指的是这样一种社会关系，其中每个人都是以主体的身份与对方发生关系，每个人都处于自主的活动状态：就是说，在社会关系中他是具有人身权利的自由人。"从交换行为本身出发，个人，每一个个人，都自身反映为排他的并占支配地位的（具有决定作用的）交换主体。因而这就确立了个人的完全自由：自愿的交易；任何一方都不使用暴力；把自己当作手段，或者说当作提供服务的人，只不过是当作使自己成为自我目的、使自己占支配地位和主宰地位的手段；最后，是自私利益，此外没有更高的东西去实现；另一个人也被承认并且被理解为同样是实现其自私利益的人，因此双方都知道，共同利益恰恰只存在于双方、多方以及各方的独立之中，共同利益就是自私利益的交换。"④ "交换过程中的各主

---

① 《马克思恩格斯选集》第 1 卷，人民出版社 1995 年版，第 274—275 页。
② 《马克思恩格斯全集》第 30 卷，人民出版社 1995 年版，第 113 页。
③ 《马克思恩格斯全集》第 30 卷，人民出版社 1995 年版，第 201 页。
④ 《马克思恩格斯全集》第 30 卷，人民出版社 1995 年版，第 119 页。

体表现为商品的所有者……因此，劳动和对自己劳动成果的所有权表现为基本前提，没有这个前提就不可能通过流通而实行第二级的占有。以自己的劳动为基础的所有权，在流通中成为占有他人劳动的基础……只有作为交换价值的私有者，不管是商品形式还是货币形式的交换价值的私有者，主体才能成为流通的主体。"① 在市场经济条件下，市民社会的劳动者阶层也享有这种主体权利。"在这种前提下，劳动力只有而且只是因为被它自己的所有者即有劳动力的人当作商品出售或出卖，才能作为商品出现在市场上。劳动力占有者要把劳动力当作商品出卖，他就必须能够支配它，从而必须是自己的劳动能力、自己的人身的自由所有者。劳动力占有者和货币占有者在市场上相遇，彼此作为身份平等的商品占有者发生关系……双方是法律上平等的人。"② "为了使这些物作为商品彼此发生关系，商品监护人必须作为有自己的意志体现在这些物中的人彼此发生关系，因此，一方只有符合另一方的意志，就是说每一方只有通过双方共同一致的意志行动，才能让渡自己的商品，占有别人的商品。可见，他们必须彼此承认对方是私有者。……这种法的关系或意志关系的内容是由这种经济关系本身决定的。"③ "人们彼此只是作为商品的代表即商品占有者而存在。……人们扮演的经济角色不过是经济关系的人格化，人们是作为这种关系的承担者而彼此对立着的。"④

其次，市场经济为个人主体的生成发展提供了深厚的经济基础。

人类社会经历了一个从"强制的劳动制度"到"交换的劳动制度"的嬗变。"古代世界的基础是直接的强制劳动；当时共同体就建立在这种强制劳动的现成基础上；作为中世纪的基础的劳动，本身是一种特权，是尚处在特殊化状态的劳动，而不是生产一般交换价值的劳动。"资本主义劳动与这样的劳动显著不同，资本主义社会里"劳动既不是强制劳动，也不是中世纪那种听命于作为上级机构的共同组

---

① 《马克思恩格斯全集》第 46 卷（下），人民出版社 1980 年版，第 462—463 页。
② 马克思：《资本论》第 1 卷，人民出版社 2004 年版，第 195 页。
③ 马克思：《资本论》第 1 卷，人民出版社 2004 年版，第 103 页。
④ 马克思：《资本论》第 1 卷，人民出版社 2004 年版，第 103—104 页。

织（同业公会）的劳动"①。在"强制劳动制度"下，人际关系遵循着统治——服从原则，经济过程操纵在少数人手中。但是在"交换劳动制度"下，经济决策过程是分散的，由各个不同主体独立决策，这一经济体系所遵循的原则是个体所有权和自负盈亏。

由于在人类欲望的无限性和资源的有限性之间存在着差距，人类必须在生产什么、为谁生产和如何生产这三个问题上按经济（节约）原则作为决策，在传统社会中是由最高统治者做出的，在计划经济时代是由政府的计划部门做出的，在市场经济体制中是由市场体系中的供求均衡力量决定的。在某种意义上可以说，经济的市场化过程就是个人主体的主体性自由的实现过程，换言之即个人的主体化、自由化的过程。我们需要市场，不仅是因为它产生好的结果，而且是因为市场为我们提供了选择的机会，特别是自由择业的机会。市场经济使个人主体自由成为必要，而且产生出实现个人主体自由经济层面和制度层面的条件，市场经济孕育了市民社会存在和发展的文化基因和价值基础，孕生出市民社会这一新型社会组织形式。市民社会要求个人主体自由和人格独立，同时也注重个人主体间自由的平等。

正是以交换价值为核心的市场经济制度为个人主体性自由和平等提供了现实可能性。马克思对此有一段经典的论述："平等和自由不仅在以交换价值为基础的交换中受到尊重，而且交换价值的交换是一切平等和自由的生产的、现实的基础。作为纯粹观念，平等和自由仅仅是交换价值的交换的另一种理想化的表现；作为在法律的、政治的、社会的关系上发展了的东西，平等和自由不过是另一次方的这种基础而已。而这种情况也已为历史所证实。这种意义上的平等和自由恰好是古代的自由和平等的反面。古代的自由和平等恰恰不是以发展了的交换价值为基础，相反地是由于交换价值的发展而毁灭。而现代意义上的平等和自由所要求的生产关系，在古代世界还没有实现，在中世纪也没有实现。古代世界的基础是直接的强制劳动；当时共同体就建立在这种强制劳动的现成基础上；作为中世纪的基础的劳动，本身是一种特权，是尚处于孤立分散状态的劳动，而不是生产一般交换

---

① 《马克思恩格斯全集》第 30 卷，人民出版社 1995 年版，第 200 页。

价值的劳动。"① 马克思的这段论述表明，市场经济不仅为市民社会里个人的主体性自由提供了经济基础，也提供了相应的现代性的政治、法律和道德等上层建筑条件，同时也提供了包括平等和自由在内的现代社会的意识形态。

总之，一方面，个人主体的生成和确立是市场经济生成、运行和发展的前提条件；另一方面，市场经济是解构传统社会的根本力量，它为个人主体的生成发展构筑了坚实的客观基础。个人主体的生成发展与现代社会的生成发展之间形成内在的互促关系。

马克思市场经济理论从属于其人的发展三阶段和社会发展三形态理论，市场经济是第二种社会形态的经济基础，是人的发展第二阶段上人之生存的基本境遇。马克思深刻揭示了人的发展第二阶段和人类发展第二种社会形态的二重性，其实就是揭示了市场经济的二重性、市场经济对人的发展的影响的二重性。作为社会历史主体的人，能够做的是顺势而为和因势利导，没有经过市场经济充分洗礼的民族和国家，明智的选择是在大力发展市场经济的前提下，扬其"善"，抑其"恶"。这是马克思个人主体视野下社会历史理论提供给我们的方法论和分析范式，是留给我们的宝贵理论财富，迄今为止的各种分析市场经济的方法和范式都无法超越马克思。在市场经济业已全球化的今天，马克思的分析方法和分析范式值得我们倍加珍惜，也要求我们深刻把握其精髓并加以有效运用。

第三节　夹缝中的个人主体
——我国个人主体发展面临的挑战②

由于面临特有的复杂形势，我国个人主体性的生成发展处于一种夹缝之中：厚重的传统顽强地延续着依赖型人格，并掣肘人之独立个性的生成发展；初步确立并开始发挥主体性的个人主体，还很稚嫩，

---

① 《马克思恩格斯全集》第46卷（上），人民出版社1979年版，第197页。
② 参见詹宏伟《中国改革与个人主体》，中国社会科学出版社2014年版，第130—134页。

往往走向片面和狭隘，造成危机，又正好遭遇西方后现代主义的引进与流行。这样，个人主体遭遇到传统和后现代主义的双重挤压，在夹缝中艰难地生长和发展。

"夹缝中的个人主体"的"夹缝"还特别表现在历史文化环境方面。我国个人主体发展正面临独特而复杂的历史文化环境，本来应历时态地分别处于"前现代→现代→后现代"的社会存在和文化价值，在当代中国却共时态地并存，相互冲突不可避免，加上传统个人主体的缺陷造成了严重的现代性危机，这些都给我国个人主体的生成发展带来严峻的挑战，遭到传统主义和后现代主义的两面夹击。

"夹缝中的个人主体"的"夹缝"还表现在，当代中国个人主体发展处于一种"过"与"不及"并存的、进退维谷的尴尬状态。一方面，个人主体片面发展、个人主体性过度膨胀，严重伤害他者；另一方面，个人主体地位并不巩固，独立人格尚不健全，个人主体性发挥不够：自主和创新意识不强，自主和创新能力不足。

一 我国个人主体面临的复杂环境

当代中国处于什么样的历史时期？对此最有影响力的回答莫过于"社会转型期"这个概念。但是，"社会转型"不是一个抽象空洞的概念，它在具体历史条件下的具体含义是极不相同的。在当代中国特定的历史条件下，社会转型的含义十分复杂。常见的提法是：中国社会正从传统社会向现代社会、从农业社会向工业社会、从封闭社会向开放社会的转变。这种提法似乎无懈可击，对现实也有一定的解释力。但是仔细分析就会发现，这种对中国社会转型的概括还很单薄，其解释力是很有限的，因为它不过是一种"二分范式下的单向转型论"。"建立在线性发展观和事实上主要依据'早发'国家现代化历程概括出的发展范式，已容纳不下中国今天的现代化发展要求了，从这个意义上说现有的'二分范式转型'已是'夕阳转型'论，不能成为研究中国现代化变迁的理论支点，我们必须赋予'社会转型'概念以新的内涵。据此我们提出了'三分范式'的'社会双重转型论'来替代现有的'社会转型'理论。这样的分析框架能够为我国现实中业已存在的'农业——工业——信息业'三元结构的共时态发展和实现工业化和信息化的协同发展，提供广阔空间和成为真正的理论支点。"① 这种三分范式下的双重转型，与何传启先生提出的第二次现代化理论是一致的。按照何先生的观点，当代中国的现代化变迁，一方面要抓第一次现代化，实现农业社会向工业社会的转型；另一方面要抓第二次现代化，实现工业社会向信息社会的转型，两方面都抓才是中国现代化的出路。"中国整体上可以选择综合现代化道路，沿海发达地区和大城市地区可以选择第二次现代化道路，初等发达地区可以选择综合现代化道路，西部欠发达地区可以选择追赶现代化道路。"②

有学者从发展哲学和文化哲学的角度分析了当代中国社会转型所面临的复杂状况，"我们不是在超时空的意义上一般地谈论发展的抽象的和普遍的含义，而是在中国社会的特定的转型期思考发展的问题，因此，这里谈论和追求的发展有其特定的含义。具体说来，我们所说的发展是指中国社会从传统社会向现代社会的总体性转变：通过现代市场经济的建构而实现由传统农业文明向现代工业文明的转变，即实现现代化。当然，这与发达国家所经历过的现代化已有很大的不同，它是信息化和全球化背景下的现代化"。"中国的现代化与西方发达国家的现代化有一个很大的时代落差，即我们是在西方工业文明已经高度发达，以至于出现自身的弊端和危机，并开始受到批判和责难而向后工业文明过渡之时才开始向工业文明过渡的。这一特殊的历史定位在中国社会的转型期引起了前所未有的文化冲突，使中国社会在短时期内无法形成一种支撑现代化进程的相对统一的主导性的文化精神或文化模式。"③

以上学者的分析说明，当代中国所处的历史时期或历史方位非常复杂和特别，中国是农业社会、工业社会和信息社会混杂在一起，发达现代化国家经历的历时态更替在中国却成了共时态并存。

如果运用马克思个人发展三阶段和社会发展三形态的理论，我们

---

① 王雅林：《"社会转型"理论的再构与创新发展》，《江苏社会科学》2000 年第 2 期。

② 何传启：《东方复兴：现代化的三条道路》，商务印书馆 2003 年版，第 371 页。

③ 衣俊卿：《社会发展与文化转型》，《哲学动态》2000 年第 3 期。

就能从人学，具体来说从个人主体发育发展的状况来给当代中国的历史状态定性，就能更深刻地把握住当代中国社会转型期的特点和复杂内涵。第一，中国传统社会长期滞留于马克思所指称的社会发展第一种形态，个人长期处于人对人的依赖阶段。改革开放全面启动了向现代化和市场经济的转轨，但历史的积淀不是短时间内能够改变的，与现代社会相适应的具有主体性的个体并没有真正形成，相反，传统社会那种依附型人格的消极影响仍然渗透在我们的生活中，阻滞新型人格的生成和社会的转型。例如，社会上存在的并非个案的"啃老族"现象；不动脑筋，不主动，盲从和迷信权威和他人；挥之不去的官本位意识，淡薄的自主或民主意识；依附从众、随大溜的心理，坐、等、要、靠的懒惰作风，等等，还是阴魂不散，既影响了经济社会的发展，又制约了人的自由全面发展。第二，改革开放以来，市场经济体制基本框架已经建立，商品、货币和资本等现代性元素业已走向前台，人们的自我意识逐渐苏醒，维护个人权利、追求个人利益逐渐得到社会的认可。这本来是社会发展从第一形态向第二形态转变及个人发展从第一阶段向第二阶段跃迁的可喜变化。但是，马克思所描述和批判的人对物的依赖、物役使人的现象却在中国大地上蔓延和扩张开来。个人主义泛滥，拜金主义盛行，社会成员间的差距不断拉大，强势社会主体对弱势社会主体的挤压等问题接踵而至。第三，人的发展第二阶段和社会发展第二形态出现的种种问题，客观上提出了个人主体性完善、升级和转型的问题。其中一个在现实条件下可行的方案，就是摒弃官本位和金钱本位，推动能力本位社会的形成。这是走向"自由人联合体"阶段的过渡阶段。值得高兴的是，这种积极的过渡在中国一定程度地出现了，我们应该着力推动它的发展。

　　总之，西方社会历时态过程中逐次生成的历史现象，在今天的中国却处于共时态的特殊环境中，前现代、现代和后现代三种历史现象共生混杂，构成了当代中国社会特有的历史景观，"换句话说，当代中国的时代方位主要位于人的依赖、独立个性、能力本位三大阶段交错并存的时空坐标上"①。

---

　　①　龙柏林：《个人交往主体性研究》，广东人民出版社 2005 年版，第 168 页。

二　我国个人主体面临的双重挑战

今天，我国个人主体面临着传统和后现代主义的双重挑战。

对于我国个人主体的发展，首先面临来自传统主义的诘难。文化保守主义企图诉诸具有数千年历史的传统价值拯救现代性危机（包括个人主体性危机）；极"左"思潮企图否定改革开放和市场经济，当然包括否定个人主体的发展。这些思想价值的泛起，令人恍若隔世，但其现实杀伤力不可低估，对我国改革开放和现代化事业的深入发展极其不利。

如何评价西方批判现代性的后现代主义思潮在中国的流传？答案是：这是一把双刃剑。一方面，它有利于我们清醒地估计到现代性的负面效应，警惕个人主体性片面和过度发挥导致的危机和问题，启发我们走出一条健康的现代化道路，规范和引导个人主体性正确地发挥和健康地发展；另一方面，由于后现代主义的流行和渲染，人们对"发展""现代化""自由""个人价值""个人主体"等现代社会的主要概念、价值和基本元素发生了怀疑，甚至追随后现代主义的偏激思维方式，对现代社会的价值实行全盘否定。例如，把发展打成"发展主义"予以否定。再如，"现代性"在一些国人的"字典"里变成了一个贬义词，现代性的核心要件之一的个人主体性也遭到种种质疑和诟病。而且，这种后现代主义话语有与极"左"思维、虚假集体主义话语合流的趋势。

上述复杂形势给我国个人主体的发育和个人主体性的发挥和成长造成了重重障碍，以至于在许多场合，合理的个人权力和利益频遭贬损，甚至有人把我国一些社会矛盾的根源归结为所谓的"个人主义"，反而掩盖了权力的膨胀和越位造成的社会矛盾和社会关系扭曲这一产生当代中国诸问题的重要原因。学者龙柏林冷静地指出："如果以主体性黄昏为理由来否定个人主体性的发展，只可能是回到无视个人主体地位的人的依赖阶段，再次错过促进人的自由发展的历史良机。"①

---

① 龙柏林：《个人交往主体性研究》，广东人民出版社 2005 年版，第 23 页。

总之，在中国这种后发、外生型现代化环境中，个人主体性的生成发展形成了一种特有的悖论：要实现现代化，个人主体就必须突破传统的制约而发育生长起来；而不成熟不完善的个人主体性造成了诸多问题，并授人以柄，在传统的质疑和后现代主义的审查下几近丧失了合法性——"今不如昔"；"主体性的黄昏"，"'人'死了！"

是克服个人主体性发挥不当造成的危机，推动个人主体性健康成长，还是让传统以新的面孔出现，并重新给刚刚获得主体性地位的社会个体套上枷锁？个人主体性的发展面临着严峻的挑战。

三 进退维谷：我国个人主体发展的"过"与"不及"

当代中国个人主体发展处于一种"过"与"不及"并存的状态：一方面，我国个人主体发展不足，个人主体性往往受到各种压制，独立人格尚不健全，自主和创新的意识还不够强、自主和创新能力尚严重不足等；另一方面，初步发展起来的个人主体往往片面发展，个人主体性过度膨胀，行为失范，常常伤害他人、社会和集体，造成了不同个体之间、个体与社会和集体之间发生剧烈冲突，引发深刻的危机。

当代中国个人主体发展的这种"过"与"不及"状态使得个人主体陷入进退维谷的尴尬境地。"进"亦遭批判，"退"亦受鞭挞，动辄得咎，老鼠进入风箱——两头受气：一方面，市场经济对发挥个人主体性有内在要求，知识经济的创新特质亦要求大力弘扬个人主体性，都要求改变中国人主体性不彰的缺陷；另一方面，驶入现代化快车道的中国社会，道德失范、社会矛盾尖锐化，贫富差距悬殊，自我与他者剧烈冲突，人与自然矛盾尖锐等严峻问题的纷纷涌现，约束甚至压制个人主体性的主张不绝于耳，个人主体备受诟病。

这种状况也是当今中国思想界分裂的一个重要诱因：看到个人主体发育不足，很多人猛烈批判传统价值，极力宣扬西方自由主义极端个人主义价值；看到个人主体片面发展和个人主体性过分膨胀，很多人痛心疾首，强烈质疑现代社会自由人权等核心价值，甚至主张回归传统片面的、虚假的集体主义的价值。

第四节　促进中西文化的互补与融合、破解个人主体性悖论①

个人主体性的演绎产生了这样一个悖论：人类的现代性转型，创新驱动的发展方式，客观上需要张扬个性或个人主体性；但是历史和现实证明，个人主体性过度发挥造成社会尖锐对立和危机。单靠一种文化的智慧和能量，常常显得捉襟见肘，无法获得破解这一悖论的思路，结果常常是顾此失彼。怎么办？只有充分挖掘和利用各种不同性格的文化资源，实现互补、融合，才能帮助人类破解难题、走出危机。其中，中西文化的互补、融合具有独特的意义。中西文化存在明显差异，是两种性格相异的文化，但是，这不是中西文化相互冲突的理由，而是两者互补与融合的根据。

已有研究者从多方面审视中西文化的差异，我们这里从两种文化对待个人主体性的不同态度，来分析二者的性格差异，及由此引起的优缺点。

一　中西文化的优缺点

对一种文化的评价不能采取非历史的、抽象的方法，而应该采取历史的、具体的方法。也就是说，只有将一种文化置于一定的历史语境中，才能判断其性质、衡量其价值、辨识其长短。同一种文化在一种历史条件下可能发挥出正能量，而在另一种历史条件下可能发挥出负能量。

（一）文化：中国的缺点与西方的优点

中国传统文化发展到后来逐渐形成了一大缺点：忽视个体价值。普通个人的权利、人格、尊严没有得到应有的尊重和保护，个人主体性遭到压抑，人的自由个性受到打压。这样的文化对人的创造力的发挥是极其不利的，对社会发展活力起到抑制作用，并成为中华民族后

---

① 参见詹宏伟《也说中西文化的互补与融合》，光明日报（国家社科基金专刊）2015年4月16日。

来停滞、落后的一个重要的内部原因。

抑制个人主体性的文化价值与现代社会和市场经济的发展要求是相悖的。可以说,现代化、市场经济发展、新科技革命和新产业革命、转向创新驱动的发展方式等,要求解放个性、发挥个人主体性,要求弘扬敢为人先、勇于创新的精神。在这种背景下,中国文化传统的上述缺点凸显出来了,她的这一文化特点不利于社会由传统向现代转型,对现代化的启动和推进、对创新驱动型发展模式的生成更多地表现为一种文化阻滞力。

与中国传统文化相反,西方文化,尤其是进入近代以来的西方文化,充分尊重个人的主体地位,十分重视保护个人的权利和自由。西方这种文化有利于激发社会个体的创造力,有利于冲破传统社会的束缚而转向现代社会,有利于现代化的启动和推进。西方近代以来领先于世界,创新活动旺盛,与这种文化的积极影响不无关系。

(二)文化:西方的缺点与中国的优点

但西方发达国家进入现代社会后,严重的现代性危机也随之出现,这种危机长期困扰着西方社会,一代又一代思想家为之殚精竭虑,探寻解救之路。

现代性危机的内容和原因是多方面的,但是其中一个重要方面和一个重要原因是个人主体性过度发挥和不正确发挥,个体权利过度膨胀,权利被绝对化,权利与责任之间的关系严重失衡,滑向权利本位的极端。在现代西方,相对于社会整体利益而言,个人的权利是绝对的和至上的,个人自由、社会福利等权利几乎被绝对化。结果造成个体之间、个体与社会之间、群体之间、人与自然之间发生尖锐的冲突,引发严重的现代性危机。历史证明,个人主义或个体本位的文化价值无法化解现代社会日益严重的种种冲突,充分暴露了西方文化的缺陷。

对于中国传统文化来说,其在历史上大多数时段总体上是适应中华民族的生存环境和生存发展需要的,对于中华灿烂古文明的形成和发展曾经发挥了重要的积极作用。而且更重要的是,当西方发达国家陷入现代性危机时,当中国迅速生成和发展自己的现代性并随之出现种种现代性悖谬时,我们发现中国传统文化的当代价值日益凸显出来,她具有可资开发和利用的重大价值——化解现代社会多元主体间日益加剧的冲撞和人与自然之间的冲突。当个人获得解放、个人主体地位确立之后，其发挥出来的主体性很容易过分膨胀和不当发挥，很容易损害他者和自然，从而造成个体之间、个体与社会之间、群体之间、主客体之间的冲突日益加剧，并危及人类的生存。在这种历史背景下，中国传统文化那种追求和谐的价值取向，那种注重自我约束、重视修养和境界提升的文化资源，完全可以开发利用，不仅可以使之与现代社会相适应，而且可以使之成为建构健康合理的中国式现代性的建设性因素和健康的文化力量。反映和表达这种文化的中国格言、名言可以信手拈来：以义制利、义利相生；和合协调；和为贵；天时不如地利、地利不如人和；家和万事兴；天人合一；仁者爱人；老吾老以及人之老，幼吾幼以及人之幼；修身、齐家、治国、平天下；天下为公；养浩然之气；三军可以夺帅、匹夫不可以夺志；富贵不能淫、贫贱不能移、威武不能屈；不为五斗米折腰；志士不饮盗泉之水、廉者不受嗟来之食；穷且益坚、不坠青云之志，等等，无不蕴含有无穷的智慧和独特的价值理念。

我们可以清楚地看到，当代人类物欲横流，物化和异化严重，虚无主义肆虐，个体精神空虚，意义与信仰危机，各种矛盾和冲突剧烈……人类文明如果照此演绎下去，确实有终结自己的风险。在文明的危急关头，一些西方有识之士看到了中国文化的重大价值。例如，当代英国著名历史哲学家汤因比就把人类走出困境的希望寄托在中国文明和文化身上。[①] 的确如此，中国优秀的传统文化具有安顿众生心灵、提升个体境界、完善个体修养、充盈个体内涵、缓解人际冲突、构建良好主体间关系和主客间关系、维护团结统一等重要价值，应该根据当代人类生存发展的需要进行开掘整理和重新阐释，以提升和完善现代社会的文化，助推现代社会的良性、健康发展。

二　中西文化的互补与融合

可见，中西文化各有自己的优缺点，相互学习和借鉴、取长补

---

① 参见季羡林、张光编《展望21世纪——汤因比与池田大作对话录》，北京经济日报出版社1997年版，第278、284页。

短、兼收并蓄西方文化弘扬个人主体性与中国传统文化注重个体内在修养和自我约束的各自优点，是最理想的选择。

但有一种观点认为，不同的文化是无法互补、融合的。美国学者塞缪尔·亨廷顿（Samuel Huntington）提出的"文明冲突论"（Clash of Civilization）就是这种观点的代表。

这种观点是站不住脚的。

我们为什么不能把西方尊重个体和独立人格的文化与中国重视人际协调和集体利益的文化结合在一起呢？事实上，无论理论上还是实践上，中西方都在做这种努力。中国有学者提出了"新集体主义"，西方有学者提出了"新个人主义"，这两种理论实质上是相通的，可以说是殊途同归。在实践中，西方个体本位主义价值受到了一定程度的矫正，西方人公共精神的成长是一个有力的证明；中国改革开放以前那种漠视个体的片面的集体主义在社会生活中的影响日益式微，尊重个体权利的观念日益深入人心。

日本著名企业家涩泽荣一在《论语与算盘》一书中提出了一种具有日本特色的管理模式："《论语》＋算盘"，其实质就是融合中国传统儒家文化与西方工商业文化的一种尝试，并且在实践中取得了巨大的成功，日本和东亚经济奇迹与东西方文化的成功融合有很大的关系。

中西文化互补与融合的原则既已明确，今后关键是落实，是实践。实现中西文化融合将是一个长期的过程，我国今后要持之以恒地落实两方面的措施：

第一，精心设计体现中西文化互补、融合的各类、各层次的制度。包括教育制度，人才选拔制度，科研体制，激励机制，财税体制，管理制度，等等。

第二，以各种有效形式大力宣传中西互补、融合的文化，使其深入人心和日常生活，并积淀为中华文化的新传统。不仅要大力推进理论研究，而且要将成熟的理论大众化；不仅要重视理论的逻辑阐释，而且要把逻辑性的理论形象化、文艺化，如通过文艺作品形式影响大众。尤其要鼓励反映时代需要、融合中西方文化优点的影视作品的创作与传播。

第五节　构建弘扬个人主体性的文化价值与制度、促进创新驱动发展

一　马克思个人主体视野下的社会历史理论对中国的启发意义

马克思个人主体视野下的社会历史理论启发我们：个人摆脱各种人身依附，个人主体生成确立，是发展市场经济和社会向现代转型的必要条件，是现代社会区别于传统社会的重要标志之一，是历史发展的必经过程。人的发展三阶段和社会发展三形态，是历史发展不可逾越的客观过程，人们的价值理想不能脱离历史发展的客观规律，人类社会发展可以跨越资本主义的"卡夫丁峡谷"，但不能跨越有物化和异化存在的人的发展第二阶段和社会发展第二种形态，人们能做的是尽量"减轻分娩的痛苦"和缩短痛苦的时间，加快历史发展的进程。这是我国坚定地转向现代社会，坚定地选择市场经济和现代化的理论根据。

但是，我们的思想状况还存在诸多与中国社会现代转型要求不相适应的地方。在改革开放以前的理论话语中，我们可以谈"人民"（"人民群众"），但不敢谈"人"和"个人"，存在"谈人色变"的问题；改革开放以后，马哲界逐步恢复了马克思主义人文维度和主体性维度，逐步可以谈论"人"和"主体性"了。但仍存在一个问题：不同程度回避或拒斥"个人"或"个人主体"话语，对个人主体的拒斥和提防仍然在我们思维深处自觉或不自觉地涌动着。

具体而言，从上述论述可以看到，当代中国的现代转型和发展转型必须高度重视和解决下列两大问题。

第一，我们传统文化价值的一个缺陷是一味重整体而轻个体，往往陷入抽象的片面的整体主义。这是中国历史发展后来停滞不前的重要原因之一，如果不予以消解，我们将被抛在时代发展的后面，因为这种极端的价值观与现代化、市场经济、当代人类知识经济的发展趋势、创新驱动发展等的内在要求是格格不入的。如果不确立和尊重个人的主体地位，那么我们的市场经济根本无法生根，市场机制将无法有效运转，中国社会的现代转型将无法完成，知识经济和创新经济亦

将与我们无缘。① 根据阅历、观察和体悟，我坚持认为，今天中国文化价值的深处和社会大众的潜意识中，价值取向仍然存在贬抑个人和个性的问题。这其实是可以理解的。希冀经过改革开放短短 30 余年的洗礼就改变数千年积淀下来的厚重传统，那是天真的。极"左"年代以"人民""阶级"的名义打压个性和贬抑个体的政治话语，与千年的传统文化价值互相强化，并积淀到民族心灵的深处，无论集体还是个体，都形成了一种潜意识或无意识：本能地对"个人""个性""个人主体"抵触和反感，贬抑个性的传统文化价值仍然发挥着深刻而普遍的影响。不说别的，仅举我们的教育一例，真是令人忧心忡忡！从幼儿园到大学，摧残学生个性、践踏学生独立人格的事件屡见不鲜。鲁迅当年"救救孩子"的呐喊声时不时回响在我耳边。我是一个孩子的父亲，对此有切身的感受。确实"难得糊涂"，越是看透"吃人"的教育现状，我越是痛苦，但却无可奈何，且常常被大众同化，不自觉地按照现行教育成规和标准要求孩子。所幸我还没有丧失反思能力，事后往往痛心疾首，并调整自己的心态和行为，与传统观念和做法保持距离。但不久又"糊涂"了，又从众而为了。我，一个孩子的父亲，就这样在清醒与"糊涂"之间徘徊，个中滋味，就像愈合了的伤口旋即被重新划开，又愈合，又划开……真不如从流俗者"心灵无纷扰"啊！看看身边的家长们，大多不会像我一样因为价值观的游移而痛苦和徘徊，而是坚定地按既定价值观和教育理念"教育"自己的孩子，消磨孩子的个性，窒息孩子的创造性……我常常悲从中来！为民族未来忧虑！这也正是钱学森的忧虑：中国没有完全发展起来，一个重要原因是没有一所大学能够按照培养科学技术发明创造人才的模式去办学，没有自己独特的创新的东西，老是"冒不出"杰出人才。这是很大的问题。"想到中国长远发展的事情，我忧虑的就是这一点。"钱学森直言不讳，他的创新精神在许多方面得益

---

① 继"钱学森之问"后，国人又提出了一个问题：中国能够出乔布斯吗？这是两个本质上相同的问题。其实我们曾经提出过许多类似的问题：中国能出比尔·盖茨吗？中国能出爱因斯坦吗？中国能出霍金吗，等等。从哲学上看，个人主体难以生成发展，个人主体性发挥受到过多羁绊，个人主体论没有成为我们文化价值的一个基本构件，是我们创新能力缺乏的根本原因之一。

于年轻时接收的大学教育——敢于挑战权威,鼓励提出与众不同的创见,更有浓厚学术氛围与竞争气氛。① 破解钱学森之问,不仅要在教育系统内部找原因,还要在整个社会的文化价值方面找原因,教育理念只是整个社会文化价值的一种表现或一个侧面。个性不彰的文化价值是问题的一个重要原因吗?我以为如此。

我们必须在理论上弄明白:任何历史时期,个体与集体都是不可分离的;任何历史时期都可以抽象地说:没有社会整体就没有个体,没有个体就没有整体。但这样抽象提出和讨论问题毫无意义,关键是要有针对性,具体问题具体分析。在人类历史发展的早期,个人的力量还很弱小,个体只有依附于整体的事实是很明显的,整体的意义绝对大于个体,为了整体必须牺牲个体,整体通过牺牲个体得到保存和发展②,随着人类社会的发展,尤其商品(市场)经济的发展,个体的力量和重要性不断显现出来,过去实体整体观必须被抛弃,树立新的整体观:整体是由不同个体之间的有机联系建立起来的,不能再用整体吞没个体和压迫个体,整体不应是"虚幻的共同体",整体不外乎是不同个体的生命共同体,整体与个体之间形成一种有机的辩证的关系。这种整体或集体的理想状况是马克思提出的"自由人联合体",在那种共同体或集体中,"每个人的自由发展是其他一切人自由发展的条件"。

第二,关于正确看待和解决个人主体在发展过程中产生的问题。个人的主体地位一旦确立或初步确立,其发挥出来的主体性就有片面膨胀的危险,个体藐视客体(自然)和他者(他人、集体、社会),导致人与自然之间、个体之间以及个体与集体之间发生严重冲突,这是西方现代化过程中曾经演绎过的现代性危机,马克思在人的发展第二阶段和社会发展第二种形态的理论分析中,对此也有充分揭示和批判。在我国,随着市场经济的迅速发展和现代化的深入推进,个人主体地位得以确立,个人主体性得到张扬,经济社会发展的活力和动力

---

① 李泓冰:《重温"钱学森之问"的喜与忧》,人民日报,2013年12月13日,第5版。

② 《马克思恩格斯全集》第26卷(第Ⅱ册),人民出版社1973年版,第124—125页。

充分喷发；但是，伴随的负面问题也不断产生，各种冲突、矛盾、悖论和异化现象纷纷出现：强势的社会主体（如资本的所有者和操作者）往往肆意挤压弱势的社会主体和侵害社会整体利益，社会矛盾趋于激化；交换价值役使人、人们的精神世界严重物化，等等。这些问题当然必须引起我们高度重视。

那么，怎样看待和解决这些问题呢？就哲学界研究现状来看，批判性偏多，建设性偏少；一些批判甚至停留于单纯的价值批判和道德谴责的层面；否定现代性转型、改革开放和市场经济的言论也不鲜见。这种思想状况值得警惕。

首先，我们需要正确看待马克思提出的超越市场经济和现代性的理论结论。马克思提出，在未来的社会主义和共产主义社会，商品、货币和资本等现代性元素将退出历史舞台，依赖于物的个人主体将被具有自由个性的个人（即自由全面发展的个人）取代。但马克思的这一观点是有前提的：人的发展第二阶段和社会发展第二种形态得以充分展开，商品、货币、资本完成其历史使命。但是，包括中国在内的东方社会主义国家不具备马克思指出的这一历史前提。相反，在中国，现代性远没有完成其历史使命。这就决定了我们不能对现代性做简单的否定，不能因为其弊病而主张取消现代性在中国的布展和发展。

其次，批判当然不可或缺，但批判不是目的，问题揭示出来了之后，重心应该放在解决问题上，这就需要建设性的理论研究。笔者认为，解决个人主体性片面发挥问题不外乎有三种方式可供选择。其一是借机否定个人主体和个人主体性，以讨伐"个人主义"的名义取消个人的主体地位，压抑个人权益，压制个人主体性的发挥。这无异于历史的倒退，是不可取的。其二是听任其发展，等待其自发的"物极必反"。西方走的就是这条道路，它们长期坚守"自由放任"和个人本位主义信念，直到付出了重大代价才慢慢改弦更张，逐步加大约束个体和缓解冲突的力度。在中国，这种方式既是不可取的，也是不必要的。因为我们既付不起也不必要付出这么大的代价。人类社会的发展不是一个机械的过程，西方现代化的具体路径不是每个民族唯一的宿命；而且，人类的一大特点是善于学习，中华民族更是善于学习的民族，中国共产党是一个重视学习和善于学习的政党，我们完全可以吸取先行现代化国家的经验教训，利用新的历史文化条件，在一个更高的起点和更高的平台上展开现代化工程。其三是在尊重、保护个人主体地位和发挥其主体性的同时，从制度建设和文化价值建设等方面引导、规范和制约个人主体性，推动个人主体转型升级和健康发展，塑造既具有独立人格和主体性又与他者和谐共生的新型个体。我们当然要选择第三种解决问题的方案。

为了实施第三种方案，有必要重复强调：在当代中国，我们当然要努力避免西方现代化过程中个人本位主义造成的弊病和灾难，但也不能以此为借口否定个人主体，因为要推进现代化工程和发展市场经济，个人主体就必须突破传统的制约而发育生长起来。因此，我们可选择的、合理的现代化道路和现代化模式是：在推进现代化的整个过程中，始终自觉地辩证地处理个体与集体和社会的关系：在理论上，既反对原子个体主义，又反对片面的整体主义；在实践中，一方面要防止个人主体性片面畸形发挥，避免个体之间和个体与社会之间的剧烈冲突；另一方面要"避免重新把'社会'当作抽象的东西同个体对立起来"①。避免用抽象、虚幻的集体抑制个人主体及其主体性。

二　弘扬个人主体性促进我国的创新驱动发展

当今中国的发展转型，即转向创新驱动的发展，治本之策是构建弘扬个人主体性的文化价值，让每一个社会成员都拥有主体地位和独立人格，尊重个性自由，鼓励求异思维，培育千千万万敢为天下先的创新闯将。这一点至关重要，而且具有紧迫性。

这里仅从教育观和教育体制方面分析该问题的严峻性和解决问题的思考。②

教育对于个人主体的生成发展具有特殊的重要意义，因为个体从出生到走上工作岗位这20多年的时间段中主要是接受教育的阶段、

---

① 马克思：《1844年经济学哲学手稿》，人民出版社2000年版，第84页。

② 参见詹宏伟《中国改革与个人主体》，中国社会科学出版社2014年版，第124—129页。

社会化的阶段，价值观、世界观、人生观和独立人格在这一阶段基本形成或定型。具有主体性的个体是否能够生成，这一阶段具有决定性作用。这一阶段的教育主要包括家庭教育和学校教育。家庭教育和学校教育的理念，直接关系到是否能够培养出具有主体性的社会个体。

一种教育理念主张把被教育者培养成什么样的人，体现了这种教育理念的核心价值取向，是这种教育观的核心和根本。中国传统社会的教育观和教育实践的价值取向是把被教育者培养成"合格的奴隶"，是一种忽视个性的奴性教育。现今的中国教育理念发生了根本改变吗？答案是具有重大变化，但传统的奴性教育理念和实践仍然相当程度地延续着。确实如此，冷静观察思考后不难发现，中国人的教育理念正在发生着深刻的嬗变，这一嬗变正推动培育出具有独立个性的个人主体，但是阻力和问题仍然巨大，教育转型任重而道远。

（一）中国传统的教育观及其反思

这里"传统教育观"中的"传统"包括"大传统"和"小传统"，"大传统"指中国两千多年封建专制社会形成的传统的教育理念，"小传统"指新中国成立至改革开放这段时间受苏联教育理论和实践影响而形成的教育理念。

中国传统文化把重心集中在人与人的关系上，并把这种关系聚焦于等级文化和人身依附，那种以张扬个性为基本特点的思想常常受到严厉的打压。封建统治者也需要教育培养出忠于皇权的奴才，教材的制定为这一教育目的服务，如清朝康熙、乾隆年间推广开的《弟子规》，主要为培养合格奴才而服务的；考试制度也是为这一目的服务，如科举考试，尤其后来发展成为八股取士，更是严格限制读书人的思想，只有那些死读书、读死书、顺从、愚忠的读书者才能取得考试成功。中国传统教育把老师视为绝对权威，学生绝对服从老师；把规定的教材视为神物，而教材就是"四书""五经"之类的经典，长期被人为崇拜；把先贤、圣人视为神明，除了顶礼膜拜之外，不敢质疑，学生不会有自己的独立思考。

新中国成立后的中国教育理念和实践深受苏联教育理论的影响。而苏联教育理论严重忽视学生的主体性，强调"以教师为中心、以教材为中心、以课堂为中心"，教育教学重视学生对书本知识的认识记忆和再现，不鼓励学生质疑教材和权威，根本不考虑开发学生个体的独特潜能，忽视发展学生的个性。苏联模式教育哲学是典型的机械唯物主义，它在认识论方面的见解不仅没有达到马克思哲学的水平，而且还不如康德开启的主体性哲学，恰当地说，它与前康德机械唯物主义哲学处于同一水平。在这一教育理念支配下的中国教育，当然无法培养出具有个性和创造力的学生，这是中国教育的致命伤。

正如国家知识产权局局长田力普所言："在文化氛围上，我们也缺少创新的精神，大家都学老师、学经典、学古人，不求与众不同、不敢特立独行。"

旁观者清，中国教育的这一缺陷，甚至外国人都看得很清楚，"教改的第二个阻碍就是担心更强个性将削弱社会管制。传统上，社会管制是中国教育的另一大作用。……个性从小就被打磨：当一名学生进入大学时，个性已经基本被磨平"。

在当下的中国，"听话"教育仍然十分盛行。在家听父母的话，在学校要听老师的话，在单位要听领导的话，父母与小孩子分别时的叮嘱语几乎都是"乖，听话啊……"；耶鲁大学的校长就曾说过：中国学生"太听话"了。在整齐划一的应试教育体制下，孩子们的个性和天赋已很难遇到伯乐。多数有自我意识的孩子往往被归为异类，甚至被无情地扫进时代的垃圾堆。

这里介绍一个普遍的教育现象，它充分说明忽视个体和个性的传统教育影响的顽固性。从幼儿园，到中学，乃至到大学，一切思想政治和品德教育的主题惊人相似：反复告诫学生要克制和约束自己，但对学生鲜有维护权利的教育。比如，中小学普法教育活动，总是单向地告诫学生要守法——哪些行为属于违法犯罪，触犯法律会受到怎样的处罚，应该如何遵守法律，违法的危害等，教育的取向是强调不能违法犯罪，强调学生要约束自己。这本没有错误，但是，这只是问题的一个维度，如果只是强调这一维度而忽视甚至否定问题的另一维度，就会走向悖谬，就会造成严重的后果。问题的另一个维度是什么呢？就是对青少年的维权意识的启蒙和教育。中国的法制和纪律教育很少教育学生勇于和善于用法律武器维护自己的权利——青少年有哪些法律权利，受到哪些法律保护，受到侵害如何运用法律维护自己的权利等，有意无意忽视了维权教育。这是一种典型的义务本位教育观，似乎维护自己的权利是不光彩的，而只有那些牺牲自己的行为才是值得肯定的。这足以说明，那种忽视个体权益、践踏个体尊严、漠视个人价值、扼杀个体个性的文化价值观是多么顽固地支配着今天国人的观念和行为！多么顽强地盘踞于我们的潜意识中，甚至相当程度存在于国人的显意识中！

（二）中国教育的艰难转型

改革开放打开国门，西方教育理论纷纷被引进，如杜威的教育哲学、西方解释学蕴含的教育认知理论、皮亚杰等建构主义教育理论等，对我国影响巨大，它们活跃了人们的思维，拓宽了人们的视野，推动着中国教育理念的革命。更重要的是，对照西方教育成果反思我们的教育，其缺陷更加凸显。我们应试教育培育的学生创新意识和创新能力十分薄弱，与世界其他教育强国比，我们的孩子的想象力可以说是最差的。著名的"钱学森之问"仍然困扰着国人。人们经常发问：我们为什么培育不出像比尔·盖茨、乔布斯、爱迪生、爱因斯坦、霍金那样的高端人才？堂堂十几亿的人口大国，教育为什么培育不出诺贝尔奖获得者？我们的教育为什么培养不出大师？这些促使人们反思和转变教育理念和教育模式，素质教育理念、三段式教学模式、生态教学理念和模式先后纷纷出现，而且产生了像魏书生这样的教育家。总之，教育改革成效不应否定。但是，决不能高估这个成效。因为素质教育、个性教育等现代的、符合教育规律的教育理念和教育模式并没有在全局上取得主导地位，也没有取得全局性成功，一些推行素质教育的实践要么换汤不换药，要么一段时间后就流产了，应试教育很快复辟。什么原因呢？

第一，师资原因。首先，我国从事教育的教师本身就是传统教育体制下培育出来的产品，并未受过创新教育的熏陶，他们的创新意识本来就弱，怎么能指望他们培养出创新型人才？其次，在中国，教师的社会地位较低，见过经商下海热和考公务员热，但没有见过教师热。许多国家最优秀的人才从事教育，在中国却不是这样，中国顶尖的学生往往从事工商业、公务员，从事教师的人往往是二流人才。可见，教师的素质制约着我们教育培养出创新型人才。

第二，体制原因。应试教育体制并没有根本改变，许多地方甚至更加恶化。领导、教师、学校的荣辱升降都与学生考试成绩牢牢挂钩，对学生的评价几乎完全与其考试成绩相关，谁还去搞什么创新性的素质教育？

第三，家长原因。中国的家长们都知道转型社会竞争之惨烈和上升通道之狭窄，无权无钱的大多数家长，为自己孩子将来能在拼爹盛行的社会中获得更多生存空间，不得不逼迫孩子埋头于应试教育的题海之中，希望考上一个好学校，从而改变孩子的命运。更有甚者，家长往往把自己没有实现的梦想寄托在孩子的身上，急功近利，只看孩子的考分，逼着孩子参加各种泯灭创新意识和创新能力的补课和培训。

第四，经济原因。中国制造尚处在全球产业链的低端，简单加工组装劳动占很大比重，企业更需要工程师甚至操作工、而不是发明家，因而经济主体感到没有创新的必要性；山寨风盛行，市场创新得不到相应的回报，急功近利现象严重，尊重知识产权的法规难以执行，因而经济主体缺乏创新的意愿。在这种环境下，谁愿意千辛万苦搞创新呢？同时，尊重个性的创新型教育也就不被需要、不被重视。

第五，社会原因。中国社会评价标准是关系大于能力，是一个关系本位社会。中国的能力社会远没有形成，找靠山、凭关系这一传统的个人发达、上升模式仍然是社会通行的主导性规则或潜规则。干得再好不如人际关系好，正如民谚所言：在家靠父母、出门靠朋友。中国人的聪明才智都用于搞人际关系，圆滑世故、八面玲珑者生存，标新立异、个性鲜明者淘汰。在这种逆淘汰社会环境中，谁敢有个性？

第六，观念原因。传统教育理念仍然有顽强的影响力。从事教育的知识分子也许对传统教育理念具有较高的警惕性和较强的抵抗力，但支配社会大众的日常观念仍然是传统。尤其是家庭教育，孩子的父母辈、祖父母辈的教育理念仍然是传统型的。长久以来，我们信奉儒家的伦理秩序，强调长辈对子辈的权力。这种权力扩散在不同领域，家庭领域尤为严重。家庭是社会结构生产和再生产最隐秘的地方，家庭中的权力分配是社会权力分配的缩影。虽然近代以来不同思潮的冲击一定程度淡化了这种影响，但很难深入社会的细胞——家庭中。传统的影响还普遍存在，对老一辈父母尤甚。而现代的伦理秩序，强调个体人格的独立，重视核心家庭的价值，子女不是父母的附属品，个人是对自己负责的独立存在，在开放的信息时代成长起来的年轻人们，多少受到这种理念的影响，追求独立自主的生活，反对家长的控制。但是，父权制伦理"余威犹在"，在父母长期以来命令式的独角戏下，年轻人还不习惯和父母坦诚沟通。"孝文化"又往往扼杀了孩子对父母的反抗力，尤其是听闻一些地方纷纷把中国的"孝文化"建制化，即对学生的考核包括审查学生对父母是否孝顺。真是令人毛骨悚然！制定政策的中国父母太自私了！这样的文化价值观及其"指导"下的建制，一定会扼杀孩子的独立人格和个性自由发展，怎么可能培育出富有个性的、创新型的人才？

今天中国面临发展转型的重任，正从低端发展（为发达经济体代工、低附加值、要素驱动、外延扩张、粗放增长等）转向高端发展（自主创新、高附加值、创新驱动、集约增长、绿色增长等）。低端发展阶段及相应的发展方式对创新的依赖性弱，对个人的创造性和主体性要求不高；高端发展阶段及相应的发展方式极大地依赖创新，对个人的创造性和主体性要求很高。

我国教育要顺应经济社会发展转型的客观趋势和客观要求，为促使我国发展方式转型和发展阶段的高级化做出应有的贡献。可以肯定，我国由传统低端的、要素驱动型发展向新的、创新驱动型发展转型客观上需要大量创新型人才，这将逼迫中国教育转型。是被客观趋势拖着走，还是顺应客观趋势、积极主动作为？我们应该选择后者，积极主动谋求转型：一方面要积极推动文化价值观的转变，尤其是教育理念的转变，革除漠视个性的文化价值，破除奴性教育观，切实树立个性教育观；另一方面要改革与个性教育不相适应的一切教育模式、教育体制和其他体制，构建适应素质教育和创新教育的教育教学模式和体制。

第六节 一个总结：发展方式转型规律与途径

前文在三种不同的视野下深入研究了发展方式转型规律与途径问

题，即利益视野、矛盾视野、主体性视野，也就是从这个三个维度揭示发展方式转型规律、探讨发展方式转型的可行途径。

人文社会问题研究的复杂性在于，论者对几乎每一个基础性概念都有不同理解，歧义重重。"规律"这个概念也是这样，有机械论规律观、统计规律观、辩证规律观、生成论规律观，等等。但对于规律是"不同事物之间本质、内在、客观的联系"这一基本界定还是有共识的。差别是现代规律观反对机械决定论规律观、先验论规律观。鲁品越教授对此有深刻的研究和精彩的论述。[①]

本书前三篇揭示了发展方式转型与各种因素之间内在、本质、客观的联系，也就是揭示了发展方式转型与各种因素之间相互作用、相互影响、相互制约的关系。这就是在研究和揭示发展方式转型规律。人们认识了这些联系后，可以有针对性地采取措施，从而通过人的行动影响发展方式转型、促进发展方式转型。下面做一个总结。

第一，从利益的角度探讨发展方式转型规律和转型途径，揭示了利益格局调整与发展方式转型之间的相互作用、相互影响的关系。

发展方式与利益格局之间存在着对应关系，一定的发展方式形成一定的利益格局，传统发展方式形成了旧利益格局，科学发展方式要求新的利益格局与之相适应，因而从传统发展方式转向科学发展方式就必须解构旧利益格局，构建新型的利益格局，这个调整利益格局的过程是"动奶酪"的过程，阻力异常巨大。如何实现利益格局调整呢？本书提出了调整和转换利益格局的总体方法：提高人们的思想认识，讲究转型策略，充分发挥我国的政治优势。

在此基础上，本书具体、深入探讨了如何调整利益格局的问题：

运用博弈论研究调整利益格局的方法，提出：要积极利用共赢博弈推动利益格局的优化和发展转型，这是最佳转型策略；但调整利益格局不可能总是共赢的，零和博弈往往不可避免，当不破除一些利益格局就无法实现发展方式转型的时候，就要积极集聚"势能"，在风险可控的情况下，要果断地采取激进的方式突破既有利益格局，大胆

―――――――――

① 鲁品越：《生成论规律观与马克思主义哲学原理建设》，《哲学动态》2008 年第 5期。

调整存量利益格局，勇敢改革，破旧立新，构建新的、符合科学发展方式的利益格局，从而促进发展方式转型取得实质性进展；提出了突破发展方式转型的"囚徒困境"的办法；提出了推动有利于发展方式转型的纳什均衡的形成的思路，以解决我国发展方式转型措施落实效果欠佳的问题。

深入揭示了市场、资本与发展方式转型的联系，提出了利用资本和市场促进发展方式转型的措施。市场和资本的逻辑本质上是利益逻辑，市场机制的本质是利益机制，就是说，市场机制、市场逻辑和资本逻辑都是利用经济活动主体追求利益最大化的行为逻辑和行为取向，因势利导，促进社会经济发展，从而为社会经济发展提供无尽的源泉和动力。同理，发展方式转型也需要因势利导，充分利用市场逻辑和资本逻辑，为转型提供强大的动力，促进转型的实现。具体讨论了发展方式转型的途径：利用价值规律、产权明晰化、创设环境产权制度、促进资源资本化、保持金融资本健康发展、促进人力资本发展、促进知识商品化和资本化等。

揭示了个体理性和集体理性对于利益格局调整和发展转型的作用。辩证吸取西方经济学理性观——即利益最大化理性观的合理因素，扬弃其不合理因素，从个体理性与集体理性相互关系的独特视角，深入揭示两种理性与发展方式转型的内在关联。从哲学高度看问题，可以发现，国际国内理论和实践的主流倾向，是利用个体理性促进利益格局调整和发展方式转型，而集体理性的逻辑往往被排斥。我们纠正了这种偏误，一方面肯定了个体理性的作用，要因势利导，运用个体理性逻辑促进利益格局优化和发展方式转型；另一方面揭示个体理性的缺陷，提出了运用集体理性弥补和超越个体理性的缺陷，以促进发展方式转型的见解。我们认为：市场经济的微观基础就是要充分肯定和发挥个体理性的作用；而社会主义又具有集体理性的优势，要从发挥集体理性的作用以克服个体理性缺陷的高度，认识公有制经济、保持和发扬中国共产党宗旨和优良传统的重大意义。

第二，从矛盾的角度探讨发展方式转型规律和转型途径，揭示了发展方式转型的一系列对立统一关系。

从"破"与"立"相互关系的视角看，发展方式转型就是传统

发展方式的"破"与科学发展方式的"立";但要走出"破"与
"立"关系的传统认识误区:把"破"绝对化;只强调"破中有立",
而忽视了"立中有破"等。发展方式转型要选取"破""立"结合的
途径,尽量采取以"立"为主、以"立"促"破"的转型思路。这
种转型思路和途径有助于增强发展方式转型方案的科学性、减少发展
方式转型带来的震荡、减小新旧发展方式的摩擦力、减小发展方式转
型必然遇到的阻力、降低发展方式转型的代价,从而有利于促进发展
方式转型的顺利进行、提高发展方式转型实践的实效性。

吸收汤因比"挑战—应战理论"的合理因素,丰富和深化唯物辩
证法"矛盾—发展理论"和唯物史观人类社会发展理论:挑战—应战
的矛盾运动是人类社会发展的动力;虽然矛盾是事物发展的根本动
力,没有矛盾就没有发展,但是如果矛盾没有解决或无法解决,也无
法实现发展,只有解决了矛盾才能推动事物的发展,推动事物发展就
是解决矛盾。但是,必须充分注意,对于人类社会来说,如果挑战过
度就会扼杀人类应战的能力,从而失去解决矛盾的能力,矛盾无法解
决,事物就停滞不前甚至衰退。发展方式转型也是如此,没有挑战就
没有转型的动力,但挑战过大,也无法完成转型。本书具体分析了如
何运用"挑战—应战理论"促进发展方式转型的问题。

"摸着石头过河"与"顶层设计"这两种发展转型实践模式有明
显的差别,甚至是相反的,它们之间的对立性是明显的。但如果将它
们僵硬地对立起来,无助于优化实践模式。"相反相成"、对立统一。
正确的做法是:"摸着石头过河"和"顶层设计"不能互相否定或互
相替代,而是要始终保持二者的张力,在此前提下积极谋求将二者统
一起来。这才是发展转型的有效实践模式。

提出新矛盾观。首先提出矛盾分类的新方法,把矛盾分为同一性
为主的矛盾和对立性为主的矛盾;不同性质的矛盾解决的方式也不
同;发展就是解决矛盾,从而不同的解决矛盾方式形成不同的发展方
式——和谐发展方式和对抗发展方式。前者符合当代人类发展的趋
势,即充分发挥矛盾同一性的作用,以合作共赢的方式促进发展。

在新矛盾观指导下,形成破解经济增长与环境保护二律背反的思
路和对策。发展经济和保护环境都有其合理性,尤其都是后发地区的

迫切要求，但二者往往相互冲突，从而构成了经济增长与环境保护的二律背反。这是当代人类，尤其是落后地区面临的严重困境。这种二律背反在渝东北地区表现得尤为突出。走出这一困境的正确选择是实现经济增长与环境保护的双赢，这已经成为大多数人的共识。但是，在实际的发展实践中，尤其欠发达地区的发展实际中，增长导致环境污染的现象仍然比较普遍。其中一个症结在于，没有真正找到破解增长与环保二律背反、实现两者双赢的科学思路和可行路径。本研究以新矛盾观为指导，形成科学合理的思路，以渝东北地区为样本，借用经济学工具，在深入调查研究的基础上，提出了渝东北地区破解二律背反、实现经济增长与环境保护双赢的思路和方案。

第三，从主体性的角度探讨发展方式转型规律和转型途径，深入研究了主体性与发展方式转型的联系。

根据历史唯物主义，人民群众主体性的发挥是经济社会发展的源头活水，发展方式转型要充分调动广大人民群众的主体性。如何调动呢？我们研究提出，发挥市场在资源配置中的决定作用的本质是发挥人民群众在经济社会发展中的主体性作用，是新时期贯彻马克思主义人民主体论的新方式。发展方式转型如何贯彻人民主体论呢？方法是发挥市场在转型过程中的决定性作用。政府的必要作用就是为市场发挥作用或人民群众发挥主体性提供服务。

提出了唯物史观的个人主体视野问题，揭示了个人主体生成发展与人类社会发展的内在关联，凸显了个人主体性对于人类发展、包括发展方式转型的重大意义。其具体逻辑是：首先，在唯物史观个人主体视野的启发下，揭示了个人主体性的发挥、独立人格的形成对于创新驱动发展的重大意义，没有个人主体性和独立人格，就没有创新，也就无法形成创新驱动的发展方式；其次，主要从教育文化、教育理念和教育体制等方面揭示压抑个人主体性和独立人格的严峻现实，主张革新教育文化、教育理念和教育体制，促进中国人个人主体性的发挥和独立人格的形成，这是转变发展方式、形成创新驱动发展的治本之策。最后，为了解决个人主体性悖论对个人主体性的否定，我们提出中西文化有机融合，以破解这一悖论，从而既充分发挥个人主体性，又消除其负面效应。

第四篇

发展方式转型过程及前景展望

在揭示发展方式转型规律，提出发展方式转型途径的基础上，本篇运用哲学与经济学结合的方法，具体地分析我国发展方式转型已经经历和将要经历的客观过程，并对我国发展方式转型前景做一个展望。这有利于我们从整体上把握我国发展方式转型，明确发展方式转型的方向和举措，增强发展方式转型的信心。

第十二章 发展方式转型的客观过程及前景展望

第一节 发展方式转型问题上的非历史主义观点批判

新古典主义经济学是西方的主流经济学，但是它以非历史的眼光看待经济发展，经济发展不被划分为若干过程，似乎经济增长只有一种类型，即新古典增长。诺贝尔经济学奖得主经济学家索洛认为：发达国家劳动力是短缺的、资本持续投入会遭到报酬递减的困扰，因此，长期经济增长的唯一源泉只能是技术进步和生产率提高。许多研究经济增长和发展的学者根据索洛的理论来评判发展中国家经济发展战略、发展方式和发展绩效，并用这一理论指导发展中国家的经济发展。这是典型的非历史的、抽象的思维方式，就是说，他们把发达国家经济发展条件下的发展类型，视为普遍的发展类型，没有充分考虑到发展中国家经济发展面临的发展条件与发达国家迥然不同，也忘却了发达国家是如何从不发达阶段走到新古典阶段的。美国经济学家诺贝尔经济学奖得主克鲁格曼20世纪90年代对东亚经济奇迹颇不以为然，认为不过是"纸老虎"，认为东亚依靠高投资实现的高增长不值得夸耀，根本比不上西方发达国家依靠技术进步和生产率提高而实现增长的发展方式。[①] 其实，东亚经济经过劳动密集型经济发展阶段后，必然要经过投资驱动这一发展阶段，1997年东亚金融危机和经济危

---

① 转引自吴敬琏《中国增长模式抉择》，上海远东出版社2014年版，第51页。

机只能说明这种投资驱动的发展方式已经完成了其历史使命，其历史合理性业已丧失，东亚经济发展阶段必须转换，发展方式必须转型，但不能因此否定投资驱动的发展方式的历史合理性和历史功绩。这种非历史的抽象的发展观对广大落后国家制定发展战略和选择发展方式可能产生误导。

关于我国经济发展和发展方式转型，社会上、甚至学界也存在着一种抽象的、非历史的思维，不破除这种不科学的思维，就不可能正确认识和评价我国改革开放以来的发展，还可能误导我们的发展方式转型。

有一种常见的舆论和见解：我国经济社会发展现在面临的重重问题，是由于我们在发展方式的选择上走入了误区，其原因在于认识的错误或体制机制弊端所致，如果不是认识和体制机制方面出了问题，我们本可以选择一种正确的发展方式——即西方发达国家采取的现代发展方式，也就是通过技术进步和效率提高实现经济增长的发展方式。

这种观点类似于说，人类走过几千年阶级分裂和阶级斗争的历史阶段，造成了多少战争、血泪和灾难，其原因是人类理性迷雾造成的，解决之道是走出理性的迷雾，人类在正确的思想指导下向前走，就可以避免苦难。这种观点我们并不陌生，是马克思、恩格斯当年批判过的空想社会主义者的观点，是一种历史唯心主义观点。唯物史观持历史主义的观点，并运用唯物主义思维观察和研究历史，揭示了历史发展的客观的、不以人的意志为转移的规律和过程。而且，即使人们认识了历史的本质和规律，也不能取消规律的作用而随心所欲规划人类社会的发展历程。即使我们认识到了历史发展的规律，我们也不能超越这一规律，正如马克思指出的："一个社会即使探索到了本身运动的自然规律，它还是既不能跳过也不能用法令取消自然的发展阶段。"①

在发展方式转型问题上，我们也常常犯抽象的、非历史的唯心主义错误，其危害是误导我们的发展方式转型。正如林毅夫在《新结构经济学》《中国的奇迹——发展战略与经济改革》等著作中分析的那

---

① 《马克思恩格斯选集》第2卷，人民出版社1995年版，第101页。

样，发展中国家的国情是技术落后和资本稀缺，如果违背这一客观国情，梦想一下子赶上发达国家现在的发展水平和采取发达国家现有的发展方式，那么一定为遭到惨败。第二次世界大战后，获得民族独立的发展中国家迫切希望改变贫穷落后的面貌。采纳了当时发展经济学的主张，就是第一波发展经济学的见解。第一波发展经济学就是早期发展经济学，"以发达国家的产业为参照系，认为发展中国家要达到发达国家的收入水平就必须和发达国家有相同的劳动生产率水平，其前提则是拥有和发达国家同样的资本、技术密集的产业"。落后国家按照这种见解制定发展战略，通过政府直接配置资源，实施"进口替代战略"，优先发展现代化的资本、技术密集型产业。但是，这一战略严重脱离了发展中国家"技术落后和资本稀缺，但廉价劳动力充沛"的国情，导致危机不断，发展绩效很差，反而与发达国家的差距越拉越大。[①] 中国在计划经济时期也实行了类似的赶超战略，优先发展资本密集型的重工业，完全违背了我国资本极度稀缺和廉价劳动力丰富的国情，实行的是"扬短避长"的发展战略，结果，发展效果差强人意。

计划经济时期赶超战略失败的危机，逼迫中国进行改革和开放。改革开放之后中国经济的发展，从发挥自己的比较优势出发，务实地从发展劳动密集型产业开始起步，积累了相当的资本后，有力量引进国外的相对于中国而言的相对先进的技术和设备（当然这些技术和设备在发达国家算不上先进了，所以不会封锁，反倒是卖出去可以收回成本，获得收益），从而逐步走向发展技术不断提升、资本密集程度不断提高的产业，到 20 世纪 90 年代终于有力量和条件发展重化工业了。[②] 当然这种发展战略也是有代价的，那就是发展粗放，靠大量投入获得增长，效益较差，生产率较低，财富的技术含量较低，尤其是

---

① 林毅夫等：《中国的奇迹——发展战略与经济改革 出版 20 周年序》，格致出版社、上海三联书店、上海人民出版社 2014 年版，第 16—17 页。

② 这里所说的力量和条件包括：由于 20 世纪 80 年代从比较优势出发，我国大力发展劳动密集型产业，如著名的"三来一补"，到 20 世纪 90 年代资本有了相当程度的积累。同时我国的后发优势仍然明显，由于技术代差的存在，我国可以获得国外的成熟技术。中国虽然是人均资源小国，但对外开放利用全球化机遇，我国积极进口国外资源弥补我们资源的不足，解决了重化工业发展的资源瓶颈问题。所以，我们不赞成经济学家吴敬琏对 20 世纪 90 年代我国发展重化工业战略的批评。吴敬琏的批评参见其专著《中国增长模式抉择》。

相对于发达经济体更是显得很低。于是我国的发展战略和发展方式遭到了许多人的强烈诟病，认为我们发展战略和发展方式选择失误，应该学习发达国家实行依靠技术创新和效率提高的发展战略和发展模式。① 怎么看待这种诟病呢？我们认为，这是一种非历史的、抽象的观点，是"从发达国家的经验和理论视角来看问题"②。

到底如何全面准确地看待和评价改革开放 30 多年来，我国的发展战略和发展方式呢？还是应该采取历史主义的方法和辩证的方法。对我国过去 30 多年通过传统发展方式实现的发展，不能采取抽象的、非历史的评价方法，而应该采取历史的、具体的方法。要充分肯定过去 30 多年发展的历史成就，理性承认过去那种历史条件下和发展阶段上，我国采取传统发展方式③有其客观必然性和历史合理性。因此，我们当然必须对当下中国发展困局和问题进行充分揭示，保持清醒的头脑，但绝不能全盘否定过去发展成就和发展路径。需要强调的是，我们现在面临的问题是发展中的问题，是转型升级过程中的问题，是成长中的烦恼。解决了这些问题后，中国的发展就会更上一层楼。当然，传统发展方式在当下的中国的历史合理性正日益丧失，如果不加快转变发展方式，如果发展问题迟迟得不到解决，就会陷入所谓的"中等收入陷阱"，中国发展就会停滞，中华民族伟大复兴的中国梦就会成为泡影。

第二节 经济学视野：经济发展阶段的划分与发展方式的转换

许多研究发展问题的经济学家，对发展的过程性有充分的研究和揭示，他们的研究显示：一个经济体的经济发展，不同发展阶段客观

① 参见吴敬琏《中国增长模式抉择》，上海远东出版社 2014 年版。
② 林毅夫等：《中国的奇迹——发展战略与经济改革 出版 20 周年序》，格致出版社、上海三联书店、上海人民出版社 2014 年版，第 16 页。
③ 大力发展劳动密集、资源密集型产业，主要通过要素和资源投入获得经济增长，但是其技术水平和效率相对于采取现代发展方式实现增长的发达国家来说，仍然是较低的，属于传统发展方式。

上对应不同的发展方式。下面对有关研究成果进行一个梳理。

一 罗斯托经济发展五阶段说

早期发展经济学罗斯托在其名著《经济成长的阶段》中提出了著名的经济发展五阶段理论。一个国家或地区，从贫困到富裕，要分别经历传统社会阶段（手工劳动为主、农业为主、消费水平低下、等级制社会）、为起飞准备条件的阶段（劳动密集型制造业兴起）、起飞阶段（较高的积累率和投资率，劳动力从农业转移到制造业、比较优势产业从农业转变为劳动密集型产业）、走向成熟的阶段（技术水平高和资本密集型产业显著扩展）、大众消费阶段（主要的经济部门从制造业转向服务业，奢侈品消费向上攀升，生产者和消费者都开始大量利用高科技的成果）五个阶段。

二 普雷斯科特经济发展三阶段说

诺贝尔经济学奖得主普雷斯科特把经济发展划分为三个阶段：第一阶段，前现代社会阶段，即尚未完成现代化的阶段是所谓的"马尔萨斯"阶段，即贫困陷阱阶段，这一段的主要任务是解决温饱问题，消除贫困；第二阶段，"刘易斯"阶段，即二元经济发展阶段，特点是农业中的剩余劳动力不断向现代部门（工业部门）转移的阶段，就是工业化的阶段，当农业中剩余劳动力转移完毕后，就会出现劳动力短缺和工资不断上涨的现象，著名的刘易斯拐点就到来了，于是经济发展转入下一阶段；第三阶段，就是"新古典"阶段，其实就是工业化和现代化完成的阶段，这一阶段的特点就是索洛指出的：劳动力是短缺的、资本持续投入会遭到报酬递减的困扰，因此，长期经济增长的唯一源泉只能是技术进步和生产率提高。[①]

三 吴敬琏经济发展四阶段说

我国著名经济学家吴敬琏综合了美国经济学家保罗·萨缪尔森在

---

① 蔡昉：《破解中国经济发展之谜》，中国社会科学出版社 2014 年版，第 95—96 页。

其经济学教科书《经济学》①、美国学者 M. 波特在其重要著作《国家竞争优势》② 以及其他研究经济发展阶段学者的研究成果，并结合发达国家最新发展态势，提出了经济发展四阶段说。③

第一阶段，经济"起飞"前阶段，即第一次产业革命前的阶段。这一阶段经济增长缓慢，主要依靠增加土地和其他自然资源的投入实现增长，可称为生产要素驱动阶段。与这一阶段对应的发展方式就是"生产要素驱动型发展"。

第二阶段，从 18 世纪后期第一次产业革命发生到 19 世纪后期第二次产业革命开始前的"早期经济增长"阶段。这一阶段的经济增长开始加速，原因在于工业革命用机器取代了手工，冲破了自然资源（土地）和自然力（人力、畜力）有限性对经济增长的限制，机器大生产使得劳动生产率大幅度提高。为了用机器代替手工劳动，需要大量发展资本密集的机器制造业和作为机器制造业基础的其他重工业，因此，经济发展主要依靠投资驱动。与这一阶段对应的发展方式就是"投资驱动型发展"。

第三阶段，第二次产业革命后，经济发展进入"现代经济增长"阶段。这一阶段经济增长主要不是靠资本积累驱动，而主要依靠技术进步和效率提高实现。与这一阶段对应的发展方式可称为"创新驱动型发展"，也可以称为"效率导向型发展方式"。

第四阶段，20 世纪 50 年代以后，发达经济体经济开始向信息时代或知识经济时代转变。这个时期出现了电子计算机、互联网等为核心的新技术革命，有学者称为第三次技术革命或产业革命，这一革命目前仍然是方兴未艾。与这一阶段对应的发展方式可以称为"知识驱动型发展方式"，它是创新驱动型发展方式的进一步深化。

四　林毅夫经济发展三阶段说及其独特性

我国著名经济学家、曾任世界银行首席经济学家和副行长的林毅

---

① 参见〔美〕保罗·萨缪尔森、威廉·诺德豪斯《经济学》（第 18 版），第二十七章"经济增长的进程"。

② 参见〔美〕M. 波特《国家竞争优势》，华夏出版社 2002 年版，第 532—561 页。

③ 吴敬琏：《中国增长模式抉择》，上海远东出版社 2014 年版，第 22 页。

夫教授，创立了新结构经济学，这是发展经济学的最新理论成果。他的有关理论主要是研究后发国家和地区（发展中国家和地区）经济如何发展的问题，富有真知灼见，极具启发性。

林毅夫强调经济发展的阶段性，他说："每一个国家在每个发展阶段有竞争力的产业内生决定于该阶段的要素禀赋结构，按照比较优势发展产业并充分利用后发优势小步快跑是发展中国家追赶发达国家的最佳途径。"[①] 虽然他并没有明确地具体地把经济发展过程划分为几个阶段，但根据其理论的内在逻辑和他的有关论述，我们可以把发展中国家和地区的经济发展阶段划分为：劳动密集型发展阶段、资本密集型发展阶段、自主创新发展阶段。前两个阶段对应的都是传统发展方式，即粗放型发展方式，其经济增长主要是依靠要素和资本的投入取得的，效率提高对经济增长的贡献很小；第三阶段的经济增长主要依靠创新的驱动和效率的提高，属于现代发展方式和科学发展方式。

前面几位经济学家主要从经济史的材料中概括出发达经济体经济发展的阶段性，并没有深入揭示阶段划分和阶段转换的内在逻辑。而林毅夫的新结构经济学则不同，他深入揭示了发展中国家经济发展阶段划分和阶段转换的内在逻辑，那就是：比较优势理论和后发优势理论。这是林毅夫对发展经济学和发展中经济体发展的独特贡献。

林毅夫揭示的经济发展阶段划分及其递进的内在逻辑是：一个经济体的要素禀赋结构随着发展阶段的改变而改变，而要素禀赋结构决定产业结构，因此，一个经济体的产业结构也会随着发展阶段的转换而改变。经济发展阶段是一条从低收入的农业经济一直到高收入后工业经济的连续谱。[②] 按照新结构经济学原理，一个经济体要根据自己当下的比较优势选择主导产业和发展战略，比较优势由要素禀赋结构决定；要素禀赋结构不是静止不变的，而是变化的，要素禀赋结构升级后，比较优势也随着升级，从而产业结构也随之升级。

---

① 林毅夫等：《中国的奇迹——发展战略与经济改革 出版20周年序》，格致出版社、上海三联书店、上海人民出版社2014年版，第18页。

② 林毅夫：《新结构经济学》，北京大学出版社2014年版，第10页。

具体来说，处于不同发展阶段的国家，由于禀赋结构不同，相应也会有不同的经济结构。处于初级发展阶段的国家，其要素禀赋结构一般会呈现出劳动力或自然资源相对丰富、同时资本相对稀缺的特点，因而生产也多集中于劳动力或资源密集的产业，从而采用传统的、成熟的技术，生产"成熟"的产品①，运用后发优势，从发达国家引进这些成熟的技术也比较容易，因为这些技术在发达国家已经是落后的技术了；初级阶段依靠劳动密集型产业的发展，积累了必要的资本，就可以发展资本相对密集的产业了，这种资本密集型产业的技术水平较自己是提高了，但相比发达国家仍然是落后的，后发国家不必自己去研发，直接从发达国家引进此类技术，发展技术水平相对于自己有所提高的资本密集型产业；该国经过这种性质的资本密集型产业的发展，从而促进本国产业升级，技术、人力资本、资本积累等得到提高，直至技术水平与发达国家差距大大缩短，甚至赶上发达国家的技术水平，这时候，该国的后发优势消失了，再要提升产业的技术水平就只有依靠自己的研发了，因此增长的途径转为大力发展教育、显著增加人力资本投资和研发投资，发展就告别了传统方式而采取现代方式，发展方式实现了现代化，即本书所指称的——从传统发展方式转向科学发展方式。

五　一个总结：发展方式的历史性和转型的内在逻辑

通过对经济学界关于发展阶段划分和发展方式分类的梳理，尤其是启发于林毅夫的新结构经济学原理，我们可以发现，任何国家和地区经济发展都是一个过程，一个由低到高的发展过程，不同发展阶段面临的问题不同，增长的源泉和动力不同，增长的约束条件不同，发展方式也不同，从而演绎出不同类型的发展方式及其更替过程。

根据林毅夫的新结构经济学原理，我们可以将上述总结具体化为：一个经济体在不同发展阶段要素禀赋结构不同，从而比较优势不同，这决定了其所发展的主导产业、发展的动力源泉，从而发展方式不同。随着要素禀赋结构的升级，比较优势也随着转变，从而所发展

---

① 林毅夫：《新结构经济学》，北京大学出版社2014年版，第17页。

的主导产业也要随之升级，发展的动力源泉也发生转换，发展方式也就随之转型。

第三节　哲学提升：发展方式转型过程的哲学认识与方法论启示①

在导论中，我们提出了本书的研究方法——哲学与经济学结合。下面对发展经济学提供的材料进行再加工，即把经济学研究成果视为"半成品"，哲学对其进行再加工或深加工，以期获得附加值更高的"产品"——对经济发展规律、发展方式及其转型规律有更深刻的认识，从而更好更科学地指导落后国家的经济发展。

一　哲学视野中发展方式转型过程

上述经济学的研究成果，哲学可以对之进行再加工，形成对发展方式转型过程的哲学认识，有利于深化我们对发展方式转型规律和过程的认识。

根据唯物辩证法，事物的变化发展是一个从量变到质变的过程。但是，这一观点需要完善，实际情形是这样的：在量变和质变的中间存在若干部分质变，经过多个部分质变的积累之后，事物才发生完全质变或者说根本变化。发展方式转型也存在一个由量变到质变的过程，但是期间存在若干部分质变，就是说，发展方式转型的过程是：一个"量变→部分质变→质变"的过程。结合经济学的研究成果具体分析如下。

具体分析之一：以罗斯托经济发展五阶段说为例。不同阶段的发展源泉和驱动力不同，从而不同阶段的发展方式不同，但是大体上可以分为两种发展方式：传统发展方式和科学发展方式。罗斯托传统社会阶段（手工劳动为主、农业为主、消费水平低下、等级制社会）、为起飞准备条件的阶段（劳动密集型制造业兴起）、起飞阶段（较高的积累率和投资率，劳动力从农业转移到制造业、比较优势产业从农业转变

---

① 参见詹宏伟《论发展方式转型规律——一种哲学分析》，《广西社会科学》2015 年第 1 期。

为劳动密集型产业）这三个阶段的发展方式可以说是依靠要素和资源投入实现增长的发展方式，而后两个阶段所依赖的发展方式，即走向成熟的阶段（技术水平高和资本密集型产业显著扩展）、大众消费阶段（主要的经济部门从制造业转向服务业，奢侈品消费向上攀升，生产者和消费者都开始大量利用高科技的成果），属于科学发展方式。可见，传统发展方式的演变经历了三个阶段，每一个阶段都是部分质变。就是说，传统发展方式不是一下子飞跃到科学发展方式的，而是经历了三次明显的部分质变，三次部分质变的累积才实现最后的根本质变、彻底的质变，从而科学的、现代的发展方式得以完全确立。

具体分析之二：以普雷斯科特经济发展三阶段说为例。发展需要经过三个阶段：第一阶段是"马尔萨斯"阶段，即贫困陷阱阶段，这一段的主要任务是解决温饱问题，消除贫困，此阶段生产力极端落实，只有依靠投入土地等自然资源和劳动力获取财富的增长，当然是粗放的发展阶段；第二阶段是"刘易斯"阶段，即二元经济发展阶段，特点是农业中的剩余劳动力不断向现代部门（工业部门）转移，实现工业化。这一阶段的主导产业虽然从农业转向制造业或工业，但技术十分落后、资本也十分稀缺，只有依靠大量投入廉价且丰富的低素质劳动力实现财富的增长。第三阶段就是"新古典"阶段，其实就是工业化和现代化完成的阶段。当农业中剩余劳动力转移完毕后，就会出现劳动了短缺和工资不断上涨现象，著名的刘易斯拐点就到来了，二元经济结束。这一阶段的特点就是经济学家索洛所指出的：劳动力是短缺的、资本持续投入会遭到报酬递减的困扰，因此，长期经济增长的唯一源泉只能是技术进步和生产率提高。于是发展方式终于由粗放转向集约，实现了发展方式的质变。可见，前两个阶段的发展都属于粗放的发展，采取的发展方式属于传统发展方式，经过两次部分质变后，终于实现了发展方式完全的质变，传统发展方式转向了现代的、科学发展方式。

具体分析之三：以吴敬琏经济发展四阶段说为例。第一阶段，经济"起飞"前阶段，对应的发展方式"生产要素驱动型发展"；第二阶段，即"早期经济增长"阶段，对应的发展方式属于"投资驱动型发展"；第三阶段经济发展进入"现代经济增长"阶段，这一阶段经济增长主要不是靠资本积累驱动，而主要依靠技术进步和效率提高实现。与这一阶段对应的发展方式可称为"创新驱动型发展"，也可以称为"效率导向型发展方式"；第四阶段对应的发展方式可以称为"知识驱动型发展方式"，它是创新驱动型发展方式的进一步深化。第三和第四阶段对应的发展方式就是现代的、科学的发展方式。可见，传统发展方式经历了第一、第二两个阶段的部分质变，最后演变为完全的质变，发展方式最后完全转向了现代的、科学发展方式。

具体分析之四：以林毅夫的三阶段说为例。林毅夫新结构经济学比较优势原理和后发优势原理，更清晰地呈现了发展方式转型的"量变—部分质变—质变"的过程，而且把这个演变过程的具体内在逻辑十分清晰而令人信服地展现了出来。根据林毅夫理论的内在逻辑和他的有关论述，发展中国家和地区的经济发展阶段可以分为：劳动密集型发展阶段、资本密集型发展阶段、自主创新发展阶段。前两个阶段对应的都是传统发展方式，即粗放型发展方式，其经济增长主要依靠要素和资本的投入取得，效率提高对经济增长的贡献很小；第三阶段的经济增长主要依靠创新的驱动和效率的提高，属于现代发展方式和科学发展方式。但是，传统发展方式自身也有一个演变过程：先经历了一个劳动密集型发展阶段，然后经历一个资本密集型的发展阶段，这是传统发展方式内部的两次部分质变。这两次部分质变的共同点是：发展方式仍然是粗放的，增长的驱动力仍然是高投入，生产率仍然不高，增长的技术含量仍然较低。但是，之所以说发生了部分质变，因为资本密集型发展阶段，发展的技术水平、资本密集度有明显的提升，为追赶发达国家准备着条件。在完成劳动密集型和资本密集型发展阶段的历史任务后，一个发展中经济体就进入高收入行列，其生产要素禀赋结构发生重大的本质的变化，其发展的源泉或驱动力发生变化，从而其发展方式和发展战略也必需随之转型，否则就会陷入"高收入陷阱"。日本进入第三阶段后，仍然维持第二阶段的发展思路和发展方式，结果是发展停滞了 20 年，至今仍然陷入"高收入陷阱"无法继续增长。具体来说，日本的失误在哪里呢？蔡昉的分析很中肯：当日本进入上述所说的第三阶段，即自主创新阶段（经济学通常称为"新古典阶段"）后，发展方式和发展战略没有及时转型，仍然固守传统的投资驱动的发展方式,"对高等教育发展的人为抑制,延迟了人力资本与新发展阶段的适应性。……面对不可避免降低的潜在增长率,政府着眼于以产业政策带动投资,把刺激性宏观经济政策长期化、常态化,试图以需求拉动的方式提高经济增长速度,结果更是南辕北辙"①。

二　方法论启示

发展方式转型过程的哲学分析,给我们什么方法论启示呢?

转变发展方式不可能毕其功于一役,而需要经历一个过程。从传统增长主义发展方式转变为新的、科学的发展方式,是一个由量变到部分质变再到完全质变的过程。我们既不能消极等待,也不能急躁冒进、企图毕其功于一役,而需要发挥主体能动性,积极增加量的积累,尤其是要主动地不断推进部分质变,不断取得转变发展方式的阶段性成果,抓住机遇和积极创造条件,促进发展方式向科学发展方式转变;尤其要明确和积极完成转变发展方式的各种阶段性目标,实现阶段性目标就是完成发展方式的部分质变,部分质变是在一定条件下,主体通过积极有效努力能够达到的目标,这种目标是既积极进取又具有可能性的阶段性实践目标。若干部分质变的积累就会导致完全质变,若干实现了的阶段性目标的总和就是总目标的实现。

总之,我们要有定力和耐心,一点一滴、一步一个脚印,做好循序渐进、长期奋战的思想准备;同时,要积极有为,促进发展方式转型不断取得部分质变的突破和阶段性成果。

第四节　发展方式转型的前景展望

一　发展方式转型的乐观前景

中国发展方式转型的过程虽然艰难,但前景乐观。其理由如下:

第一,转型规律性与发展主体性实现了有机结合。

发展的规律性和发展主体能动性构成辩证统一,马克思一方面强调了发展的规律性和客观性:"一个社会即使探索到了本身运动的自

---

① 蔡昉:《破解中国经济发展之谜》,中国社会科学出版社 2014 年版,第 103 页。

然规律，它还是既不能跳过也不能用法令取消自然的发展阶段"①，由于规律铁的必然性的作用，"工业较发达的国家向工业较不发达的国家所显示的，只是后者未来的景象"②；另一方面也非常重视发展主体能动性的发挥："一个国家应该而且可以向其他国家学习"，人虽然不能取消发展的规律性，但是能够"缩短和减轻分娩的痛苦"③。也就是说，在认识和遵循发展方式转型规律的基础上，中国可以吸收现行国家发展过程中的经验和教训，发挥后发优势：一是尽量避免发达国家和其他发展中国家由于认识失误而导致的弯路（例如否定政府必要作用，早期发展经济学无视发展中国家要素禀赋决定的比较优势而"扬短避长"的发展战略）；二是直接引进和学习发达国家成熟的技术和相对于先发国家已经落后的技术，这比自己一切从头开始要快捷得多，从而尽量提高自己发展的技术起点，缩短发展处于落后阶段的过程的痛苦。

由于我们高度重视研究发达国家的发展历史④，充分吸取陷入中等收入陷阱国家的教训，虚心学习"二战"后新兴经济体发展经验，加之对自己在计划经济时期赶超战略的深切反思，今天的中国对于发展方式转型的规律有了深刻的把握。同时，在积极有为的执政党带领下，在市场机制的促进下，在大众创业、万众创新的激励下，在实现中华民族伟大复兴的中国梦的感召下，中国人民的主体性得到充分激发和发挥。这样，把遵循发展的规律性和充分发挥发展主体的能动性

---

① 《马克思恩格斯选集》第 2 卷，人民出版社 1995 年版，第 101 页。
② 《马克思恩格斯选集》第 2 卷，人民出版社 1995 年版，第 100 页。
③ 《马克思恩格斯选集》第 2 卷，人民出版社 1995 年版，第 101 页。
④ 对后发优势另一种理解：先发国家的经验和教训完全可以作为后发国家的借鉴。认真研究发达国家在发展方式转型问题上的前车之鉴，可以帮助我们少走弯路，减少转型的代价。马克思在《资本论》的序言中写道："工业较发达的国家向工业较不发达的国家所显示的，只是后者未来的景象。"（《马克思恩格斯选集》第 2 卷，人民出版社 1995 年版，第 100 页。）马克思这段话意在强调人类社会发展的共同规律和必经阶段。人类在发展方式转型问题上也是这样的，后发国家发展方式转型与先发国家有相似之处，如都要从劳动密集型发展转向资本和技术密集型发展、都面临发展的绿色转型问题。善用后发优势可以大大减少转型的代价，缩短转型的痛苦期。只有善于学习的民族才能有效利用这一后发优势，中华民族是善于学习的民族，中国共产党是善于学习的执政党。因此，我们对中国冲出发展方式转型的沼泽地是有信心的。

有机结合起来，一定会加快发展方式转型步伐，尽快在全局上形成科学发展方式，推动中国发展的实质性升级，直至比肩乃至超越发达国家的发展水平。

与"大众创业、万众创新"相关的各项政策措施不断推出和完善，并实现制度化；不断完善市场经济体制，让市场越来越发挥主导作用。这些努力是在发展方式转型问题上贯彻唯物史观人民群众的观点或人民主体论的生动体现。历史是人民创造的，人民群众是真正的英雄，发展方式转型任务的完成，绝不是仅仅依靠少数专家、企业家和能人能够济事的，只有调动和发挥广大人民群众的主体性、积极性和创造性，才能真正完成发展方式的转型。这是其他国家没有的视野和智慧。

第二，对掣肘发展方式转型的利益格局的调整有充分信心。

依赖传统发展方式获益的既得利益力量是发展方式转型的根本障碍，调整利益格局，促进适应科学发展方式的利益格局的生成是完成发展方式转型必须解决的一个关键性和根本性问题。

例如，政府主导的发展方式转向市场主导的发展方式，将是政府自我革命，困难可想而知。但是，我国的优势是，社会主义制度保证集体理性的在场；我国有一个其他国家没有的新型政府，一个以人民和国家民族利益为自己奋斗旨归的政府。执政党的阶级性和民族性统一，先进性和执政基础广泛性统一，保证执政党具有高瞻远瞩的眼光和广泛的民众支持。

权钱勾结的腐败是发展方式转型的重大障碍。依赖传统发展方式获益的既得利益千方百计阻碍发展方式转型，其中一个主要手法是收买权力维护既得利益和传统发展方式。但是，在历届领导集体反腐败努力的基础上，以习近平同志为核心的党中央在反腐败问题上正在实现质的突变，反腐形势正在发生根本性的好转，已经取得压倒性胜利，全局性和根本性胜利在望。这必将从根本上清除寄生于传统发展方式下的既得利益，破除发展方式转型的最大障碍。

客观规律性不等于现实存在性，而且与自然规律不同，在社会历史领域，规律和必然的现实化，不可能自发实现，离不开人的主观能动性的正确而充分的发挥。中国的执政党、政府、社会、个人等，只要正确而充分地发挥主体性，就一定能够实现发展方式的根本转型，使中国经济社会发展进入一个新境界。

总之，我国正在采取各种符合规律的有效措施促进发展方式转型，毫不动摇地坚持下去，就可以实现发展方式转型的根本突破。

二 发展方式转型过程的四阶段

根据唯物辩证法"量变—部分质变—质变"原理和发展经济学关于经济发展阶段划分的理论，我们把我国发展方式演变和转型的过程划分为四大阶段，其中第一阶段、第二阶段已经成为历史事实，第三阶段是现在进行时，第四阶段是对未来的基于事实之上的合乎逻辑的预测。

从传统发展方式到科学发展方式转变经历或将经历四大阶段：

第一阶段，传统发展方式占主导地位。具体来讲，这个阶段是劳动密集型主导的发展阶段。"七五""八五"和"九五"时期，我国产业和经济发展以劳动密集型为主，经济主要依靠外延、粗放的方式实现增长和发展。此阶段新的发展方式处于孕育和萌芽之中，传统发展方式处于绝对的支配地位。

第二阶段，科学发展方式逐步成长、但传统发展方式仍处于优势地位。由于劳动密集型阶段的资本积累，资本密集型的产业和经济逐步增加。"十五""十一五"是重化工业的资本密集型发展阶段，其典型特点是高积累、高投资、高消耗、高污染和高增长，传统发展方式仍处于主导地位。本阶段并没有削弱劳动密集型产业，而是产业由"轻"向"重"转移了。根据林毅夫的比较优势理论，这种发展符合要素禀赋决定的比较优势，也符合要素禀赋结构升级导致的比较优势转移的规律。

第三阶段，发展方式转型的相持阶段。"十二五"和"十三五"①是两种发展方式斗争激烈的相持阶段。传统发展方式的能量日益衰落，但能量尚未完全耗尽，低技术含量的劳动密集型产业在落后地区还可以存续一段时间，投资驱动还有一定必要性和存续的空间。但

---

① "十三五"能否走出相持阶段要看我们努力的成效。

是，传统发展方式导致的重重危机逼迫转型，主体的认识水平提高、筹划力和实践力日益提升，增长的新驱动力、新源泉逐步生成和壮大，与科学发展方式相适应的社会力量日益壮大，促进了科学发展方式日益取得主导地位。

第四阶段，科学发展方式取得决定性胜利。传统人口红利消失，投资驱动式微，传统增长源泉几乎完全枯竭；同时，新的增长驱动力、新的增长源泉全面跟进——技术进步和效率提高的种种改革措施和努力的效果充分显现出来，并替代传统增长驱动力和增长源泉，成为占支配地位的增长动力和源泉，与科学发展方式相适应的社会力量取得主导地位。中国经济社会发展自此以后完全立基于科学发展方式之上，突破"中等收入陷阱"，实现从中等收入阶段到高收入阶段的转换。中国以后的发展要警惕的问题将是"高收入陷阱"。

后　记

　　本书是我主持的国家社科基金项目"发展方式转型论"结题书稿的主体部分，出版前进行了进一步修改和完善。

詹宏伟

2017 年 11 月